经济学

蒋冬青　胡红斌　陈婷婷　主编

哈尔滨出版社
HARBIN PUBLISHING HOUSE

图书在版编目（CIP）数据

经济学/蒋冬青,胡红斌,陈婷婷主编.--哈尔滨:
哈尔滨出版社,2024.7
　　ISBN 978-7-5484-7777-8

　　I.①经..　Ⅱ.①蒋..　②胡..　③陈..　Ⅲ.①经济学
Ⅳ.①F0

中国国家版本馆CIP数据核字(2024)第061407号

书　　　名：**经济学**
　　　　　　JINGJIXUE

作　　　者：蒋冬青　胡红斌　陈婷婷　主编
责任编辑：孙　迪

出版发行：哈尔滨出版社（Harbin Publishing House）
社　　　址：哈尔滨市香坊区泰山路82-9号　邮编：150090
经　　　销：全国新华书店
印　　　刷：北京四海锦诚印刷技术有限公司
网　　　址：www.hrbcbs.com
E - mail：hrbcbs@yeah.net
编辑版权热线：（0451)87900271　87900272
销售热线：（0451)87900202　87900203

开　　本：787mm×1092mm　1/16　印张：14.25　字数：280千字
版　　次：2024年7月第1版
印　　次：2024年7月第1次印刷
书　　号：ISBN 978-7-5484-7777-8
定　　价：68.00元

凡购本社图书发现印装错误，请与本社印制部联系调换。
服务热线：（0451)87900279

前言

新中国成立以来，我国经历了一场历史性、根本性的经济变革，这场变革不仅冲击着整个社会的经济基础，其震撼力也波及社会的每一个政府部门、企事业单位、家庭和个人，并改变着人们的思维方式和行为方式。伴随着经济全球化及我国市场经济地位的逐步确立，越来越需要人们用经济学的基本原理去体会并解释种种情况。

在社会经济迅速发展的大背景下，各地经济相互影响，在世界范围内建立了规范经济行为的全球规则，建立了经济运行的机制。本教材是经济学研究方向的教材，本教材从经济学概述介绍入手，针对经济学的研究、经济管理进行了分析研究；另外对供求原理、消费者行为理论、生产与成本以及市场竞争、垄断与失灵做了一定的介绍；还剖析了国民收入、通货膨胀与失业、经济增长与宏观政策、国际经济等内容。本教材论述严谨，结构合理，条理清晰，内容丰富；旨在帮助学生掌握经济学的基本原理与基本方法，了解经济学发展的基本过程，形成利用不同的方法分析经济问题的能力。对经济学的研究有一定的借鉴意义。

本教材在编写过程中，吸收、借鉴和引用了大量同类教材的内容与改革成果，力求形成更加符合高校特色的内容体系。主要参考文献列于书后，个别案例或实例由于在教学中反复使用与修改已难标明出处，在此一并致谢。作者的理论水平有限，书中难免存在一些缺点和疏漏，恳请同行和广大读者批评指正。

目　录

第一章 经济学概述

导　读

经济学作为一门社会科学，同其他社会科学，如哲学、政治学、法学、论理学等比较起来，是一门比较年轻的学科，在西方却被称为"社会科学的皇后"。经济学为什么有这样高的地位？它研究的对象与方法是什么？

其实，人们对经济学并不陌生，社会生活中，从居民的衣食住行到国家的政治活动和经济建设，时时处处存在一些经济现象，人们从报刊、电视、广播以及政府领导人的报告和讲话中，经常可以看到或听到一系列经济问题：一个国家（地区）的经济增长速度多快才是合适的？经济为什么会出现周期性波动？通货膨胀和失业之间存在什么关系？利率的提高或降低如何调节经济的运行？等等。经济学所关注的是对观察到的经济现象和经济问题进行解释和预测，解决的是在资源稀缺情况下如何更好地配置和利用社会资源。

学习目标

1. 分析研究经济学。
2. 学习经济管理。

第一节　经济学的研究

一、稀缺性与经济学

（一）资源的稀缺性

"大炮与黄油的矛盾"表明，在一个社会中，人们的欲望以及由这种欲望引起的对物品和劳务的需要是无限的，但用来提供这些物品和劳务的资源是有限的。经济学家将资源分为三类：劳动，指人们在生产商品和劳务上花费的时间；资本，由人们用来生产商品和服务的长期工具组成，包括物质资本，如建筑物、机械设备，还有人力资本，如工人拥有的技能和培训；土地，包括地表上面进行生产的物理空间以及地表下面或表面的自然资源，如石油、铁、煤炭、木材等。

稀缺性是指社会拥有的资源是有限的，因此不能生产人们希望拥有的所有物品与劳务。正如一个家庭不能给每个成员想要的每一件东西一样，一个社会也不能给每个人以他们向往的最高水平的生活。需要指出，这里所说的资源的稀缺性不是指能生产的物品和服务的绝对数量的多少，是指在给定时期内，相对人类无限多样性的需要而言，再多的资源也是有限的。这种有限性存在于人类社会的一切时期，无论是落后的原始社会，还是发达的资本主义社会，无论贫穷的不发达国家，还是富裕的发达国家，都存在这种稀缺性。

（二）选择与资源配置

资源是稀缺的，各种资源又有不同的用途，一个学生可以把所有的时间用于学习经济学，也可以把所有的时间用于学习心理学，还可以把时间分配在两个学科上；一个家庭可以把收入用于购买食物、衣物，也可以为退休或孩子的大学教育储蓄一部分收入；一个社会可以把更多的资源用于国防以保卫祖国的领土免受外国入侵，也可以生产更多的消费品以提高国内生活水平。经济学家经常说"天下没有免费的午餐"，资源的稀缺性与多用途性决定了人类社会总是面临着权衡取舍，必须做出选择，为了得到我们喜爱的东西，就不得不放弃另一些我们喜爱的东西。所谓选择就是如何利用既定的资源去生产物品和劳务，以便更好地满足人类的需要。人们在经济活动中所面临的选择很多，归纳起来主要有以下三个方面。

1. 生产什么

面对稀缺的经济资源，人们需要权衡各种需要的轻重缓急，确定生产什么物品，生产多少，何时生产，以满足比较强烈的需要。

2. 如何生产

即用什么方法来生产。生产方法实际就是如何对各种生产要素进行组合，是多用劳动，少用资本，用劳动密集型方法来生产呢？还是少用劳动，多用资本，用资本密集型方法来生产呢？不同的方法可以达到相同的产量，但它们的生产效率并不相同。

3. 为谁生产

即生产出来的产品如何分配。每个社会都必须建立某种机制将产品分配给社会各成员。

上面三个问题是人类社会各个时期和各个社会必须解决的基本经济问题，这三个问题被称为资源配置问题。在不同的经济制度下，资源配置的方法不同。市场经济制度主要通过市场价格的调节来决定生产什么，如何生产与为谁生产。计划经济制度更多地依靠中央计划来决定生产什么，如何生产与为谁生产。经济学就是研究不同经济制度下如何解决资源的有效配置问题的。

（三）经济学与"经济思维"

资源的稀缺性及其多用途性是所有经济学问题的根源。那么，如何给经济学下定义呢？事实上，给经济学下一个能为所有人都接受的定义是困难的。不过，目前经济学者们普遍接受的一个定义是：经济学是研究人和社会如何进行选择，来使用可以有其他用途的稀缺的资源以便生产各种商品，并在现在或将来把商品分配给社会的各个成员或集团以供消费之用。

经济学是解决现实经济问题的一门社会学科，运用"经济学"工具有助于理解你周围和你身上的大多数事情——你居住的城市交通条件为什么不断恶化，购买流行音乐会的门票为什么会排长队，或者在工资提高的情况下为什么总感到钱不够花。经济学有助于理解这些现象，但经济学理论不是对现实经济问题的一套现成答案，而是分析、解决问题的一种方法。这种方法可以分析经济问题，也可以分析其他非经济问题。经济学家常喜欢用他们的工具，涉猎政治学、法学甚至生物学领域，我们称之为"经济思维"。学习经济学有助于培养我们"经济思维"的能力。

二、经济学的研究对象

（一）微观经济学与宏观经济学

经济学按其研究对象不同可分为两大分支：微观经济学（micro-economics）和宏观经济学（macro-economics）。"micro"的原意是"微小"，"macro"的原意是"宏大"。

微观经济学是以单个经济主体为考察的出发点，研究单个消费者、单个厂商的经济行为以及单个产品经济变量数值的决定，并通过单个经济主体行为的叠加，研究单个行业、单个市场的变化。例如，它解释了消费者如何把有限的收入分配于各种物品的消费，以实现满足程度的最大化，以及厂商如何把有限的资源用于各种物品的生产，以实现利润最大化。实际上，微观经济学的内容包括两大部分：一是考察消费者对各种产品的需求与生产者对产品的供给，怎样决定着每一种产品的产销数量和价格；二是作为消费者的生产要素所有者提供的生产要素与生产者对生产要素的需求，怎样决定着生产要素的使用量和生产要素的价格（工资、利息与地租），这些问题实际上涉及一个社会既定的生产资源被用来生产哪些物品，每种物品的产量和采用的生产方法，以及生产出来的物品怎样在社会成员之间进行分配。

相比之下，宏观经济学则把整个国民经济作为研究对象，着眼于对经济总量的研究，如国民总产出的水平和增长率、利率、失业，以及通货膨胀等。因而诸如国民收入理论、就业理论、货币理论、通货膨胀理论、经济增长和经济周期理论可归类于宏观经济学中。

（二）微观经济学与宏观经济学的区别

1. 研究对象不同

微观经济学的研究对象是单个经济单位，如家庭、厂商等。家庭是经济学中的消费者，厂商是经济中的供给者，消费者在消费产品过程中要实现效用最大化，厂商在提供产品过程中要实现利润最大化。宏观经济学的研究对象不是经济中的各个单位，而是由这些单位组成的整体，研究整个经济的运行方式与规律，从总量上分析经济问题。

2. 基本假设不同

微观经济学的基本假设是充分就业和完全理性，"看不见的手"能自由调节实现资源配置的最优化。这里的充分就业主要指稀缺的资源能够得到有效利用，完全理性主要指参与经济运行的主体或实体，在经济生活中总是受个人利益或利己心的动机所驱使，在做出一项经济决策时，总是深思熟虑地对各种可能的抉择权衡比较，以便找出一个方案，这个方案能够使他力图以最小的经济代价去追逐和获得自身的最大的经济利益。宏观经济学则假定市场机制是不完善的，有效需求不足、短期存在失业，政府有能力调节经济，通过"看得见的手"纠正市场机制的缺陷。

3. 解决的问题不同

微观经济学要解决的是资源配置问题，即生产什么、如何生产和为谁生产的问题，以实现个体效益的最大化。宏观经济学则把资源配置作为既定的前提，研究社会范围内的资源利用问题，以实现全社会福利最大化。

4. 研究方法不同

微观经济学的研究方法是个量分析，即研究经济变量的单项数值如何决定，例如某种产品的价格、产量等都属于这一类。微观经济学分析这类个量的决定、变动及其相互间的关系。宏观经济学的研究方法则是总量分析，即对能够反映整个经济运行情况的经济变量的决定、变动及其相互关系进行分析。这些总量包括两类，一类是个量的总和，另一类是平均量。因此，宏观经济学又称为"总量经济学"。

5. 中心理论不同

微观经济学的中心理论是价格理论，消费者和厂商的行为都受价格支配，价格像一只看不见的手，调节着整个社会的经济运行，通过价格调节，实现社会资源的优化配置。宏观经济学的中心理论则是国民收入决定理论，宏观经济学把国民收入作为最基本的总量，以国民收入的决定为中心来研究资源利用问题，分析整个国民经济的运行。还包括失业与通货膨胀理论、经济周期与经济增长理论、开放经济理论等。

（三）微观经济学与宏观经济学的联系

从以上的分析可以看出，微观经济学与宏观经济学在研究对象、基本假设、解决的问题等方面是不同的，但作为一门学科的两大组成部分，两者之间又有着密切的联系。

1. 微观经济学与宏观经济学是相互补充的，两者共同构成了西方经济学的整体

经济学的目的是实现社会经济福利的最大化，为了实现这一目标，既要实现资源的优化配置，又要实现资源的充分利用。微观经济学是假定资源已经实现充分利用的前提下分析如何达到最优配置的问题，宏观经济学是假定资源已实现最优配置的前提下如何达到充分利用的问题。它们从不同角度分析社会经济问题，从这一意义上说，微观经济学和宏观经济学是相互补充的，共同构成西方经济学的整体。

2. 微观经济学是宏观经济学的基础

整体经济是单个经济单位的总和，总量分析是建立在个量分析的基础之上，从这个角度看，它们是整体与构成整体的个体之间的关系，如果形象地把宏观经济学看作是考察一只大象的整个体积、形态和活动，微观经济学则是考察大象各个器官的形状、大小和作用。如就业和失业理论以及通货膨胀理论等宏观经济理论，必然涉及劳动的供求与工资的决定的工资理论，以及商品价格如何决定的价格理论。

3. 微观经济学和宏观经济学使用同样的分析方法

如两者都使用科学的抽象方法，都使用静态均衡分析和动态均衡分析的方法，都可以用经济计量学的方法进行经验统计和数量分析，它们都是研究既定制度下的资源配置与资源利用问题，从这个意义上说，微观经济学和宏观经济学属于实证经济学的范畴。

三、经济学的研究方法

（一）实证分析与规范分析

在实际的经济分析中，实证分析与规范分析是无法分割的。一方面是因为规范分析不能独立于实证分析，凡经济学家倡导、赞同或反对某一经济政策，其结论一般都是运用普遍接受的实证理论，通过对政策社会经济效益的分析、比较而得出的；另一方面，经济学家在分析、寻求经济生活的客观规律时，实际上涉及其个人的价值判断问题，他们的价值判断会不自觉地在实证分析中产生影响。因此，从经济思想的发展史来看，除少数经济学家主张经济学是像自然科学一样的纯实证科学以外，基本一致的看法是经济学既是一门实

证科学，又是一门规范科学。

（二） 均衡分析与边际分析

均衡是物理学的概念，指的是物体由于所受各方向外力正好相互抵消而处于静止状态。在经济分析中，均衡指的是这样一种状态：各个经济决策者（消费者、厂商等）所做出的决策正好相容，并且在外界条件不变的情况下，每个人都不会愿意再调整自己的决策，从而不再改变其经济行为。举一个例子，如果一种产品市场达到均衡，那么，在目前的价格下，买方愿意买的数量和卖方愿意卖的数量恰好相等，此时，买方和卖方均认为若改变这个数量不会给自己带来更大的好处。因此，在外界条件（如相似产品的价格、原材料成本）改变之前，价格和数量便静止下来，达到均衡。

均衡分析可以分为局部均衡分析和一般均衡分析。局部均衡是指经济体系中单纯一个消费者、一个商品市场或要素市场、一家厂商或一个行业的均衡状态。按照局部均衡分析，当考察一种商品的价格如何由市场供求两股力量的作用而达到均衡时，总是假定"其他条件不变"，即假定该种商品的均衡价格只取决于商品本身的供求状况，从而排除了其他一切经济因素及其变动对商品价格的影响。一般均衡是指一个经济体系中，所有市场的供给和需求同时达到均衡的状态。根据一般均衡分析，某种商品的价格不仅取决于它本身的供给和需求状况，而且受到其他商品的价格和供求状况的影响。因此，某种商品的价格和供求的均衡，只有在所有商品的价格和供求都同时达到均衡时，才能实现。

在均衡状态下，参与经济运行的主体或实体实现了私人利益最大化，或者说已达到最优状态。这种最优的均衡状态是通过边际思考来实现的。例如，假设你已经受过某种程度的教育，并决定是否再多上一两年学。为了做出这个决策，你需要知道，多上一年学所带来的额外利益（一生的更高工资和学习的全面享受），以及所花费的额外成本（学费及你上学时放弃的工资）。通过比较这种边际利益和边际成本，你就可以评价多上一年学是否值得。

（三） 静态分析、比较静态分析和动态分析

静态分析是指所分析的问题的自变量被假定为既定的，来考察有关因变量达到均衡状态时的情况。如考察某种商品均衡价格和均衡产量时，假定决定它们的自变量，即该商品的需求状况和供给状况是已知和不变的，来考察它的供给和需求达到均衡状态时应有的价格和产量。现在假定人们对该商品的嗜好增加，以致在原有任一价格下的需求量较前增加，则相应的均衡价格和均衡数量较前增加。对于同一个问题，当我们是考察自变量的变化会引起相应的因变量的均衡值发生什么变化的时候，称为比较静态分析。

动态分析则对经济变动的实际过程进行分析，其中包括分析有关的经济总量在一定时间过程的变动，这些经济总量在变动过程中的相互影响和彼此制约的关系，以及它们在每一时间点上变动的速率等等。这种分析考察时间因素的影响，并把经济现象的变化当作一个连续的过程来看待。

（四）经济模型

经济模型是用来描述与所研究的经济现象有关的经济变量之间依存关系的理论结构。一个经济模型是论述某一经济问题的一个理论，一个完整的经济理论模型包括定义、假设、假说和预测。

1. 定义

定义就是对经济学研究的各种变量所规定的明确含义。变量是一些可以取不同数值的量，在经济分析中常用的变量有内生变量和外生变量、存量和流量。内生变量是一种理论内所要解决的量，可以通过模型的求解过程计算出来；外生变量是一种在理论内会影响其他变量、但其本身由该理论外的因素所决定的量。内生变量又称因变量，外生变量又称自变量。存量是指一定时点上存在的变量的数值。其数值大小与时间维度无关，例如，在某一时间点上一国的人口数、货币供给量。流量是指一定时期内发生的变量的数值，其数值大小与时间维度相关，例如在一年内某国新出生的人口数。

2. 假设

任何经济模型都是从对现实的假设开始的。假设可以排除模型中的无关细节，使模型的本质特征更突出、更清晰，可以使解释这个世界更容易。例如，需求定理是在假设消费者的收入、嗜好、人口量、社会风尚等不变的前提下来分析需求量与价格之间的关系。离开这些假设，需求定理所说明的需求量与价格反方向变动的理论就没有意义。在形成理论时，所假设的某些条件往往并不现实，但没有这些假设就很难得出正确的结论。

3. 假说

假说是指在一定的假设条件下利用定义来说明变量之间的关系。这种假说往往是对某些现象的经验性概括或总结，但要经过验证才能说明它是否成为具有普遍意义的理论。在经济学中，一般有两种检验途径：一种是直接检验，即检验理论模型的基本假设和描述是否有合理的现实依据；另一种是间接检验，即检验所揭示的规律和论断是否与实际经验相符。如果实践检验与理论推测不相符，则否定这个模型或重新加以修改。例如，通过实践检验，发现在假设消费者的收入、嗜好、人口量、社会风尚等不变的前提下，需求量与价格呈反方向变动规律，即价格降低，需求量增加；反之，价格上升，需求量减少，这就是需求定理。

4. 预测

预测是根据假说对未来进行预期，科学的预测是一种有条件性的说明。预测是否正确，是对假说的验证。正确假说的作用就在于它能正确地预测未来。经济模型不仅能反映经济系统是如何运行的，而且能够对某些条件变化后我们所关心的经济变量的变化做出预测，否则经济模型就会失去它的本质。

经济理论模型是建立在一定的假设条件基础上的，因此，当我们评价一个理论模型时，要切记该理论总是不完美的。作为检验的结果，理论常常需要修正或完善，有时甚至被抛弃。检验和完善理论是经济学发展为一门科学的关键。

第二节　经济管理

一、经济单位与管理

（一）经济单位

1. 经济单位的概念

凡是有人存在的地方就存在经济。人们的存在是运动的，他们进行着生产、生活活动。人们的各种活动是有规律的，每一个人都不是完全独立存在的，具有社会性，人们之间通过各种联系形成相应的组织，如家庭、企业、协会等，每一个组织又具有一定的相对独立性质。同时，在同一个地域范围内，又会有多个组织存在，形成社会。地域也存在划分，有小地域、大地域，它们还有不同层级之分。地球的陆地划分为七大洲，有的洲又有多个国家，每个国家又有划分，比如我国，全国就是一个整体，又分为23个省、4个直辖市、5个自治区、2个特别行政区，每个省级机构又划分为地（市）、县、乡三个行政层级。

所有这些，都是在说明一个事实，即世界上存在着大量的、不同类别、不同层级、大小不一而又相对独立的经济单位。这些经济单位既相对独立，又相互联系、相互影响、相互渗透，它们相互组合形成越来越大、越来越复杂的社会。

由于经济单位的客观存在，我们有必要给经济单位一个明确的概念：

经济单位就是指因人的需求而形成，具有相对独立性质的个人、组织和社会集合体。

经济单位的形成是建立在人们有着一定范围内的共同需求基础上的，这些共同的需求成为人们之间互相联系的纽带。由于人们的共同需求是复杂多样的，因此经济单位也是复杂多样的。在地域空间和利益管控的影响下，经济单位的社会集合体就顺理成章地被人们区域化、层次化了。

2. 经济单位的基本特性

任何经济单位，都具有两个基本的特性，这两个基本的特性就是物质性和意识性。

经济单位的物质性，一方面表现为经济单位本身是物，是客观存在的事物，是不以人们的意志为转移的客观实在；另一方面表现为它的运动和存在对物质有着客观的需求。每一个组织的生产生活活动都需要物质资源支撑，每一个国家和地区同样如此，整个社会自然地存在着对物质资料的需求，人们常常将之称为社会物质资料需求。

经济单位的意识性，就是指经济单位的存在具有强烈的目标意识。大家都知道，每一个人都具有各自的生产、生活、学习等方面的目标意识，每一个组织或社会形态的经济单位也同样具有它们各自独特的目标意识，比如一个家庭，它有自身独特的生活目标、生活方式，它有计划，有努力方向，有追求；每一个企业有其独特的文化、生产目标和生产方式；每一个社区也有其存在目标，就是让所有居民都生活安宁、舒适，它的居民们会为了这个目标而去共同维护社区的利益；每一个社会团体都有它们的工作目标和方向，有它们的宗旨；每一个地区和国家，都有它们独特的文化和价值追求，形成独特的社会意识。在各种经济单位中，除了自然人外，法律上一般都将经济单位界定为法人，这也充分说明了经济单位具有独特的意识性。正因为经济单位具有意识性，所以它们在各自的存在和活动中具备了能动性。

3. 经济单位之间存在着普遍联系

任何事物的存在都不是孤立的，它总是与周边其他事物有着千丝万缕的联系，事物的存在除了具有自身的动态平衡之外，与外界也保持着平衡，经济单位同样如此。

任何一个经济单位，它都不可能做到完全的独立，它总是与其他经济单位存在着各种联系，进行着物质、能量、信息等方面的交流。这些物质、能量、信息等的交流常常体现为价值的传递、交换、共享和竞争，如土地的价值传递、空气流动。各个经济单位之间进行价值交换也是必然的，因为每个经济单位的需求不同，在社会分工下的生产能力也不同，它不可能完全做到自给自足，必须进行交换。每个经济单位与它相邻的经济单位总是在更大的经济单位范畴下，它们都会共享更大经济单位向它们提供的公共利益。同时，它们也会在价值分割中相互竞争。因而，经济单位的存在，总是在与其他经济单位的联系、物质交流、价值共享和竞争中求得平衡。

4. 认识和研究经济单位是经济学走向成熟和实用的起点

科学的探索不仅在于解释世界，也在于改变世界。经济学是研究如何满足人们需求的科学，其目的就在于要运用这门科学更好地满足人们自己的需求。人们在观察和分析经济现象和问题时，在人们关注的范围内，有着形形色色的事物，在这些事物中，谁是主体，谁在主导，它们的运动轨迹和规律如何，对这些问题的准确把握，是经济学研究和实践不能回避的。

经济单位概念的提出，就对人们观察和分析问题进行了方向上的明确。这种方向上的明确，就给我们提供了一个基本的观点，这个观点体现在以下两个方面：

一是经济单位告诉我们必须以人为本。人是经济单位的基本构成要素，每一个人都是一个基本的经济单位，每一个组织型的经济单位都是由不同的人为核心构成的，每一个国家和地区都是由众多不同的经济单位组成的社会集合体，其根本的要素仍然是人。人是经济的主体，任何的经济研究和经济实践都必须以人为本。

二是经济单位告诉我们必须关注群体。每一个人虽然都是一个经济单位，但他（她）又隶属于不同的更大、更复杂的经济单位，每个经济单位内部的人们都有着共同的需求和意识观念，他们之间存在着复杂的利益联系。因此，我们在观察和分析问题时，不能孤立地看某一个人或某一现象，而是要看这个人和这个现象所在的群体。

因此，通过对经济单位这个客观存在的事物的认识，经济学理论在实际运用中也就有了依托和目标，也使经济管理有了根基，它将成为经济学走向成熟和实用的起点。

（二）经济单位必然存在管理

任何事物的存在都是一种动态的平衡，动态平衡又包含结构、秩序、幅度、能量和时间这几个维度。事物除了本身的动态平衡外，还与外界保持着平衡，进行着物质和能量的交换。人的动态平衡是其中最复杂的，人的存在具有身和心的动态平衡，每个人与外界必须维持平衡关系，进行物质、能量、信息的交换和交流。

人的存在要维持其动态平衡，必然离不开意识对身心平衡的管控，这种管控就是人的自我管理，它是建立在每个人的身心平衡需求基础上的意识反映和意识的能动。对于具有意识性的一切事物来说，管理是其维持秩序的内在需求的体现。从广义上讲，人的每一项有意识的活动都是在人的自我管理之下完成的。

对于组织形态和社会集合体形态的经济单位来说，它们就更离不开管理。这些经济单位的构成是以人的意志为基础而建立起来的，它们自身存在着意识性，即它们的主体意识。同时，每个经济单位都有着各自复杂的结构、秩序、能量、幅度和时间几个维度，它们自身的动态平衡需要管理，它们与外界的动态平衡也需要管理，离开了管理，经济单位的运动就会在秩序上出现混乱，在结构上出现分离，在能量上出现耗散，在幅度上变小、变弱并失去弹性，逐渐走向消失，即存在时间会迅速缩短，从而分裂或被其他经济单位所吞并而变成其他的经济单位。正因为每个经济单位都存在着管理，所以很多组织形态和社会集合体形态的经济单位都是以管理的不同为依据来进行划分的。

管理是所有经济单位保持存在和发展的必然要求。可以这样说，凡是有经济单位存在的地方，就存在管理。

二、经济管理的一般性理论框架

（一）经济管理的概念和实质

1. 经济管理的概念

前面已经指出，凡是有人存在的地方就存在着经济，就存在着经济单位和管理。那么，管理是什么？经济管理又是什么？这是经济学理论不能回避的课题。

人类的管理思想已存在几千年，形成了各具特色而又客观科学的管理文化和理论。人们对管理的认识和研究可谓时间久远、探索深邃了。但是，到目前为止人们还没有形成一个被普遍认同且相对标准的有关管理的定义。究其原因，在于人们没有从哲学的角度对管理概念进行定义，以至于一些学者将管理的职能和管理措施混为一谈，从而模糊了人们对管理的认识和研究，也使管理理论难有更好的体现。

有鉴于此，我们从哲学的角度将管理定义如下：

管理是指主体对自身和客体进行调控和变革的行为。

其中，主体包括物、人、组织和社会。主体可以是物，如高等动物，在野生的高等级动物中，它们也存在自身的管理。如果主体是人、组织和社会经济单位，那么这个管理就是广义的经济管理。因为人们的管理行为从总体来看都是为了满足各种不同的目标，所以我们将经济管理定义如下：

经济管理就是指经济单位为了实现某种目标而对自身和其他客体进行调控和变革的行为。

这里的经济单位包括个人、组织和社会集合体；这里的目标包括物质的、精神的和安全等方面的目标；这里的客体既可以是物，又可以是人，还可以是其他经济单位和周边环境。通过这个定义，我们还可以看到，管理是一种调控和变革行为，它既是指在保持事物质不变的前提下进行的维护、调节和控制，又指突破、破坏和质变的行为。促使事物存在的秩序和结构发生突破、破坏和质变的行为就是变革，人们常常将之称为改革或革命。

2. 主导经济管理的是经济单位的意志

经济单位的基本特性告诉我们，每个经济单位都存在着目标意识，管理就是要使这个经济单位的目标意识得到体现，就是将经济单位的意志进行贯彻和落实。在通常情况下，经济单位是由不同的人构成的，每一个人的意志是不尽相同的，因而经济单位的目标意识，常常由这个经济单位内部起主导作用的要素或成员决定。因此，我们通过对单位目标意识进行分析，就可以看出经济管理的实质：

经济管理的实质就是经济单位中主导因素的意志体现。

经济单位中起主导作用的因素就是在这个经济单位中起主导作用的人、组织和群体。它们之所以能取得主导地位，是因为他们以共同的利益为纽带结成同盟，凝聚了强大的力量，在经济单位中通过竞争获胜而取得主导或统治地位。当然，也有的经济单位相对独立性较弱，受外部因素影响较大，那么这个单位的主导因素在很大程度上是受外部力量掌控的，它的管理也就在很大程度上体现了外部力量的意志。

（二）经济单位的治理结构

1. 治理结构的概念和实质

任何经济单位都必然存在管理，对于组织型经济单位和社会集合体来说，它们的管理又叫作治理。由于单位内部从事管理的组织、部门和团队不是唯一的，不同的管理主体之间存在着职能的分工，因此，这些不同的管理主体就构成了经济单位的治理结构。

治理结构就是指经济单位中具有不同管理职能的管理主体的构成情况。

由于治理结构是以管理职能为基础建立的，管理职能又是治理权力的体现，因此治理结构的实质就是经济单位的权力结构。

由于管理职能包括决策职能、执行职能、监督职能和评判职能，因此，一个完整的治理结构就应当包括决策主体、执行主体、监督主体和评判主体这四个主体，它们共同构成经济单位的治理结构。

2. 治理结构在经济单位的意志推动下形成

一个经济单位的产生，就伴随着它的治理结构的产生。经济单位治理的原动力来自该单位的意志，这种意志由主导因素决定，经济单位主导因素直接推动治理结构构建。因此，不同的经济单位，由于其主导因素及意志的不同，它所构建的治理结构也会有所不同。

对于一个私营小企业来说，它的主导因素就是私营企业的业主，如果这个业主认为凭一己之力就能够完全管理好这个企业，那么他的治理结构就会非常简单，他就会将决策、执行、监督、评判等管理职能融为一体，由自己亲自负责。如果他认为需要帮手，那么他就会将决策、监督、评判职能留给自己，将执行职能分出一部分给帮手。这样的治理结构也是比较简单的。

对于一个大企业来说，它的主导因素同样是企业的所有者。如果所有者是个人，那么这个企业的治理结构也比较简单，企业主就会将决策、监督和评判职能融为一体，由自己亲自掌控，将执行职能交给执行的团队。如果大企业的所有者是一个群体，那么这个群体就会主导产生企业的治理结构，它们会在这个群体中选出代表组成董事会和监事会，构建决策主体和监督主体，同时会构建股东大会这个最高的权力机构来进行评判，企业的董事会将会根据自己的职能聘任经理层，组建执行主体。

对于一个隶属于某个经济单位的经济单位而言，它的相对独立性就较弱，主导因素是上级经济单位，它的治理结构就是在上级经济单位的意志下产生的。它不一定必须具有四个完整的职能主体，比如企业的部门和政府的部门，它们各自属于企业和政府这两个大经济单位，它们自身的职能性质是执行主体，但它们同样存在内部治理结构，不过在它们的治理结构中一般不存在评判主体，常常是由上级经济单位对其进行评判和考核。

对于社会集合体来说，最完整的社会集合体就是一个主权独立的国家。这个国家内部的治理结构就完全由主导该国的因素决定，它的主导因素就是统治阶级，比如奴隶制国家，其治理结构就由奴隶主阶级来决定；资本主义国家，其治理结构就由资产阶级来决定。

治理结构的构建是经济单位管理权力分配的具体体现，其结果必须体现经济单位的意志，令经济单位的主导因素感到满意，否则，这个经济单位的主导因素就会打破原有的治理结构或对其职能进行调整，建立新的治理结构并完善其职能。

（三）经济管理的分类

当前，各种各样的经济管理名目繁多，令人眼花缭乱，如何将其合理归类并进行科学分析，已成为管理学家们必须面对的问题。但是，在当前管理学说理论像丛林中的树木一样繁多的情况下，理论研究和探索必须追根溯源才能走出这个管理理论的"丛林"。我们在对经济单位认识的基础上，对管理和经济管理的概念进行了定义，并对管理的实质有了清楚的认识，因此我们可以对管理进行合理分类。为了便于对不同形式的管理进行分析和研究，并从中探索到它们的共性，我们分别根据经济单位主体性质的不同和管理的客体不同进行分类。

1. 根据经济单位主体性质分类

根据经济单位主体性质的不同，我们可以将管理分为个人自我管理、组织管理和社会管理三类，因为经济单位就只包含个人、组织和社会集合体三类。

个人自我管理是管理理论和实践中一个非常重要的内容，它也许是其他一切管理重要的基础条件。我们常常可以看到，成功的人和失败的人，他们的智力和体力其实并没有多大的区别，成功者常常就在失败者身边，他们与其他人一样生活在相同的环境，甚至接受相同的教育，但他们经历过无数次失败后渐渐走向了成功，究其原因，最关键的是成功者善于自我管理。其实，一切管理都是人的行为，无论是管理者还是被管理者，如果他们对自我管理都无法做好，又怎么能够与他人建立起良好的管理秩序呢？

组织管理是管理学家们研究得最多、最透彻的一类，由于组织又包括家庭、企业、机关事业单位、社会团体、党派等多种类型，因而组织管理也是可以进一步细分的，即根据不同组织的特性，可以细分为不同的管理，其中人们研究得最多的是企业管理。

社会管理就是指对一定地域内所形成的社会集合体的管理，由于社会是由无数个组织构成的，人口构成复杂，其目标也就与单一的组织有着很大的区别，它的目标是所有组织共有或期盼的共同目标。其中，安全、稳定、社会保障、社会财富分配的公平、公共利益等方面就是社会管理的主要内容。

2. 根据管理的客体分类

根据管理客体的不同，我们可以将管理分为对物的管理、对人的管理和对事的管理三类。

对物的管理包括对有生命的微生物、动植物和对无生命的物品两种类型的管理。

对人的管理涉及人与人之间的关系处理，它被很多人认为是管理学理论最复杂、难度最大的部分。它涉及人性问题，为此管理学家们又对人性提出了一些假设，并在此基础上进行研究和建立各种理论。至于它是否真的是最复杂、难度最大的管理理论和实践问题，我们将在后面的进一步分析中得出答案。

对事的管理则既包括对物的管理，又包括对人的管理，还包括对人和物运动变化的管理。因为事就是人、物运动变化，以及人与人、人与物、物与物相互结合、运动变化的产物。

（四）经济管理的要素构成

经济管理作为一种行为，它必须由构成这些行为的要素组成。

1. 管理主体

管理主体是指经济单位中行使管理职能的主体。人们一般用管理者来统称管理主体和管理人员。每当人们提到管理者时，总是会将管理者看作具体的人，这是片面的。要厘清管理的脉络，我们必须对管理的各种要素有明确的认知，管理者就是经济管理行为中起主导作用的要素，它是经济单位意识性的执行者，所以管理者既可以是个人，又可以是团队或组织。

如果经济单位是个人，那么无论他（她）管理的对象是自己或是别人和其他事物，管理主体就只有这个人。

如果经济单位是组织，那么管理主体既可能是个人，又可能是团队。比如一个家庭，管理主体主要就是家长；一个具有一定规模的企业，管理主体就是管理团队，当然，团队中的每一个人都是管理主体的成员之一，人们也常常将这些成员直接称为管理者，但每一个成员都不是全权意义上的管理者，真正全权意义上的管理者是管理团队这个主体。

如果经济单位是社会集合体，那么它的管理主体就是组织，就是社会中取得统治地位的阶级所代表的政党及其政党领导下的各级政府和组织。

通过对管理主体概念的认识和界定，我们在研究管理和从事管理实践时，就对从事管理工作的人有了明确的功能定位，而不是模糊笼统的认识。特别是管理人员自身，就能找准自己的位置，去做自己应该做的事。

2. 管理对象

管理对象就是管理主体所管理的客体和管理者自身。管理对象分为人、物、事三类，这在前面的管理分类中已经讲过。

3. 管理职能

管理职能，是指经济单位为了自身的存在和发展而授予管理主体的职责和权力的统称，包括对内职能和对外职能两个方面。

管理职能就其本身的含义来说，包括四个方面的内容，即决策、执行、监督和评判。这四个方面的职能都不是孤立的，它们都是围绕经济单位的意志去服务的，它们之间相互联系、相互影响、相互作用、共生共存，形成一种制衡效应，这种制衡效应当然也是管理职能存在的动态平衡。不过，在这四个职能体系中，决策和执行构成管理职能的主线，监督和评判构成管理职能的辅线。

经济单位的意志必然通过管理主体才能实现，要使管理主体能够按照经济单位的意志去作为，则经济单位必须对其授权，这个权就是管理主体的管理职能。由此我们可以看出，管理职能由经济单位确定，而不是由管理主体自己确定。当然，作为管理主体，它的行为不仅仅是自己的行为，更是经济单位的意志和行为体现。如果管理主体擅自扩大、缩小或变更自己的管理职能，那都是对管理职能的亵渎。

管理职能的存在是建立在职责和权力这两个要素的平衡基础上的。职责是基础，权力是保障，二者必须是对等的，这就是人们常说的责权对等原则。如果管理主体的职责大而权力小，那么它就会表现出有职无能的运转状态，从而无法正常发挥；如果管理主体的职责小而权力大，那么它就会有条件滥用权利去达到其他目的，从而使管理职能的权威性受到损害。

管理职能是由经济单位自行确定或者是由主导经济单位意志的外部因素来确定的。经济单位自行确定管理职能，是由经济单位内部的主导因素决定，这个内部的主导因素可以是现有的管理主体，也可以是利益集团。

由于管理职能是管理主体的职能，因此，管理职能根据管理主体具体的构成可以分为个人的职能、团队的职能和组织的职能。在一个管理组织中，这三者同时存在。因为管理组织本身就是一个社会集合体下的经济单位，在这个经济单位中又存在着组织内部的管理团队，管理团队是由众多管理人员组成的。

4. 管理目标

管理目标是指经济单位为了体现自己的意志和要求而对管理主体提出的工作目标。

与管理职能一样，管理目标体现了经济单位的意志和要求，是决策者下达给管理主体的工作任务，而不是简单地体现为管理主体的意志和要求。因此，不同类型的经济单位，其管理目标的制定权也是不一样的。

对于个人的自我管理，其管理目标的制定权也要分两类，一类是自我制定，这个很容易理解，比如自我规划人生蓝图，自我制订周末自由的度假计划，自我决定每月读一本书，自我选择晚餐的用餐类型、地点、餐馆和食材，自我决定今天穿什么衣服等。另一类是由他人制定或组织制定，比如儿童的自我管理目标常常是在家长和老师的要求和帮助下制定的，或直接由家长和老师制定。一般来说，自我制定的个人管理目标常常是个人的自我目标，他人制定的个人自我管理目标常常具有公共利益需求性质，或自身独立性不强而受他人主导的性质。

对于组织类经济单位的管理目标制定权，要分情况来看，有的由经济单位自行制定，比如私营企业、家庭，其中如果私营企业的管理者和所有者身份重叠，那么其管理者就是决策者，因此自己制定管理目标。有的经济单位的管理目标是由外部因素制定或受外部因素主导而制定，如国有企业、机关事业单位、集团企业下属的经济单位等，因为它们的独立性不强，决策者很大程度来自外部。

对于社会集合体的经济单位，其管理目标是执政的组织和它所代表的利益集团制定的。在我国，各级人民政府就是社会管理主体，它的管理目标是由中国共产党各级党委和各级人民代表大会制定，由于地方各级人民政府受上级政府的主导，其管理目标的制定也受上级政府主导。在西方资本主义国家，其政府的管理目标受执政党和议会的主导，由于议会中存在不同党派和利益集团的利益取向争夺，因而其制定的管理目标也常常在博弈中产生。

管理主体的管理目标是与管理职能相匹配的，从性质上来说，有什么样的管理职能就有什么性质的管理目标。当然，管理目标按范围来分又可以分为总目标（综合目标）和部门目标（单项目标），按时间来分又可分为短期目标和长期目标。

5. 管理理念

管理理念是指管理主体对履行管理职责和完成管理目标而持有的看法和思想。管理理念的形成与管理者的学识和阅历有着很大的关系，其中也会体现管理者的世界观、人生观和价值观。

不同的管理主体有着不同的管理理念，因为每一个具体的管理人员、管理团队和管理组织都具有其独特性，并且不同的管理者所掌握的管理理论也是各有不同，因此不同的管理主体持有不同的管理理念，有的差异极大。

管理主体是在不断变化的，同一管理主体的管理理念在不同时期、不同环境的体现也会不同。也就是说，管理主体的管理理念是会变化的。管理理念的形成是一个长期的过程，它是随着管理主体的成长而逐渐形成的，在这个过程中，管理主体经过学习、借鉴、思考、对比和不断的实践、实验沉淀而成，在管理主体的行为中具有习惯性和主观认同性，它所受的影响也是潜移默化的。

管理理念决定了管理主体的行为，促使管理主体选择不同的管理措施和办法。因此，管理理念是衡量管理主体是否适合担当某一管理职能的重要因素。

6. 管理工具

管理工具是指管理主体及其管理人员在履行管理职能中能够运用的各种工具的统称。在以往的管理理论研究中，人们常常将之忽视，其结果是使管理理论逻辑关系失去了严谨性。

管理工具是一个较为广泛的概念，它正如人们从事生产所依托的生产工具一样，均是指为了实现目标而运用的介质载体。所以，它的分类与生产工具一样，可分为自动工具和非自动工具。比如奴隶社会里，奴隶主手拿皮鞭迫使奴隶劳动，这个皮鞭就是典型的非自动管理工具，现代工厂里自动化信息管理系统就是自动管理工具。同时，管理工具又可分为硬件和软件，硬件是指实物（自动工具和非自动工具），软件是指各种广义的制度。

随着科技的进步，管理工具也在发生很大的变化，它的变化是管理理念和管理技术变化的主要体现。同时，管理工具的变化也会带来管理理念、管理措施的变革，甚至影响整个经济单位的治理结构。因此，对管理工具的研究和生产是未来管理学科的重要发展方向。

7. 管理环境

管理环境是指管理行为所处的各种物质和时空条件。具体来说，它包括管理主体和管理对象所在的环境条件。当然，这个环境有大小之分，小环境就是指管理主体和管理对象所处的周边或身边的小范围内的物质和时空条件，大环境就包括整个经济单位所处的环境条件或整个社会状态。

管理环境对管理的其他要素作用的发挥有着直接的影响。如果环境条件恶劣，各种管理要素的对接就会受到负面的影响，从而加大管理的难度。如果管理环境优越，则各种管理要素就容易对接并形成合力，从而降低管理的难度，提高管理的效能。因此，一个成熟的或经验丰富的管理者在管理中是非常重视营造一个良好管理环境的。

8. 管理措施

管理措施是指管理主体为了履行管理职能和完成管理目标，在自身管理理念的驱使下而实施的管理手段、管理方法等具体管理行为。

管理措施是具体的管理行为，任何一种行为都是一个过程，因而我们从管理过程的角度去看，就会发现管理措施内容丰富，它包括制订计划、构建组织、安排人事、领导、利用工具、调控、绩效监测和评价、目标调整、改革完善九个方面，每一措施又包括不同的具体内容。

应当明确的是，在不同的管理职能、管理目标和管理理念的驱使下，根据管理工具的不同，管理者在选择同一种管理措施时，其行为会有不同的具体体现形式，可谓千差万别。比如，同样是制订计划，不同的管理者制订的计划就会不一样，即使计划中的目标相同，但其他方面也不尽相同。又比如同样是领导，不同的管理者在具体的领导实践中采取的措施是不一样的；同样是指挥，他们的指挥风格、方式也会不一样；同样是监控，也有自己亲自监控、安排他人监控以及运用先进监控设备进行监控等多种方式。所以，管理措施虽然种类是有限的，但具体体现形式是无限的，当然管理效果也各有千秋。

管理措施是管理理念与实践对接的产物，它是整个管理中十分重要的一部分，但它不是管理的全部。在当今世界，人们在对管理理论的探索中走入了管理理论的"丛林"，在很大程度上是因为将管理措施当作了管理的全部，并将管理职能与管理措施混为一谈。

（五）管理主体和管理人员

1. 管理者是人们对管理主体和管理人员的统称

管理主体是经济单位中行使管理职能的主体，它可以是具体的一个人，也可以是多个人组成的团队，还可以是更多的人构成的组织，它是经济单位中管理职能的全权代表，而管理人员则是管理主体中具体的某个人或某部分人员。人们常常将管理主体和管理人员统称为管理者。正因为如此，人们常常将管理主体和管理人员混为一谈，没有去区分它们的地位、职责和权力。

因此，我们必须在理论研究上将它们区分开来，才能厘清脉络。

2. 管理主体由经济单位制度产生

世界是多样的，经济单位的类别不同，因而它们的管理主体也就不一样。对于个人的自我管理，其管理主体和管理人员都是自己。但是，对于其他类别的经济单位，其管理主体就有区别，它的治理结构和管理主体产生的形式就各不相同。正如生物界一样，动物和植物都是生物，但是它们的习性是有很大差别的，当然，它们的结构和产生的形式也是完全不一样的。

对于组织型经济单位和社会集合体而言，管理主体就包括决策主体、执行主体、监督主体和评判主体，它们是如何产生的呢？

我们在前面已经指出，价值的分割是通过竞争实现的，在竞争过程中，不同的人或人群因自己的力量不同而在价值分割中分得不同份额，逐渐形成一种平衡，为了使这种平衡稳定下来，力量主导方通过制度形式对这种价值的分割或分配进行规范，共同遵守，即强者主导制定规则。价值分割最终以制度来规范，而为了规范这个价值分割，制度在价值的生产、管理等方面也必须一并规范，因为价值生产和管理是服务和服从于价值分割的。从广义上讲，经济单位的治理，就包括价值的生产、管理和分割各个方面。

由于经济单位的治理结构是因经济单位的制度需要而构建的，管理主体是治理结构的构成要素，因此，管理主体的产生是由经济单位的制度来决定的。这里的制度是一个广义的概念，对于一个国家来说，它包括法律、法规、规章、条例等。对于一个企业来说，它主要是指企业章程。

对于一个隶属于某个经济单位的经济单位而言，它的相对独立性就较弱，其主导因素是上级经济单位，它的治理结构是在上级经济单位的意志下产生的，它的管理主体也是受上级经济单位制度的影响而产生的。比如大企业中的子公司及其内设机构的设置，要由总公司批准，又如我国基层政府机构的设置须上级政府批准。

3. 管理人员及其任用

管理人员是指在管理主体中从事工作的人员，是管理主体的组成部分。管理主体的职能常常由不同管理岗位分别承担，不同岗位又分别有不同的人员，因此管理人员是管理职能的具体承担者。

在管理主体内部的诸多岗位中，有领导岗位和非领导岗位之分，因而管理人员中又有领导者和普通管理人员之分，其中领导者对管理主体的职能发挥起着决定性作用。

管理人员的任用总的来说仍然是由经济单位的制度决定。但是，不同管理岗位的管理人员，他们选拔任用的方式和路径是有区别的。对于领导岗位的管理人员，由于其重要性突出，其选拔任用的条件会更高，程序也会更严。

（六）管理中人与物之间的对接

在管理中，每当人们提到对物的管理，很多人会认为是一项简单的事，但其实，管理中人与物之间的对接并非那么简单。

1. 把握物性是基础

对物的管理，必须要了解和把握物这个管理对象的物性，这是一个大家公认的道理。人们在生产生活中，都会与不同的物相接触，不同的物具有不同的物性，其产生和存在的条件也不一样，人们对物的管理也就必须根据物的特性去采取不同的管理办法和措施。比如，有的物是有害的，人们对它的管理就必须采取科学的防范措施。又比如，在农作物生产管理中，农民必须针对具体的农作物特性采取措施进行生产调节，否则就会适得其反。即便是仓库管理员，也必须根据仓库中不同货物的特性来采取不同的管理措施。

把握物性就涉及对自然科学的学习和研究，这是任何一个从事对物的管理的人员必须具备的基本素养。如果一个对物进行管理的人员在其岗位上对他所管的物有了深刻而又科学的认识，并能采取科学、合理、高效的管理措施，那么他就能够成为一个好的管理者。因此，对物的管理需要科学的方式方法，需要管理者极为用心，只有有能力服务于物，才可能有能力服务于人。

2. 运用先进适当的管理工具是捷径

管理工具的进步是管理技术进步的体现。工具的制造和进步常常伴随着人们对物的认知的深入，管理工具本身就承载着技术，因此，人们在对物的管理中，运用先进、适当的管理工具是提高管理效率的捷径。比如，在现代社会中，很多的生产管理和社会管理都离不开庞大的数据和信息处理，先进的电脑及其软件就成了人们管理中必不可少的工具。当然，在生产管理中，管理工具又是生产工具。

（七）管理中人与人之间的对接

如果管理对象是人，那么管理就不可避免地涉及人与人之间的对接。在一些管理者看来，管理就是命令、指挥、安排，他们认为自己是发号施令者，管理对象就是要一切都听他的，无条件服从。长此以往，管理者和管理对象之间就会逐渐对立，即使管理者做出的决定和发出的指令是正确的，管理对象也不一定会很好地执行，一旦管理者出现重大失误，管理对象很可能会借机反抗并推翻其管理权力。因此，对人的管理与对物的管理有着很大不同，因为人的意识具有强烈的能动性，人与人之间的对接关系处理不好，就会向着与预期相反的方向发展。

1. 管理者首先要学会善于管理自己

君子为政之道，以修身为本。世界上最难的管理是管好自己，每一个人从诞生到死亡，都是不断地在运动变化着的，不同时期的意识是不尽相同的，每一个人的意识观念都会在不同时期因主观和客观多种因素的影响而有所变化。因此，能否管好自己是决定一个人一生能否有所作为的重要前提条件。我们不难发现，凡是在事业和人生中有较大建树和成就的人，他们都有一个共同的特点，那就是他们都为了实现自己的奋斗目标而对自己进行了严格的约束和管理，而不是放任自己。

在管理对象面前，管理者就是示范、榜样。因此，一个优秀的管理者，他首先应当是一个善于管理自己的人，无论是在道德修养、业务技能、敬业精神、交流技巧、处世原则还是在情绪的控制等方面。只有管理好自己，才能与管理对象建立相对稳定的管理关系。

2. 管理者要引导和教育管理对象，使其管理好自己

管理对象如果是人，就有自己的意识，有自己独立的思考和意志。管理者想要管理对象按自己的意图去做事是管理者的职能和意志的必然要求，而管理对象能否按照管理者的要求去做则取决于管理对象的意志和甄别能力。如果管理对象无法做到良好的自我管理和约束，那么他的行为就会难以稳定，人格就可能会分裂，在实际行为中就会偏向于选择性地执行管理指令或搞变通游戏，管理对象之间也难以默契配合，其结果就是自由主义大行其道，使整个管理机制松散无力，管理效能低下。

睿智的管理者总是会不断地引导、教育和约束管理对象，使其管理好自己。同时，使管理对象在世界观、人生观、价值观上形成一致，极力构建出一个意识观念上的共同体。当然，如何引导、教育和约束管理对象也是一门学问，必须依靠科学的理论。

3. 制定管理制度要科学合理，并坚决执行

秩序是一切事物存在的一个基本维度，秩序的存在是事物运动机制的体现。对于经济单位来说，确保其运行机制正常运行的东西就是制度。在一个经济单位内部，无论是管理者或是管理对象，他们都必须遵守制度。因此，制定、修改和完善制度就是经济单位必不可少的管理事项。一般来说，事关全局的、重要的制度由经济单位的主导因素推动建立，而局部的、小范围的管理制度则由管理者主导制定。

管理中人与人之间的对接一方面包括管理者与管理对象之间的对接，另一方面包括管理者之间的对接，同时还包括管理对象之间的对接，无论哪种对接，都是受管理制度这个框架约束的。因此，无论是管理者还是管理对象，他们作用的发挥都受到制度的限制。

总的来说，制度的制定要科学合理，执行制度也要坚决有力，具体来说至少应当包含以下几层含义：

一是经济单位要根据自身的各种特点和需求，在不同环境下选择和调整治理结构。每个经济单位都是独一无二的，都有其不同的性质、特色和文化。这个经济单位中所有成员的意志也是会随着环境的变化而发生变化的，因此这个经济单位的意志体现也会不断变化，它对经济单位治理结构的改革和调整也会有新的要求。比如，体制改革就是治理结构的调整，其最终决定因素在于经济单位主导因素的意志。

二是制定的制度要粗细有度，互相支撑。制度应当具有合理的调节幅度，不能过死、过细，也不能过粗、过简，既要让管理者和管理对象有充分发挥的舞台，又不能使其有放大职权的空间。同时，制度之间不能相互抵触，而是要相互支撑。

三是执行制度坚决有力。做到在制度面前人人平等，不搞特殊，使制度的刚性得到充

分的体现，使跨越制度红线的人和事得到应有的惩罚和警示。

4. 注重人与人之间的人性对接

管理中人与人之间对接的形式是多样的，但本质上是人性的对接。本书在第三章中对人性进行了一些阐述，直面人性、尊重人性是管理中正确处理人与人相互关系的基石。无论是管理者还是管理对象，如果能在管理中做到及时协调沟通、取长补短，在原则上坚定，在策略上灵活，就会使管理具有人情味和制度底线，使人与人之间更加和谐相处，形成同向的意志，从而更有利于达到管理的目标。

（八）管理中人与事的对接

事是人和物及其运动变化结果的统称。管人管物本身就是管事，同时管事还包括对人和物共同运动变化的管理，它是复杂的、综合的管理，也是最高级的管理。因此，对于管理者来说，要妥善处理好人与事的关系，就必须要在妥善处理物与物、人与物、人与人之间关系上具有更高的要求。

1. 要熟悉和把握事物运动变化规律

世上的一切事物，无论是人还是物，其运动变化都是具有规律性的，人类的一切学习和探索研究，都是在尽可能地揭示和把握这些规律。

熟悉和把握事物的运动变化规律不是一蹴而就的事，它需要人们不断地学习、思考、研究和实践。人们常说的"人要活到老学到老"就是这个意思，因为每个人在有限的时空中只能把握有限的规律，不可能穷尽一切。同时，这也告诉人们，一个人的经历和经验是宝贵的，因为那是他们对认识规律和实践检验的宝贵结晶。当然这也告诉人们，掌握了管理学的理论不一定就会成为管理大师，因为管理大师的素质不仅在于对管理理论有较高的造诣，而更在于他们对事的规律有着高超的洞察力和把控能力，中国有句古话"世上无难事，只怕有心人"，这句话具有令人深思的道理。

2. 要充分分析各方情况

事的形成因素较多，它不仅单指一方，还可以是双方、三方甚至更多方；它不仅涉及人、物，而且涉及人与人、人与物、物与物之间的互动；它不仅涉及一般的事物运动变化，还涉及人的思维和目标意志之间的联系、矛盾运动。因此，要处理好人与事的对接，必须对涉事的各方有充分的分析和了解。

要充分分析和了解涉事各方，必须进行调查研究，收集相关各方的信息情报和能力（含生产力）水平。这些信息和情报必须真实、准确、全面。这里指的相关涉事各方，有时也包括管理者自己。只有在充分分析各方情况的基础上，才会有条件根据情况采取合理有效的管理措施，从而提高管理事务的效能。

3. 要注重各方维度和意志的对接

涉事的各方本身就是各自独立的事物，它们的存在和运动都有规律。事的形成就是涉事各方相互联系、相互影响、相互作用的结果，那么，涉事各方之间的联系、对接、影响和作用，都与它们自身存在的几个维度之间的对接密不可分。如果涉事各方中有人的存在，那么这些维度中还包括不同人之间的意志对接。因此，在处理人与事的对接中，要注重各方维度和意志的对接，各方维度包括结构、秩序、幅度、能量和时间。在现实中，人与事的对接常常表现为不同涉事的人之间互为人与事的对接，甚至他们之间可能互为管理者。因此，各种层面的协调、沟通和引导是必不可少的。

（九）经济管理构成要素在管理中复杂的组合和互动

任何一种管理行为或活动，都是由这项管理的各种构成要素组成的，通过前面的分析我们可以看到，一个完整的管理过程，它的管理构成要素至少包括管理主体、管理对象、管理职能、管理目标、管理理念、管理环境、管理工具和管理措施这八个方面，但是，这些要素并非完全按照管理者的意愿就会自动组合而发生效力，它们的组合是必须具备一定条件的，它们之间也是相互影响的。因此，对管理者而言，管理要素的组合是一门技术。

1. 管理要素必须具备合法性

经济管理是经济单位存在和发展的必然要求，是经济单位内生的动力，而经济管理要素不是任何人随意可以增加和取舍的。它的存在必须具备合法性，这种合法性来自两个方面：一是经济单位制度的认可，即各管理要素必须是在这个经济单位制度下产生的。比如，管理主体，如果一个管理主体没有在这个经济单位制度下产生，那么它就不具备权威，得不到认可，它的管理也就会无力、无效。二是本经济单位所属的更大范围经济单位的制度认可。也就是说，一个经济单位是所属于另一个更大经济单位的，比如很多经济单位都所属于一个国家，那么，这个经济单位管理要素的合法性也必然受到所属的更大范围经济单位的制度约束，比如一个公司管理主体的产生除了要符合公司制度规定外，还要符合总公司的制度规定，也要符合国家的法律规定。

各项管理要素具备合法性的表现各有不同，一般来说，管理主体合法性主要是指其产生合法，管理对象的合法性主要是指其来源合法，管理职能的合法性主要是指其权力合法，管理目标的合法性主要是指其制定的程序合法，管理理念、管理环境、管理工具、管理措施的合法性主要是指与国家法律和道德要求一致。由此我们可以看出，由于经济管理要素对合法性有着特别的要求，因此在管理中不是什么资源都可以随意使用的，比如在当今社会，为了使管理对象劳动，用打骂、胁迫等措施就是非法的，这样的管理就会带来负面的效果。

2. 要素之间是相互影响、相互制约的关系

管理的各种要素在管理行为中的组合不是简单的堆砌，而是有机的对接，它们之间密切联系、相互影响、相互制约、共同作用。

管理要素之间相互影响、相互制约的关系，体现在它们当中每一个要素的变化，都会给其他要素带来或多或少的影响。比如，一个经济单位的管理主体发生了变化，它的主要负责人进行了调整，更换了新的主要负责人，那么这个新的主要负责人可能有他不同的管理理念，他就会在管理过程中根据他对管理职能的理解和运用进行调整，制定和调整管理目标，运用不同的管理工具，采用不同的管理措施，对管理对象施加不同的影响，从而改变管理对象的行为和意志，并在整个经济单位中营造不同的管理环境。又比如管理理念的变化会通过管理主体而对其他要素产生影响，管理环境会对所有要素产生影响。

管理要素之间的相互影响、相互制约的结果，使我们发现世界上没有完全相同的两种管理行为。同一个管理主体也不可能做出完全相同的两种管理行为。当然，相似的或类似的管理行为是存在的。

3. 管理要素的组合和运用是管理技术的体现

人们都会注意到一种现象，那就是两个人用完全相同的资源在同一时期去做相同的事，其结果常常不一样。这其中的道理是容易理解的，问题的主要原因在于这两个人身上，在于他们各自如何运用这些资源。在生产中，对各种生产要素资源进行组合运用的实质就是生产技术，而在管理中，对各种管理要素的组合运用就构成了管理技术。由于技术是第一生产力，不同的人所掌握的生产技术和管理技术不同，他们在各自的生产和管理中所发挥出来的作用也就不同，结果也就不一样了。

也许有人会认为管理技术就是管理措施的运用，这种说法是片面的。因为不同管理措施的运用是需要一系列条件做支撑的，这些支撑的条件就是其他各种管理要素，特别是管理工具、管理理念、管理环境，这些要素如何与管理职能、管理目标、管理对象和管理措施对接和运用，这些对接和运用技巧就是管理技术。

如果一个人能在不同的条件下将各种管理要素的对接和运用做得合情、合理、合法，及时而又熟练，那么他就是一位善于管理的能手。如果一个人能够很有预见性地运筹帷幄，那么他的管理就充满着艺术，体现着精彩，他必定是一位管理高手或大师。

三、经济管理绩效的评价

任何行为都必然有其结果，经济管理同样如此。经济管理结果是具有效用价值的，因此人们常常会对其进行评价。通过评价得出好坏的判断，从而影响人们下一步的经济决策，以便经济运行按照对人们有利的方向发展。当然，对经济管理效果的评价历来都是管

理者们必须采用的重要管理措施，同时也是他们面临的重大难题。

（一）管理目标实现评价

管理是一种有目标的行为，对经济管理进行评价，人们首先会想到的是管理的目标是否实现。正因为如此，人们常常将管理目标是否实现作为判断这项管理是否成功的标准，有人甚至将之作为唯一标准。但无论怎样，管理目标的实现与否都是管理效果评价不能回避的关键事项。

1. 总体目标的实现

一般来说，每一个管理目标，都包含在某一时间范围内的具体任务，这个具体的任务，既有质的规定，又有量的规定，既有总的要求，又有各项任务的细分指标。当某一管理行为在规定时间和范围内结束后，人们就会对这一管理行为的效果进行评价，当然，人们首先想到的是总体目标是否实现。

一般来说，对总体目标是否实现的评价是比较粗放的。目标实现了，则是管理有效果，是成功的。如果目标未能实现，人们往往就会有负面的看法和评价，就会对管理产生疑虑，一些人甚至会全盘否定管理的效果。

2. 各项具体指标的比较

在现实的管理效果评价中，人们并不是仅仅根据总体目标是否完成下结论。在做同类管理中，人们是会进行比较的。同样是完成管理目标，有的要做得更好些；同样是没有完成管理目标，有的却做得更差。因此，人们在对实现管理目标的评价方面，还要看组成这项管理目标的各项指标，并对它们进行比较。

一般来说，组成总目标的各项具体指标是可以量化的，人们在评价目标的实现时可以对这些指标完成的程度进行统计、分析，从而对完成的目标进行综合评价，对同类管理进行排名，从中区分优劣。

同时，一些经济研究者还会将管理目标各项指标的完成情况与经济行为中各种相关要素联系起来进行分析，并通过对大量同类经济行为的数据综合分析，从中寻找到影响某些结果的重要因素以及它们之间数量变化的规律性联系，并建立起一些供人们参考的数学模型。但是，这些数学模型必须是建立在影响经济行为的其他各种要素不变的假设基础上的，特别是要以管理主体的管理不变为前提。然而，天下没有完全相同的两种管理，经济研究者们建立起来的数量模型也只能作为参考，是不能像物理学公式那样在实践中照搬套用就能达到精准效果的。

3. 管理目标实现评价的缺陷

如果将管理目标是否实现作为对管理效果评价的全部，那么就会形成凡事"以成败论英雄"的风尚，就会促使人们为达目的不择手段，还会使管理者只讲结果而不注重过程和细节。长此以往，管理者与管理对象必然离心离德，管理中所耗费的各种资源也会越来越多，各种矛盾会逐渐凸显和加剧，从而导致管理的可持续性受到威胁。

世上没有完美的成功者，几乎每一个成功者都曾经历过失败，他们中的一些人甚至经历过无数次的失败或经历过重大的失败。人们常说"失败是成功之母"就是这个意思。总结就是对管理行为细节和过程中的各种经验教训进行汇总和分析，找出原因，以便在今后更好地运用经验，避免重蹈失败的覆辙。

实际上，管理目标实现的结果就是管理行为所获取到的效用价值，而管理过程和具体细节中各种资源的利用和消费，就是管理目标实现所付出的代价。因此，单一地从管理目标的实现去评价管理效果是不够的，它只是看到了一个重要的方面，即管理行为产生的效用价值。而实现这个效用价值的背后，就是各种管理资源的利用和耗费，它们也应当作为管理效果评价的另一个重要方面，从而使管理的性价比得到真实而又全面的体现。

（二）管理代价评价

管理代价评价就是指根据管理目标的实现过程中付出代价的多少来衡量管理效果的一种方法。也就是用管理成果的获取代价来衡量，它的实质是一种价值生产的效益衡量方法。其基本的原理如下：

在管理环境条件不变的情况下，实现相同管理目标所付出的管理代价越大，绩效越低；付出的管理代价越小，绩效越高。

这是很容易理解的，从某种意义上讲，管理绩效就是价值生产的效益，管理付出的代价就是价值生产的成本，生产成本越高，生产效益就越低；生产成本越低，生产效益就越高。

管理代价所包含的内容是多方面的，它包括管理过程所耗费的时间、人力、物力和财力，同时还包括管理中产生的各种负价值，如恶化管理环境，伤害人与人之间的情感和信任等。对于管理中所耗费的时间、人力、物力和财力，通常是可以直接量化计算的。但对于管理中所耗费的人与人之间的情感和信任，这是很多人常常忽视的问题，其实这是一个极为重要的方面，它不仅涉及管理中人与人之间的对接是否科学有效，而且关系到管理能否可持续的问题。睿智的管理者总是会在管理中培养与管理对象之间的感情，增强互信，汇聚智慧，赢得支持，这样他的管理必将更加成熟高效。

（三）管理绩效综合评价

人们在进行某一项比较复杂的管理活动时，其管理目标是比较明确的，但在管理行为结束之后，人们常常会发现还有一些其他的收获甚至是意外的收获。从主观上讲，人们在管理活动中没有主动去追求这样的结果，但在客观上，人们实施的管理行为却为产生这种效果创造了一定的条件。那么，在评价管理目标实现时，这种结果就不是原计划中的目标。可是，这种收获的正向价值结果是不能在绩效综合评价时被忽视的，它也应当作为管理的绩效被纳入综合评价，因为它也是管理代价耗费下的产物。

（四）管理技术水平的测算

人们常说管理出效率、管理出效益，这是对管理的价值评价。正因为管理会带来价值的变化，也是将各种管理要素进行有机对接和运用的一门技术，因此它是生产力的组成部分。

那么，管理作为一门技术，它的技术水平也就应当有一个测算或衡量的基本方法。在此，我们提出了管理技术增值率这个概念。

管理技术增值率是指通过管理行为的实施，经济单位在付出了管理代价之后净增加的价值比例。在管理环境条件相同的情况下，管理技术增值率越高，说明管理技术水平越高。

通过上面的计算公式，我们会发现，管理技术水平的发挥，与经济单位其他生产力水平，或者与社会其他生产力水平是密不可分的。这是因为，管理目标实现所取得的绩效，一方面来自管理，另一方面来自经济单位的生产力。管理只是促使经济单位的生产力水平得到应有的发挥。同样，管理代价的大小也与经济单位的生产力水平相关，比如一个经济单位在管理中运用的管理工具比较先进，这个管理工具内含生产技术水平，那么其管理代价就会下降。所以，管理技术水平的发挥，是建立在经济单位生产力水平之上的。也就是说，任何一个管理大师，他只有在适合其施展才华的地方才能发挥出水平，正如一粒种子一样，只有播种到条件适合的土壤中才会生根发芽。

应当明确的是，管理技术增值率是对特定的某一管理而测算的，同一个管理主体在不同时空环境下施行的管理，其管理技术增值率可能是不同的。而在条件相同的情况下，通过对不同的管理者的管理技术增值率的测算，我们就能分出他们各自在这方面管理技术水平的高低。

（五）经济单位对管理行为的认定结果是管理绩效的最终体现

我们在前面对经济管理绩效的评价进行了方法上的探索，那么通过这些方法的运用，这些评价结果是否就能够得到人们的认可呢？恐怕未必全是这样的。

人们都知道，管理绩效实质上就是价值的具体体现形式，对管理绩效的评价就是对管理所创造价值的衡量。价值是基于人的需求而对客观事物有用性和重要性的属性判断，每一个经济单位都是具有其独特意识性的，它的需求和价值判断也是有其特殊性的。因此，对同样的结果，不同的意识主体有着不同的意识反映。我们在前面针对管理行为的管理绩效评价介绍了一些评价方法，无论是管理目标实现评价、管理代价评价、管理绩效综合评价，还是对管理水平进行测算，这些方法在客观上会得出一些具有理论依据的结果。但是，人们在评价中常常不能穷尽所有的相关要素，评价得出的结果总是会有误差的，有的误差还会很大。并且，每一个经济单位是具有自己独特意识性的，它们在对待管理绩效的判断上也存在着自己不同的重点关注领域和不同的关注程度，况且原定的管理目标也并非完全科学合理，所以各种管理绩效的评价方法常常只能作为必要的手段和参考，客观现实中，经济单位对管理行为结果的认定才是管理绩效的最终体现。

（六）科学的管理必须是可持续的

经济单位对管理行为结果的认定才是管理绩效的最终体现，这是否说明这个经济单位的自我认定就是科学的呢？同时，也证明前面介绍的评价方法就失去意义了呢？事实并非如此。

经济单位对自身管理行为结果的认定是其价值衡量的必然要求。但是，一个经济单位对自身管理结果的认同只能表示这个经济单位自身主观意志，但从客观和长远来看，未必真的适合这个经济单位。比如，有的管理结果只是解决了眼前和局部的需求，却为长远和其他方面埋下了不稳定的因素，甚至是致命的隐患。

那么，对管理绩效的评价，难道就没有一个科学的标准吗？对管理绩效的评价还是应当有一个科学标准的，这个标准就是"管理必须是可持续的"。

管理必须是可持续的，其原因在于：第一，管理是经济单位存在的必然要求，管理的存在是与经济单位的存在相生相伴的。某一项管理或某一阶段的管理一旦结束，新的管理又会在原来的基础上诞生，正如人们修建房屋一样，当房屋建成之后，下一步就是搬进去居住了，而不是让其闲置。大家都知道，如果房屋建得不好，居住就不安全。因此，前面的管理如果只顾眼前利益和短期目标的实现，而不考虑长远目标，就会为后一步管理带来诸多的困难和问题，正如俗话所说"人无远虑必有近忧"。第二，任何事物的存在都必须与外界环境保持良好的平衡，如果一项管理只顾自身的利益而忽视周边事物及其环境的利益诉求，就会使环境恶化，最终给自己生产出负价值，付出更大的代价。第三，经济单位所制定的管理目标并非全部都是科学合理的有的管理目标可能是错误的，甚至是根本难以实现的，管理主体通过努力去实现，结果常常是好心办了坏事，又付出了沉重的代价，同样给后续的管理带来了负面效应。

科学合理的管理应当是可持续的，它应当同时具备以下几个方面的条件：

一是管理目标必须科学合理。这个目标必须是与经济单位的生产力相适应的，而不是凭主观意志随意而定的。否则，要强行完成一个超越自身实力才能完成的任务，就会付出更大的代价，影响经济单位的协调发展和可持续发展。当然，这个目标也必须适合经济单位存在和发展的真实需求，而不是想当然或超越现实条件的幻想。科学合理的目标制定方法在现有的管理学丛书中可以大量找到，本书就不再重述。

二是管理必须取得较好的综合绩效。这个综合绩效在前面已有论述。没有较好的综合绩效，经济单位就无法获取生存和发展所需的价值，那么这样的管理就不可能总是得到经济单位的认可和支持。

三是管理行为必须得到经济单位的认可和支持。这里的管理行为主要是指管理主体及其管理人员的行事风格。当然，得到经济单位的认可和支持主要是指得到经济单位内部主导因素的认可和支持。如果得不到认可和支持，这项管理的主体必然会被经济单位进行调整，那么这项管理也就不可能持续。

四是管理结果必须有利于经济单位自身动态平衡和与外界的动态平衡。

这两个平衡是经济单位存在和发展的基础，它涉及局部与全局、短期和长远各种利益关系的协调，只要这两个动态平衡得以稳定和发展，这个经济单位就能够长期存在和发展，经济管理也就能够顺利进行。

思考题

1. 如何理解经济资源的稀缺性？

2. 在不同的经济制度下，资源配置方式有何不同？

3. "经济思维"的含义是什么？例举你日常生活中经济思维的事例。

4. 微观经济学和宏观经济学的关系如何？

5. 实证分析与规范分析之间的差别是什么？各举出一个例子。

6. 经济单位的基本特性以及经济单位之间存在的普遍联系是什么？

7. 经济管理的分类及构成要素是什么？

第二章 供求原理

　　需求和供给是经济学中两个最基本的概念。正如一句西方的俗话：你甚至可以使鹦鹉成为一个博学的经济学家——它所必须学的就是"供给"和"需求"这两个名词。供给和需求是使市场经济运行的力量，它像是一只"看不见的手"决定着每种物品的产量及出售的价格。

◯ 学习目标

1. 学习需求与供给。

2. 掌握均衡价格。

3. 了解弹性理论。

第一节　需求与供给

一、需求理论

（一）需求

　　需求是指在一定时期内，消费者在各种可能的价格下愿意而且能够购买的某种商品的数量。在理解这一概念时应当注意，需求是购买愿望和支付能力的统一，两者缺一都不能成为需求。比如，你想买一幢价值数百万元的豪华别墅或想参加票价数千万美元的太空游，但是你囊中羞涩，你的愿望自然不能实现，也就不能形成需求；再比如，你在超市里闲逛，面对琳琅满目的商品，其中大多数商品你完全买得起，但你压根不想买，这同样不能形成需求。而且，在理解这一概念时还应当注意，需求反映了消费者对商品的消费数量即需求量与该商品的价格之间的对应关系。即需求涉及两个变量，一是该商品的价格，二是在该价格下消费者愿意而且能够买进的商品数量即需求量。

因此，需求和需求量是两个不同的概念。需求表示在各种不同的价格下，消费者能够而且愿意购买的商品数量，它体现了价格和需求量之间的一种关系；而需求量则是表示在某种特定价格下消费者愿意而且能够购买的商品数量。举例说明，如果某一时期，某市场鸡蛋的价格为2元时其消费数量为100千克，这个100千克就是定义中的需求量。而通过市场调查得知，如果这一时期该市场鸡蛋在价格为2元、3元、4元、5元、6元、7元时，其消费数量分别为130千克、110千克、90千克、70千克、60千克、50千克，则与2元到7元价格相对应的从130千克到50千克的这一组鸡蛋的消费量称为需求。

需求分为个人需求和市场需求。个人需求是指单个消费者对某种商品的需求，即对应于各种可能的价格，消费者愿意而且能够购买的商品数量。将某商品每一可能价格下所有个人需求量加总求和，即得到与不同价格相对应的市场需求量。由此可知，个人需求是构成市场需求的基础，市场需求是所有个人需求的总和。

（二）需求定理

需求的概念反映了价格和需求量之间的一种关系，这种关系体现了价格和需求量之间的一种变动规律。即随着商品价格的上升，商品的需求量会下降；反之，商品价格下降，则需求量会上升。这一规律就是需求定理。

1. 需求定理的形成原因

一般而言，可以用替代效应和收入效应来解释需求定理的形成原因。

（1）替代效应

替代效应指某种商品的价格发生变化而其他商品价格不变，则消费者所消费的商品的相对价格发生变化，消费者会增加对相对便宜商品的消费，减少相对昂贵商品的消费。即用相对便宜商品代替相对昂贵商品的消费。例如，苹果涨价而梨子价格不变，则梨子变得相对便宜了，消费者会增加梨子的购买，同时减少苹果的购买。即在消费中用梨子代替了一定数量的苹果，从而使苹果的需求量减少，这就是由于苹果价格变化引起的对苹果需求量的替代效应。

（2）收入效应

收入效应指某种商品的价格发生变化使消费者的实际收入发生变化，并由于消费者实际收入的变化而引起的消费者对该商品需求量的变化。例如，如果苹果涨价了而其他因素不变，则消费者较以前变得更穷了，因此会减少所有商品包括苹果的需求量。这就是收入效应。

当商品的价格发生变化后，其需求量的变化可以分解为替代效应和收入效应。两者共同作用的结果就形成需求定理。如果价格提高，对正常商品而言，替代效应和收入效应均使该商品的需求量减少；反之，使需求量增加。所以，需求量和价格之间呈反方向变动。

当然，要全面了解需求定理形成的原因，则需要对消费者的行为方式进行分析。

2. 需求定理的表示方法

将需求量和价格之间一一对应的关系用表格的形式表现出来，就是需求表。

3. 需求定理的例外

需求定理描述了大多数商品，即正常商品的需求量和价格之间的变动规律，但并不是所有的商品都符合需求定理。需求定理的例外有如下几种。

（1）炫耀性商品

炫耀性商品是用来显示和炫耀人的社会身份的商品。这种商品只有在价格比较高时才能起到显示人的身份和社会地位的作用，因此，价格下降时需求量反而减少。珠宝首饰、豪华轿车就是这类商品。这些商品的特点是：价格上升，需求量增加；价格下降，需求量减少。

（2）吉芬商品

吉芬商品是低档的生活必需品，其价格上升，需求量反而增加。1845 年，英国经济学家吉芬发现在爱尔兰发生大灾荒时，土豆的价格上升，需求量反而增加。这种违背需求定理的现象被称为"吉芬之谜"。

（3）投机性商品

在投机性市场上，例如在证券市场和期货市场上，人们有一种"买涨不买跌"的投机心理，即在价格上涨时抢购，价格下跌时抛出。这与人们对未来价格的预期和投机的需要有关，也可以作为需求定理的一种例外。

（三）需求的影响因素

影响需求的因素很多，有经济因素，也有非经济因素，概括起来主要有以下几种。

1. 相关商品的价格

商品与商品之间存在一定的关系，因此，一种商品价格的变动不仅影响本身的需求量，也会影响另一种商品的需求。商品之间的关系一般分为两种：一种是替代关系，一种是互补关系。替代关系是指两种商品之间在功能上能够相互替代。如苹果和梨子，大米和面粉等都属于替代关系。互补关系是指两种商品在功能上相互补充，不能单独使用。如汽车和汽油，录音机和磁带等就是互补关系。

如果两种商品是替代关系，则如果一种商品价格上升，而另一种商品价格保持不变，由于替代效应，该种商品需求量将下降，而另一种商品在各种价格下需求量都将上升，即其需求将上升；反之将下降。如果两种商品是互补关系，则如果一种商品价格上升，其需求量将下降，而由于在功能上的互补性，另一种商品的需求量也将下降；反之将增加。

2. 消费者的收入水平和分配的平等程度

收入是影响需求的重要因素，一般来说，收入提高，需求将增加，收入降低，需求减少。但也有例外，有些商品在收入提高时需求减少，而在收入下降时需求却增加。在经济学上，前者属于正常商品，而后者属于低档商品。另一方面，分配的平等程度也是影响需求的重要因素，分配趋向平等，则需求增加；反之，则需求减少。

3. 消费者的偏好

消费者偏好是指消费者对商品的喜好程度。消费者对某种商品的偏好增强，该商品的需求增加；反之需求减少。广告可以在很大程度上影响消费者偏好，进而影响商品的需求，所以商品经营者，尤其是竞争性商品的经营者不惜投入巨资做广告，原因即在此。

4. 消费者对未来价格的预期

如果消费者预期未来某种商品价格会上涨，便会赶在价格上涨之前购买更多的这种商品，该商品的需求就会上升；反之，则需求会下降。

5. 政府的政策

政府政策无疑也是影响需求的重要因素。如果政策鼓励某种商品的消费，该商品的需求便会增加；反之，则会减少。

以上五点是影响需求的主要因素。

（四）需求的变动

我们知道，需求和需求量是两个不同的概念，以上因素不仅影响需求，同样也影响需求量。而影响需求量的因素除了上面提到的以外，还有一个非常重要的因素，那就是商品本身的价格。我们把影响商品需求量的因素分为两类：一类是商品本身的价格，一类是商品本身价格以外的其他因素。这种区分有着非常重要的意义。我们知道，微观经济学的中心理论是价格理论，在构造价格理论的经济模型中，商品本身的价格和需求量都是内生变量，而价格以外的其他因素则是外生变量，即这些因素并不能由价格理论模型本身来说明；相反，这些因素的变化却会对整个模型的分析结果产生影响。正是在这个意义上，我们区分了需求和需求量的概念。需求是在把商品价格以外的其他因素当成是常量（即外生变量）时，表明价格和需求量之间关系的一种概念，即需求是在各种价格水平上的一组需求量。

在区分了需求和需求量的概念后，我们来进一步区分需求的变动和需求量的变动。需求的变动是指由于价格以外的其他因素发生变化而引起的消费者对某种商品在每一种可能的价格下需求量都发生的变化。例如，假如消费者的收入提高了，同时其他因素保持不变，那么在各种可能的价格下，消费者的需求量将增加。而需求量的变动是指由于商品本身价格发生变化而引起的需求数量的变化。例如，假如价格由 P_1 变为 P_2 时，需求量由 Q_1 变为 Q_2，这就是需求量的变化。

这种区别可以通过需求表来反映。我们还以前文所述的某市场鸡蛋需求为例，从表 2-1 中可见，当鸡蛋价格由 2 元提高到 3 元后，其需求量则由 130 千克减少到 110 千克，需求量减少了 20 千克。这就是需求量的变化。如果居民的收入提高了，则对鸡蛋的需求将增加。即在同样价格条件下，如表 2-1 所示，居民对鸡蛋的需求量组合变为（150，130，110，90，80，70，60），这种需求量组合由（130，110，90，70，60，50，40）到（150，130，110，90，80，70，60）的变化就是需求的变化。

表 2-1　某市场鸡蛋需求的变化

价格/元	2	3	4	5	6	7	8
收入提高前的需求量/千克	130	110	90	70	60	50	40
收入提高后的需求量/千克	150	130	110	90	80	70	60

同样，这种区分也可以通过需求曲线来反映。在这里，需求量的变动表现为在同一条需求曲线上的点的移动。如图 2-1 所示，当某种商品价格由 P_1 变为 P_2 时，需求量由 Q_1 变为 Q_2，在需求曲线上表现为从 A 点到 B 点的移动。

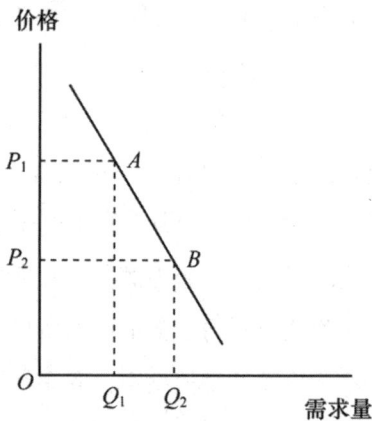

图 2-1　需求量的变动

而需求的变动在图形中表现为需求曲线的平行移动。在价格不变的前提下，如果其他因素的变化使得需求增加，则需求曲线向右平行移动；如果其他因素的变化使得需求减少，则需求曲线向左平行移动。如图 2-2 所示，原先的需求曲线是 D_1，如果其他因素变化使得需求增加，则需求曲线移动到 D_2；相反，如果其他因素变化使得需求减少，则需求曲线移动到 D_3 的位置。需求曲线的平行移动表明，如果价格不变而其他因素变化，则在每一种价格水平上需求量都变化了。即需求的变动表示整个需求情况的变化。

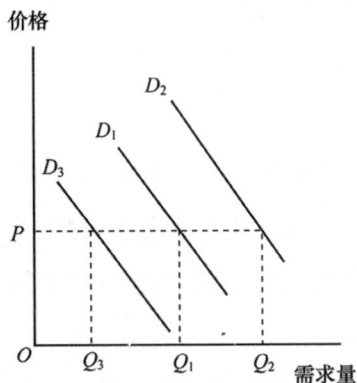

图 2-2 需求的变动

二、供给理论

(一) 供给

供给是指在一定的时期内,生产者在各种可能的价格下愿意而且能够提供的某种商品的数量。和需求一样,理解供给的概念时同样需要注意,供给是供给愿望和供给能力的统一,两者缺一都不能形成供给。比如,如果市场对某种商品的需求增加,生产者愿意增加供给,但由于受生产能力的限制一时无法生产出来,这形成不了供给;同样地,尽管市场需求增加,生产者也有生产能力,但生产者为了抬高价格而不愿意提供足够的产量,这也形成不了供给。

在理解供给概念时还应当注意,供给反映了生产者愿意而且能够提供的产量,即供给量与商品价格之间的关系。和需求一样,供给这一概念也涉及两个变量,一是商品本身的价格,二是供给量。

供给和供给量是两个不同的概念。供给表示在各种可能的价格条件下,生产者愿意而且能够提供的产品数量即供给量,它体现了供给量和价格之间的一一对应的关系;而供给量则指在某一特定价格下,生产者愿意而且能够提供的产品数量。举例说明,如果在某一时期,当汽车市场在价格为 4 万元时,生产者愿意而且能够提供的产品数量为 10 万辆。这个 10 万辆就是供给量。而当价格分别为 4 万、5 万、6 万、7 万、8 万、9 万、10 万元时,生产者愿意而且能够提供的产量分别为 10 万、20 万、30 万、40 万、50 万、60 万、70 万辆。则与 4 至 10 万元价格对应的从 10 万到 70 万辆的这一组汽车的供给量称为供给。

和需求类似,供给也分为个人供给和市场供给。个人供给是指单个生产者的供给,而市场供给是所有单个生产者供给的总和。

（二）供给定理

供给的概念反映了供给量和价格之间的一种关系，这种关系体现了供给量和价格之间的一种变动规律。即随着商品价格的上升，供给量增加；反之，价格下降，供给量减少。即供给量和价格之间呈同方向变动关系。这一规律通常称为供给定理。

1. 供给定理的形成原因

供给定理的形成原因可以从以下几个方面来解释。

（1）经济学分析中，假定生产者追求利润最大化，在其他条件一定的情况下，价格越高，利润越大。因此，生产者为了实现利润最大化，在价格提高的情况下，必然增加产量，即增加供给量。

（2）由于存在收益递减规律，当生产者供给量超过一定数量时，随着供给量的增加，每多生产一单位产品所带来的成本的增加量是递增的。例如，在收益递减规律的作用下，如果某种汽车的生产者生产的第101辆车的成本高于第100辆车，那么，该生产者愿意生产第101辆车的前提是，生产第101辆车时的价格比生产第100辆车时的价格要高。即如果较高的产量意味着较高的成本，则只有产品价格较高时才能促使生产者增加产量。

（3）在一定的时期内，商品价格提高，新的生产者就会加入到该种商品的生产中来，那么，市场供给必然增加。

以上是对供给定理的简单解释。由于供给定理反映了市场中供给方的行为规律，而市场中的供给方即是生产者。

2. 供给定理的表示方法

和需求定理一样，供给定理除了可以用文字形式描述之外，还可以用供给表、供给曲线和供给函数来表示。

（1）供给表

把供给量和价格之间的关系用表格的形式表示出来而形成的表格就是供给表。例如，把上文中提到的某种汽车市场的供给量和价格之间的关系反映到表2-2中，这就是供给表。

表2-2　某汽车市场的供给表

价格/万元	4	5	6	7	8	9	10
供给量/万辆	10	20	30	40	50	60	70

从表2-2中可以看出，某种汽车的供给量和价格之间呈同方向变动。即价格越高，供给量越大；价格越低，供给量越小。供给表实际上是用表格的形式来表现供给定理。

（2）供给曲线

根据表 2-2 可以绘制图 2-3。在图 2-3 中，横轴代表供给量，纵轴代表价格，则上面的汽车供给量和价格的关系在坐标平面上就表现为一条向右上方倾斜的曲线，这就是供给曲线。供给曲线实际上是用图形的形式来表示供给定理。

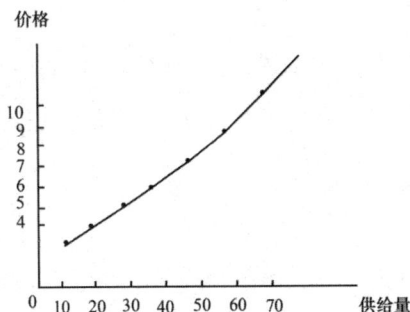

图 2-3　某汽车市场供给曲线

（3）供给函数

供给函数是把供给量和影响供给量的所有因素之间的关系用函数形式表现出来。和需求函数一样，供给函数也有广义和狭义之分。广义的供给函数描述供给量和所有影响供给量的因素之间的一一对应的关系。即

$$Q_s = F(X_1, X_2, \cdots, X_n)$$

式中，Q_s 代表供给量，X_1，X_2，$\cdots$，X_n 代表影响供给量的所有因素。而在影响供给量的所有因素中，商品本身的价格是最主要的因素。因此，经济学为了分析供给量和价格之间的关系，通常把影响供给量的其他因素假设为不变。这样，供给函数就成为

$$Q_s = F(p)$$

式中，Q_s 代表供给量，p 代表价格。这就是狭义的供给函数。狭义的供给函数实际上就是用代数的形式来表示供给定理。

3. 供给定理的例外

供给定理表现了供给量和价格之间的一般规律。在正常情况下，对大多数商品来说都遵循这一规律。但和需求定理一样，供给定理也有例外。

（1）劳动的供给

劳动的供给有其特殊性。当劳动的价格即工资一开始比较低时，随着工资的上升，劳动的供给量会增加；而当工资上升到一定程度时，如果继续上升，劳动的供给量不仅不会增加，反而会减少。劳动供给的这种特殊性，主要是因为在工资较低时，劳动者只有提供较多的劳动才能维持基本开支，因此劳动随着工资的上升而提高；在工资达到一定高度后，劳动者只要以较少的劳动投入就可以维持基本开支，这时他会花更多的时间用于闲

暇，而用于劳动的时间就减少了。

（2）存量固定的商品的供给

土地、古玩及名贵字画等，由于其存量固定，无论其价格如何提高，其供给量都不变。即这些商品的供给曲线是一条垂线。

（3）规模经济效应明显的商品的供给

有些商品在大规模生产时单位成本锐减，这时即使商品价格有所下降，生产者也愿意提供更多的商品。即此时，供给量和价格呈反方向变动，其供给曲线是向右下方倾斜的。

（三）供给的影响因素

供给的影响因素也是多种多样的，有经济因素，也有非经济因素。概括起来主要有如下几条。

1. 其他商品的价格

如果一种商品的价格上升，生产者将增加该种商品的生产，而在生产者拥有的资源一定的条件下，生产者将减少另一种商品的生产。即一种商品价格上升，另一种商品的供给将减少；反之亦然。

2. 生产要素的价格

生产要素的价格体现了生产成本。生产要素价格提高，则生产成本提高，从而在同等条件下，供给将减少；相反，生产要素价格下降，则生产成本下降，从而供给增加。

3. 技术条件

技术进步可提高劳动生产率，使企业有可能在既定资源条件下生产出更多的产品。即技术进步使供给增加。

4. 生产者对未来的预期

如果生产者对未来有好的预期，则会促使其增加投资，扩大生产规模，从而使供给增加；相反，如果生产者对未来充满悲观预期，则其会减少投资，缩减生产规模，从而使供给减少。

5. 政府的政策

显而易见，对于任何商品，政策支持，则供给增加；政策限制，则供给减少。

（四）供给的变动

以上分析了供给的影响因素，和前文对需求的分析一样，所有影响供给的因素都影响到供给量。而影响供给量的因素除了上述因素之外，还有商品本身的价格这一重要因素。我们把影响供给量的所有因素分为两类，至于这样分类的意义在需求理论中已有阐释，这里不再赘述。在如此分类的基础上，我们区分了供给量和供给的概念，并进一步区分了供给量的变动和供给的变动。

供给量的变动，是指在其他因素保持不变的条件下，由商品本身的价格变化而引起的供给数量的变化；而供给的变动则是指，在商品本身的价格保持不变的条件下，由于其他因素变化而引起的供给数量的变化。

供给量的变化和供给的变化之间的区别可以通过供给表来反映。如表2-3所示，当汽车的价格由4万元上升到5万元时，其供给量由10万辆增加到20万辆，这种变化就是供给量的变化。如果现在汽车的生产技术水平提高了，如表2-3所示，则在同等条件下，对应于4万至10万元的价格，供给量的组合变为（20，30，40，50，60，70，80），这种供给量组合由（10，20，30，40，50，60，70）到（20，30，40，50，60，70，80）的变化就是供给的变化。

表2-3　某汽车市场需求的变化

价格/万元	4	5	6	7	8	9	10
技术水平提高前供给量/万辆	10	20	30	40	50	60	70
技术水平提高后供给量/万辆	20	30	40	50	60	70	80

同样，这种区分也可以通过供给曲线来反映。在这里，供给量的变动表现为在同一条供给曲线上的点的移动。如图2-4所示，当某种商品价格由 P_1 变为 P_2 时，供给量由 Q_1 变为 Q_2，在供给曲线上表现为从 A 点到 B 点的移动。

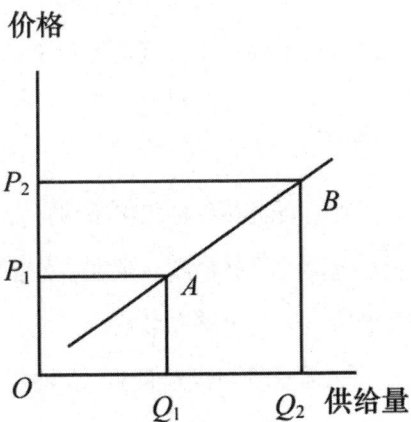

图2-4　供给量的变动

而供给的变动表现为供给曲线的平行移动。在价格不变的情况下，如果其他因素变化使得供给数量增加，则供给曲线向右平行移动；反之，则供给曲线向左移动。如图2-5所示，原先的供给曲线在 S_0 的位置，如果其他因素变化比如技术水平提高，则供给增加，供给曲线向右移动到 S_2 的位置；相反，如果其他因素变化比如生产成本上升，则供给减少，供给曲线向左移动到 S_1 的位置。

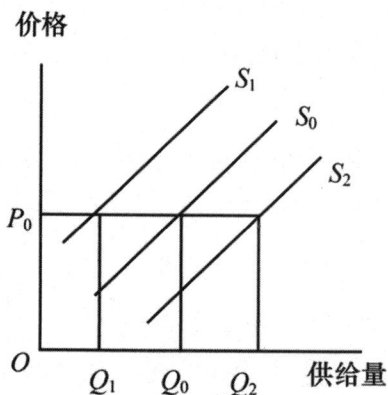

图 2-5　供给的变动

第二节　均衡价格

一、均衡价格理论

我们分析需求、供给和价格三者之间的关系，说明在生产者追求利润最大化而消费者追求效用最大化的前提下，如何通过市场机制形成均衡价格。

（一）均衡价格及其形成

如前所述，需求曲线表示所有消费者在各种价格下对商品的购买量，供给曲线表示行业内所有厂商在各种价格下愿意提供的商品数量。现在我们把需求曲线和供给曲线放在一个图中，就可以得到均衡的或市场出清的价格和数量。

在图 2-6 中，横轴代表数量（需求量与供给量），纵轴代表价格（需求价格与供给价格），D 为需求曲线，S 为供给曲线，D 与 S 相交于 E 点，在 E 点，市场的供给量等于市场的需求量，故 E 点被称为市场的均衡点。在均衡状态下的价格 $P^* = 4$ 被称为均衡价格，在一般均衡状态下的数量 $Q^* = 400$ 被称为均衡数量。可见，均衡价格是指消费者对某商品的需求量等于生产者提供该商品的供给量时的市场价格，在均衡价格下的交易量称为均衡数量。

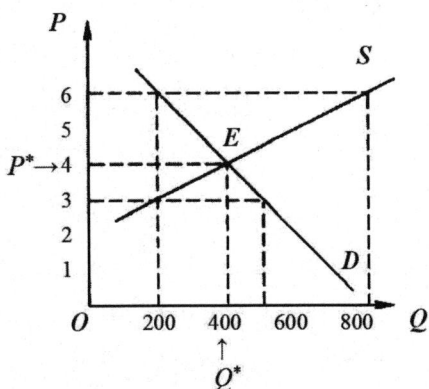

图2-6 均衡价格与均衡数量

我们也可以用方程式来求均衡价格和均衡数量。

假定需求函数 $Q_d = 800 - 100P$，供给函数 $Q_s = -400 + 200P$，均衡条件 $Q_d = Q_s$，求均衡价格和均衡数量。

解：将供求函数代入均衡条件得 $800 - 100P = -400 + 200P$

解得 $P = 4$，再将 $P = 4$ 代入供给函数（或需求函数）得

$$Q^* = Q_d^* = Q_s^* = 400$$

所以（P，Q^*）=（4，400）。

在竞争性市场条件下，均衡价格和均衡数量的形成是市场供求力量自发作用的结果。我们可以用与图2-6相对应的表2-4来说明均衡价格的形成过程。

表2-4 某商品均衡价格的决定

价格 P/元	6	5	4	3	2
需求量 Q_d/单位	200	300	400	500	600
供给量 Q_s/单位	800	600	400	200	0

当市场价格为6元时，消费者按此价格愿意购买的数量为200单位，生产者按此价格愿意提供的数量为800单位，供给量大于需求量。这种供给量大于需求量的商品过剩的市场状况，一方面会使消费者压低价格来得到他要购买的商品量，另一方面又会使供给者减少商品的供给量。这样，该商品的价格必然下降。伴随着价格的下降，需求量逐渐上升，供给量逐渐减少，这个过程一直持续下去，直到价格下降到均衡价格 $P^* = 4$ 元为止，此时，需求量和供给量都等于 $Q^* = 400$ 单位。相反，当市场价格为3元时，消费者按此价格愿意购买的数量为500单位，生产者按此价格愿意提供的数量为200单位，需求量大于供给量。这种需求量大于供给量的商品短缺的市场状况，一方面迫使消费者提高价格来得到

他所要购买的商品量，另一方面又使供给者增加商品的供给量。这样，该商品的价格必然上升。伴随着价格的上升，需求量逐渐减少，供给量逐渐增加，这个过程一直持续下去，直到价格上升到均衡价格 $P^*=4$ 元为止，此时，需求量和供给量都等于 $Q^*=400$ 单位。

总之，均衡价格的形成是商品市场上需求和供给这两种相反的力量共同作用的结果，它是在市场的供求力量自发调节下形成的。当市场价格偏离均衡价格时，市场机制会使供求不相等的非均衡状态逐步消失，并自动回复到均衡价格水平。一旦市场达到其均衡价格，所有买者和卖者都得到满足，也就不存在价格上升或下降的压力。在不同市场上达到均衡的快慢是不同的，这取决于价格调整的快慢。在大多数自由市场上，由于价格最终要变动到其均衡水平，所以供过于求与供不应求都只是暂时的。实际上，任何一种物品的调整都会使物品供求基本平衡，这种现象在现实生活中普遍存在，因此被称为供求定理。

（二）均衡价格的变动

一种商品的均衡价格是由该商品市场的需求曲线和供给曲线的交点决定的，所以，当某些事件使这些曲线中的一种移动时，市场上的均衡就发生了变化，相应的均衡价格和均衡数量水平也发生变动。

在分析某个事件对市场均衡的影响时，我们可以按三个步骤进行。第一步，确定该事件影响的是需求还是供给，即需求曲线移动还是供给曲线移动，或者是在一些情况下，这两条曲线同时移动；第二步，确定曲线移动的方向，是向右移动还是向左移动；第三步，用供求图形来比较原来的均衡和新的均衡。下面我们分两种情况，分别讨论需求变动和供给变动对均衡价格和均衡数量的影响。

1. 需求变动对均衡的影响

假定某种商品的供给状况不变，需求因收入水平、偏好等原因增加（或减少）。在供给不变的情况下，需求增加会使均衡价格和均衡数量都增加；需求减少会使均衡价格和均衡数量都减少。

2. 供给变动对均衡的影响

假定某种商品的需求状况不变，供给因要素价格、管理水平等原因增加（或减少）。在需求不变的情况下，供给增加会使均衡价格下降，均衡数量增加；供给减少会使均衡价格上升，均衡数量减少。

除了需求和供给分别变动的情况外，需求和供给也可能同时发生变动。这种情况对均衡价格和均衡数量的影响比较复杂。因为它们都可能按同一方向变动，也可能按相反方向变动，并且变动程度也可能不同。这些都会对均衡产生不同的影响。若需求和供给同时增加，均衡数量将增加，但均衡价格的实际变化取决于需求变化和供给变化的程度，可能上升、下降或保持不变。若需求增加，供给减少，均衡价格将上升，但均衡数量的变动不能确定，可能增加、减少或保持不变。若需求减少，供给增加，则均衡价格必然下降，均衡数量不能确定。

以上关于需求和供给变动对均衡价格和均衡数量影响的分析，就是经济学中供求定理的主要内容。

二、均衡价格理论的应用

(一) 需求、供给和弹性的应用

农业的好消息会是农民的坏消息吗？为什么石油输出国组织，即欧佩克（OPEC）不能保持石油的高价格？在这里，我们用需求、供给和弹性理论对这些问题进行分析。

1. 谷贱伤农

现在大家都考虑这样一个问题，当农业专家培育出比现有品种更高产的小麦新杂交品种时，小麦市场会发生什么变化？种小麦的农民又会发生什么变化呢？

首先，让我们分析新杂交品种的培育对小麦市场的影响。在这个例子中，新品种的培育影响供给曲线。由于杂交品种增加了每亩土地上所能生产的小麦数量，所以，现在农民愿意在任何一种既定的价格时提供更多小麦。

其次，分析新品种的培育对农民总收益的影响。农民的总收益是小麦价格乘以销售量，总收益增加还是减少取决于需求弹性。在现实中，小麦属于缺乏弹性的基本食品，当需求曲线缺乏弹性时，小麦均衡价格下降的幅度大于均衡数量增加的幅度，最终引起总收益的减少。

如果这种新杂交品种的培育使农民的状况变坏了，为什么他们还要采用这种新品种呢？因为农产品市场基本属于完全竞争市场，每个农民都是小麦市场上微不足道的一部分，他们把小麦价格视为既定。对任何一个既定的价格来说，使用新品种可以生产并销售更多的小麦。当每个农民都这样做时，小麦的供给增加了，价格下降了，而农民的状况变坏了。这种现象在我国民间被形象地称为"谷贱伤农"。

为了保护农民的利益，促进农业的健康发展，世界上许多国家都对农产品实行支持价格，其中政策之一就是通过减少农产品的种植面积，来减少农产品的供给，进而提高价格。

2. 石油输出国组织能否保持石油的高价格

在过去几十年间，世界石油的价格涨涨跌跌，牵动着许多人的神经。影响世界石油价格的因素很多，但其中起决定作用的还是石油输出国组织欧佩克（OPEC）。在 20 世纪 70 年代，石油输出国组织的成员决定通过共同减少石油产量来提高世界石油价格，以增加他们的收入。

什么原因导致欧佩克（OPEC）不能保持石油的高价格？供求弹性理论告诉我们，需求和供给在短期与长期中的状况是不同的。在短期中，石油的需求与供给都是较为缺乏弹性的。从供给来看，已知的石油储量和开采能力不能迅速改变；从需求来看，消费者购买习惯不会因为石油价格上涨而立即改变。

（二）需求、供给与政府政策

供求曲线描述了商品的供求数量和价格之间的关系，使我们看到价格机制就像是一只"看不见的手"引导着人们的经济活动。然而，在现实经济生活中，政府常常用各种不同的方法来调节市场。在这里，我们用供求工具来分析各种类型的政府政策，正如你将看到的，政策往往带来一些其设计者不想要或没有预料到的影响。

1. 价格控制：支持价格

支持价格也称为最低限价或价格下限，是政府为了扶持某一行业的发展而规定的该行业某种产品的最低价格。支持价格一定在均衡价格之上。

世界各国普遍对农产品实行支持价格。我国在新农村建设过程中，对农产品实行支持价格政策是必要的。它不仅有利于农业的自身积累，促进农业现代化建设和农村劳动生产率的提高，还可以通过对不同农产品实行不同的支持价格，调整农业产品结构和需求结构，促进农业的良性、健康发展。

2. 价格控制：限制价格

限制价格也称为最高限价或价格上限，是政府为了限制某些生活必需品的物价上涨而规定的这些产品的最高价格。限制价格总是低于市场的均衡价格。为了维持限制价格，政府往往采取配给制的方法来分配产品。这种限制价格产生的配给机制很少是合意的。排长队是无效率的，它浪费了买者的时间。与此相比，一个自由竞争市场中的配给机制既有效率又客观，当市场达到均衡时，任何一个想支付市场价格的人都可以得到他所需要的商品。自由市场是用价格而不是用政策来配给物品。

第三节　弹性理论

一、弹性的概念

弹性是经济学中一个非常重要的概念，它表示一个经济变量相对于另一个经济变量变

化的反应程度，通常用因变量变化的百分比与自变量变化的百分比之比来表示。即

弹性系数＝因变量的变化率/自变量的变化率

如果两个经济变量的函数关系为 $y = f(x)$，以 Δx、Δy 分别表示 x 和 y 的变化量，以 e 表示弹性系数值，则弹性系数可以表示为

$$e = (\Delta y/y)/(\Delta x/x)$$

二、需求价格弹性

（一）需求价格弹性的含义

需求价格弹性表示在一定时期内一种商品的需求量相对于该商品价格变动的反应程度。即价格变动百分之一，需求量相对变动多少。需求价格弹性通常简称为需求弹性。如果以 P 和 Q 分别表示某商品的价格和需求量，以 ΔP 和 ΔQ 分别表示价格和需求量的变化量，以 e_d 表示需求弹性系数值，则需求弹性的公式为

$$e_d = (\Delta Q/Q)/(\Delta P/P)$$

这里需要注意，根据需求定理，商品的价格和其需求量之间呈反方向变动关系，即价格下降时需求量增加；反之，价格上升时需求量减少。因此，按照上述公式计算的需求弹性系数值应该是负值。但在实际运用时，为了方便起见一般都取其绝对值。另外，根据是在某一价格点上的价格变化而引起的需求量的变化（在需求曲线上表现为在某一点基础上的极其微小的变化），还是在某一价格段上的价格变化而引起的需求量的变化（在需求曲线上表现为在某一段弧上的变化），一般把需求弹性区分为点弹性和弧弹性。由于点弹性在计算上要用到高等数学中微积分知识，而且点弹性和弧弹性在本质上又是一致的，因此在这里只介绍弧弹性。后面分析供给弹性时也遵守此约定。

（二）需求价格弹性的计算

以图 2-7 为例来说明需求价格弹性的计算。

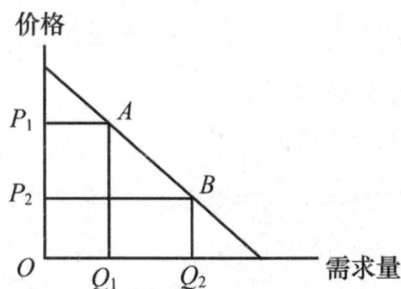

图 2-7　需求弹性的计算

在图中，A 点表示一开始的消费点，对应的价格和需求量分别为 P_1 和 Q_1，如果价格由 P_1 下降为 P_2，则需求量增加至 Q_2，消费点由 A 运动到 B。此时需求弹性为

$$e_d = [(Q_2 - Q_1)/Q_1]/[(P_2 - P_1)/P_1]$$

而假如一开始的消费点在 B 点，如果价格由 P_2 提高到 P_1，则需求量减少到 Q_1，消费点由 B 点运动到 A 点。此时的需求弹性为

$$e_d = [(Q_1 - Q_2)/Q_2]/[(P_1 - P_2)/P_2]$$

上面两式的计算结果不同。这主要是因为两式所采用的基数不同。由此可见，在同一条需求曲线上，由 A 到 B 和由 B 到 A 的同一段弧所计算的需求弹性系数值并不相同。也就是说，对于同一商品，涨价和降价所产生的需求弹性是不同的。如果不考虑是涨价还是降价，为了避免计算结果的不同，通常采用中点公式来计算需求弧弹性的数值。即基数采用 A、B 点之间的中点所对应的价格和需求量来计算需求弹性。

（三）需求价格弹性的种类

各种商品的需求弹性不同，一般根据需求弹性系数值的大小把需求弹性分为五种类型：

1. 需求富有弹性，其弹性系数值大于 1

这种情况下，需求量变化的百分比超过价格变化的百分比。这种商品，消费者对其的依赖程度比较低，因此对价格比较敏感，价格稍有变化，需求量就会产生较大的变化。一般的奢侈品，如汽车、珠宝等商品需求都是富有弹性的。需求富有弹性的商品需求曲线比较平坦，如图 2-8（1）所示。

2. 需求缺乏弹性，其弹性系数值小于 1

这种情况下，需求量变化的百分比小于价格变化的百分比。这种商品，消费者对其的依赖程度一般比较高，因此对价格变动不敏感，即使价格发生较大的变化，需求量也只是发生较小的变动。一般的生活必需品都是需求缺乏弹性的。需求缺乏弹性的商品其需求曲线比较陡峭，如图 2-8（2）所示。

3. 需求单位弹性，其弹性系数值等于 1

此时，需求量变化的百分比等于价格变化的百分比。这种商品的需求曲线与横轴和纵轴的夹角为 45°，如图 2-8（3）所示。

4. 需求完全无弹性，其弹性系数值为 0

这种情况下，无论价格如何变化，需求量都保持不变。例如，糖尿病人对胰岛素这种药品的需求就是如此。胰岛素是糖尿病人维持生命的必需药品，无论价格如何变化，需求量也不会变。需求完全无弹性的商品的需求曲线是一条与横轴垂直的线，如图 2-8（4）所示。

5. 需求完全弹性，其弹性系数值为无穷大

即价格有极其微小的变化，需求量就会有无穷大的变化。这种情况下，当价格为既定时，需求量是无限的。例如，银行以固定价格收购黄金，无论有多少黄金，银行都以此价格收购，银行对黄金的需求是无限的。此时的需求曲线是一条与横轴平行的线，如图2-8（5）所示。

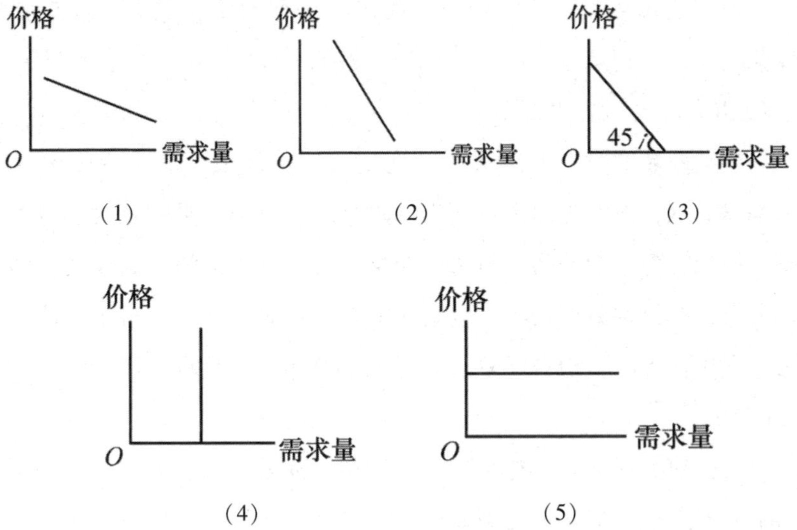

图 2-8 需求弹性的种类

以上关于商品需求弹性的五种类型，其中前两种即富有弹性和缺乏弹性的商品在现实中较为常见，而后三种情况在现实中不常见。

（四）影响需求弹性的因素

需求弹性是衡量市场中的买方，即需求方对市场的依赖程度的重要概念。弹性大，则意味着需求方选择余地大，对该商品的依赖程度低；相反，弹性小，则需求方选择余地小，对该商品的依赖程度高。那么，哪些因素影响需求弹性的大小呢？实际上，所有影响需求的因素都影响需求弹性。概括起来讲，影响需求弹性的因素主要有以下几个方面。

1. 商品的可替代程度

商品的替代品多，则消费者在消费上的选择余地就大，从而对该商品的依赖度就低。如果该商品价格提高，消费者会转而消费其替代品，使该商品的需求量大幅减少；如果价格下降，消费者又会大幅增加该商品的需求量。即消费者对该种商品价格变动反应敏感。因此，商品的替代品越多，需求弹性越大；反之，需求弹性越小。

2. 商品名称的具体程度

商品名称越笼统，需求弹性越小；反之，商品名称越具体，需求弹性越大。例如，食品作为一种商品，需求弹性小，因为食品作为一个笼统的概念没有替代品，没有人可以不需要食品；而作为食品的一种，大米的需求弹性则要大些，因为大米有替代品；更进一步地，作为大米的一种，杂交米的需求弹性更大，因为杂交米的替代品更多。

3. 消费者对商品的需求强度

消费者对某商品的需求强度越大，则该商品的需求弹性越小，反之越大。需求强度大，说明消费者得到该商品的愿望强烈，从而对价格变动不再敏感，需求弹性就小；反之，需求弹性就大。

4. 商品的支出占总支出的比重

一般地，购买某商品的支出占消费者总支出的比重越大，消费者在购买时便会越慎重，从而对价格越敏感；而对支出占总支出比重小的商品则购买时相对随意些，从而对价格也不再敏感。例如，耐用消费品一般价格较贵，其占总支出的比重较大，消费者在购买时通常会货比三家，对价格看得较重，因此需求弹性相对较大；而对于低值易耗品，由于其价格低，占总支出比重小，消费者对价格变动不敏感，因此需求弹性较小。

5. 时间的长短

当价格变化后，如果消费者有充足的时间调整，则需求弹性大，反之需求弹性小。例如，当某商品价格提高后，消费者在短期内因为找不到替代品只能被动接受涨价，需求弹性就小；而在长期内，消费者有可能找到了替代品，从而在商品涨价后转而消费其替代品，因此需求弹性大。

以上分析了需求弹性的几种影响因素。实际上，某种商品的需求弹性到底有多大，是由上述这些因素综合作用的结果，而不能只考虑其中的某一个因素。而且，某种商品的需求弹性的大小也不是一成不变的，而是因时因地而变化的。

三、供给价格弹性

（一）供给价格弹性的含义

供给价格弹性一般简称供给弹性，是描述供给量对价格变动敏感程度的概念，用供给量变动的百分比与价格变动的百分比之比来表示。即

$$Es = (\Delta Q/Q)/(\Delta P/P)$$

其中，Es 代表供给弹性系数值，ΔQ 和 ΔP 分别代表供给的变化量和价格的变化量，Q 和 P 分别代表供给量和价格。例如，某商品的价格变动 10%，供给量变动 20%，则供给弹性为 2。

（二）供给弹性的种类

各种商品的供给弹性不同，和需求弹性一样，根据商品供给弹性系数值的大小，一般

把供给弹性分为五种类型。

1. 供给富有弹性，其弹性系数值大于1

这种情况下，供给量变化的百分比超过价格变化的百分比。此时，供给曲线比较平坦，其延长线交于横轴的左半边，如图2-9（1）所示。一般来说，劳动密集型商品供给比较富有弹性。

2. 供给缺乏弹性，其弹性系数值小于1

这种情况下，供给量变化的百分比小于价格变化的百分比。此时，供给曲线比较陡峭，其延长线交于横轴右半边，如图2-9（2）所示。一般来说，资本密集型商品供给比较缺乏弹性。

3. 供给单位弹性，其弹性系数值等于1

这种情况下，供给量变化的百分比等于价格变化的百分比。此时，供给曲线延长线交于原点，如图2-9（3）所示。供给单位弹性一般也是一个理论概念，这一点和需求单位弹性一样，现实中很少有这样的商品。

4. 供给完全无弹性，其弹性系数值为0

这种情况下，价格无论怎样变化，供给量都保持不变。此时，供给曲线表现为一条垂线，如图2-9（4）所示。

5. 供给完全弹性，其弹性系数值为无穷大

这种情况下，价格发生极其微小的变化，供给量就会发生无穷大的变化。此时，供给曲线表现为一条水平线，如图2-9（5）所示。

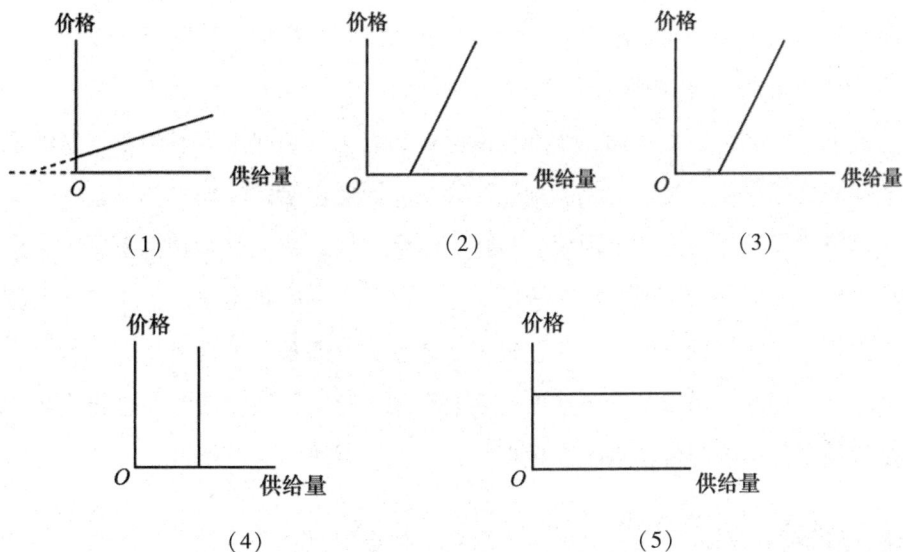

图 2-9　供给弹性的种类

（三）影响供给弹性的因素

供给弹性是衡量市场中的卖方，即供给方对市场依赖程度的重要概念。供给弹性大说明在市场中卖方的选择余地大，对市场的依赖程度就低；相反，供给弹性小表明卖方对市场的依赖程度高。那么，哪些因素影响供给弹性的大小呢？供给取决于生产，因此一般对生产活动有影响的因素都影响供给弹性。概括起来讲，影响供给弹性的因素主要有以下几个方面。

1. 生产的难易程度

一般而言，容易生产或生产所需时间短的商品，其供给量能够迅速地随着价格的变化而变化，因此，供给弹性大；相反，生产难度大或生产所需时间长的商品，即使价格发生了较大的变化，其供给量也不能够迅速做出调整，因此供给弹性小。

2. 时间长短

当价格发生变化时，厂商对产量的调整需要一定的时间。一般来说，在短期内，厂商很难根据价格变化及时调整产量，因此供给弹性小。而在长期，生产规模可以扩大或者缩小，甚至可以转产，因此产量能够根据价格的变化做出充分的调整，所以供给弹性大。

3. 生产要素的供给弹性

产品是由生产要素生产出来的，因此生产要素的供给弹性也影响产品的供给弹性。生产要素供给弹性大，则产品供给弹性也大；反之亦然。

4. 生产成本的变化情况

如果产量增加引起的成本的增加量比较小，则厂商的边际成本曲线比较平坦，从而其供给曲线比较平坦，供给弹性就大；相反，如果产量增加引起的成本增加量比较大，则厂商的边际成本曲线比较陡峭，从而其供给曲线比较陡峭，供给弹性就小。

5. 生产所采用的技术类型

一般来讲，资本密集型产业，生产规模一旦确定，变动起来比较困难，从而供给弹性小；而劳动密集型产业，生产规模变动比较容易，因此供给弹性较大。

以上是影响供给弹性的主要因素，当然，商品的供给弹性受多种因素影响，所以在分析时要综合考虑。比如，一般的重工业产品，多采用资本密集型技术，生产较为困难，且生产周期也较长，所以供给弹性小。而轻工业产品，一般采用劳动密集型技术，生产较为容易，且生产周期短，所以供给弹性大。而农产品尽管也采用劳动密集型技术来生产，但其生产受气候条件影响明显，且生产周期长，因此，供给弹性也小。

四、弹性理论的应用

前面已经指出，弹性理论是供求理论的重要组成部分。在分析和解释实际问题方面，弹性理论有着广泛的应用价值。

(一) 需求弹性与总收益的关系

总收益是指厂商销售一定数量的商品所得到的全部收入，即销售量和价格的乘积。如果用 TR 表示总收益，P 和 Q 分别表示价格和销售量，则有

$$TR = P \times Q$$

此外，从市场的角度来讲，厂商的销售收入就等于消费者的支出，因为从厂商的角度讲，总收益是其出售一定数量商品的总收入，而从消费者的角度讲，这也就是消费者为购买这些商品而付出的总支出。因此，总收入也就是总支出。所以，分析需求弹性对厂商总收益的影响实际上就是分析需求弹性对消费者总支出的影响。下面区分不同情况来研究。

1. 需求富有弹性

对于需求富有弹性的商品，需求量（即销售量）的变动比例超过价格变动比例，当价格下降时，需求量增加，且需求量增加的幅度超过价格下降的幅度，因此总收益增加；反之则总收益减少。以图 2-10（1）来说明。图中，由于商品是需求富有弹性的，需求曲线较为平坦，因此，当价格由 P_1 降为 P_2 时，需求量由 Q_1 增加到 Q_2，需求量的增加使得总收益增加的数量相当于矩形 Q_1Q_2BC 的面积，而价格下降使得总收益减少的数量相当于矩形 P_1P_2CA 的面积。很明显，需求量增加使总收益增加的数量超过了因价格下降使总收益减少的数量，因此，价格下降后总收益增加了。

对此，有一般性的结论：对于需求富有弹性的商品，降价能使总收益增加，提价则会使总收益减少。这一结论解释了对于需求富有弹性的商品为什么适合进行薄利多销，也解释了在我国为什么彩电等家电类产品市场会时常发生价格战。

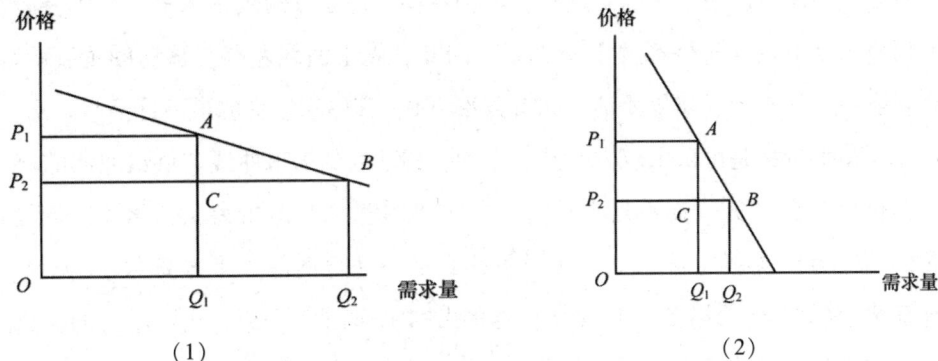

图 2-10 需求弹性与总收益的关系

2. 需求缺乏弹性

对于需求缺乏弹性的商品，需求量（即销售量）的变动比例小于价格变动比例。当价

格下降时，需求量增加，且需求量增加的幅度小于价格下降的幅度，因此总收益减少；反之总收益增加。以图 2-10（2）来说明。图中，由于商品是需求缺乏弹性的，需求曲线较为陡峭，因此，当价格由 P_1 降为 P_2 时，需求量由 Q_1 增加到 Q_2，需求量的增加使得总收益增加的数量相当于矩形 Q_1Q_2BC 的面积，而价格下降使得总收益减少的数量相当于矩形 P_1P_2CA 的面积。很明显，需求量增加使总收益增加的数量小于因价格下降使总收益减少的数量，因此，价格下降后总收益减少了。

对此，也有一般性的结论：对于需求缺乏弹性的商品，降价会使总收益减少，提价会使总收益增加。这一结论结合供求定理解释了为什么在丰收的年景，农民的收益反而会下降，即所谓的"谷贱伤农"；也解释了在生产过剩时，牛奶厂商为什么宁愿把牛奶倒掉也不愿意降价出售。

（二）税负转嫁问题

政府干预市场的一个重要方面就是对商品征收间接税。间接税是通过市场流通过程征收的，市场中涉及买方和卖方，政府有可能直接向买方征税，也可能直接向卖方征税，但是无论向哪方征税，被征方都会在一定程度上把税负转嫁给对方。这就是税负转嫁问题。下面分别就向买方征税和向卖方征税两种情况来分析。

1. 向买方征税

向买方征税首先影响到需求方，根据供求定理易知，此时需求曲线向左移动。那么移动多少呢？移动的垂直距离等于征税的数量。以图 2-11 来说明。图 2-11 为某商品市场的供求模型图，该商品原先的均衡价格为 10 元，均衡数量为 100。这表明，消费者消费 100 个单位该商品时愿意接受的最高价格为 10 元。假如对消费者每消费一单位该商品征税 2 元，消费者是追求效用最大化的，此时，消费者要保持原有的效用水平，在各种消费数量上，其愿意接受的最高价格都要下降 2 元。因此，需求曲线左移，移动的垂直距离为 2。即在消费者主观愿望上，如果要消费原有数量 100，其愿意接受的最高价格为 8 元。然而，可惜的是，市场价格是由供求双方共同决定的，移动后的需求曲线与供给曲线的交点决定新的均衡价格为 9.4 元（而不是 8 元），此时的均衡数量也减少为 90。可见，征税后，买方支付的价格为 9.4 元，再加上 2 元税负，交易一件该商品，买方需付出 11.4 元的代价，比征税前的 10 元价格多出 1.4 元，这多出的 1.4 元就是买方实际承担的税负。而卖方交易一件商品得到的价格比原先少了 0.6 元，这少了的 0.6 元就是由买方转嫁过来的税负。因此，直接向买方征税，但最终承担税负的不仅仅是买方。

事实上，从图中可以看出，买方能在多大程度上把税负转嫁出去，取决于供给曲线的形状，即取决于供给弹性的大小。容易知道，供给弹性越小，即供给曲线越陡峭，则说明卖方对市场的依赖程度高，买方就能转嫁出更多的税负。极端的，如果供给完全无弹性，即供给曲线为一垂线时，买方将能够把税负全部转嫁出去。如图 2-12 所示，征税后，价格由 10 元降为 8 元，此时，消费者购买一单位该商品支付 8 元价格后再缴纳 2 元税收，总计支付和征税前一样，还是 10 元；而卖方销售一单位该商品只得到 8 元，和税前比少了 2 元。也就是说，向买方征的税被全部转嫁给了卖方，卖方成了税负的实际承担者。

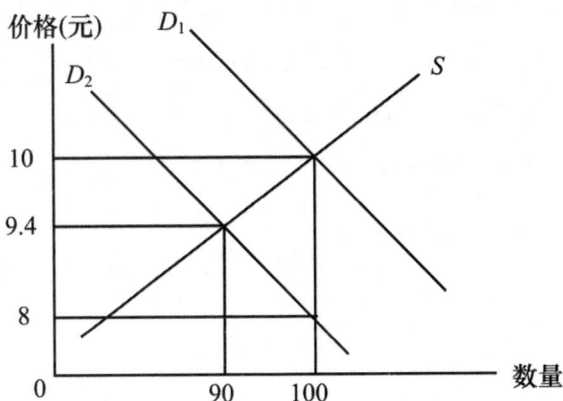

图 2-11　向买方征税（一）

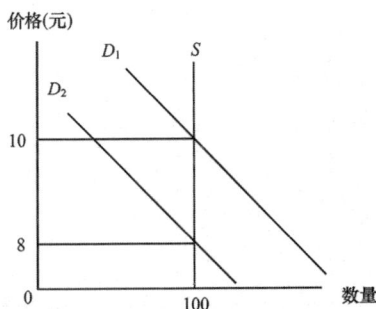

图 2-12　向买方征税（二）

2. 向卖方征税

向卖方征税使得供给曲线向左移动，移动的垂直距离相当于征税的数量。以图 2-13 为例，图中某商品市场原先均衡价格为 10 元，均衡数量为 100，这表示当厂商提供 100 的产量时，其愿意接受的最低价格为 10 元。当向厂商每单位商品征税 2 元后，厂商为实现利润最大化，在各种产量水平上其愿意接受的最低价格都要提高 2 元，即供给曲线向上垂直移动 2 元的距离，由 S_1 移动到 S_2。也就是说，如果厂商依然提供 100 的产量，则其主观愿望是价格为 12 元。但价格是由供求双方共同决定的，S_2 与原有需求曲线相交决定的新的均衡价格为 11 元。即现在交易一件该商品，卖方得到 11 元，除去 2 元税负，实际得到 9 元，比原先少了 1 元，这少了的 1 元就是卖方实际承担的税负；买方支付 11 元，比原先多支付 1 元，这多出的 1 元实际上是卖方转嫁过来由买方承担的税负。

事实上，卖方能在多大程度上把税负转嫁出去，取决于买方的需求曲线形状，需求曲线越陡峭，卖方转嫁给买方的税负就越多，极端情况下，需求曲线如果是一垂线，则税负被全部转嫁给买方。如图 2-14 所示，由于需求曲线为一条垂线，所以向卖方征的 2 元税被全部转嫁给了买方。征税后的均衡价格为 12 元，即交易一件商品，卖方得到 12 元，除去 2 元税收，还剩 10 元，和征税前一样，即征税没有给卖方造成任何损失；而买方支付了 12 元，比原先多出 2 元，这多出的 2 元就是由卖方转嫁过来的税负。也就是说，向卖方征的税，最后实际承担全部税负的却是买方。

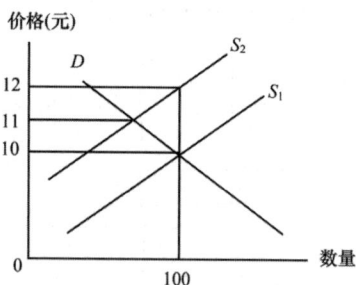

图 2-13 向卖方征税（一）

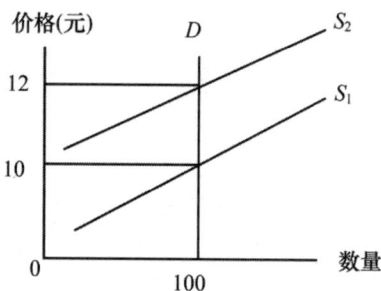

图 2-14 向卖方征税（二）

以上通过向买方征税和向卖方征税的分析可以看出，无论是向买方征税还是向卖方征税，都存在税负分摊问题。到底是买方负担多还是卖方负担多，取决于需求和供给的相对弹性。一般地，有以下结论：不论向哪一方征税，如果需求弹性小于供给弹性，则需求方即买方要承担更多的税负；相反，如果供给弹性小于需求弹性，则供给方即卖方要承担更多的税负。这一结论有着很重要的政策指导意义。即政府在制定税收政策时必须充分考虑税负分摊问题，否则，政策的效果可能与政策目标背道而驰。

政府向需求方即富人征税后，税负更多地被转嫁给了供给方。从而导致供给方的生产成本上升，作为奢侈品的生产企业的供给方，要么缩减生产（这样会导致工人失业），要么会降低工人工资。即税收的负担最终会由作为穷人的生产工人来承担。由此看来，原本是作为救济穷人的税收政策却产生了伤害穷人的后果，因此，遭到穷人的反对就不足为奇了。

思考题

1. 什么是需求定理、供给定理和供求定理？

2. 需求和供给的含义及其影响因素是什么？

3. 为了提高生产者的收入，对农产品是应该提价还是降价？对旅游产品呢？为什么？

4. 设汽油的需求价格弹性为-0.15，其价格现为每加仑 1.20 美元，试问汽油价格上涨多少才能使其消费量减少 10%。

5. 按照需求定理，商品的需求量是与其价格呈反方向变化的，但市场的实际情况是：商品需求增加，价格上升；需求减少，价格下降，需求与价格是成正方向变动的。这是为什么？请说明理由。

6. 用需求价格弹性原理说明"谷贱伤农"的道理。

第三章　消费者行为理论

导　读

消费者行为在狭义上讲：仅仅指消费者的购买行为以及对消费资料的实际消费。在广义上讲：消费者为索取、使用、处置消费物品所采取的各种行动以及先于且决定这些行动的决策过程，甚至是包括消费收入的取得等一系列复杂的过程。消费者行为是动态的，它涉及感知、认知、行为以及环境因素的互动作用，也涉及交易的过程。

学习目标

1. 学习基数效用论。
2. 掌握序数效用论。

第一节　基数效用论

在经济学中，对消费者消费原则有不同的分析方法：基数效用论（边际效用论）和序数效用论（无差异曲线分析）。效用理论是消费者行为理论的基础。消费者又称居民户，是指经济中独立做出消费决策的经济主体，它可以是个人，也可以是家庭。消费者作为理性的经济人，其消费的目的是最大限度地满足欲望，即实现效用最大化。因而，弄清什么是欲望，什么是效用及效用评价方法就成为研究消费者行为理论的出发点。

一、总效用和边际效用

（一）总效用

一些西方经济学家认为，效用的大小可以设想用数字表示并加以计算和比较。总效用（TU）是指消费者消费一定数量的物品或服务而得到的效用总和。总效用是关于商品数量（Q）的函数，可记为

$$TU = f(Q)$$

（二）边际效用

边际效用（MU）是指消费者在一定时期内每增加一单位某商品或劳务的消费所引起的总效用的增量。边际的含义是增量，指自变量增加所引起的因变量增加量。如果用 ΔX 表示消费商品数量的变化量，用 ΔTU 表示总效用的变化量，那么边际效用可用下列公式表示：

$$MU_X = \frac{\Delta TU_X}{\Delta X}$$

如果效用函数连续可导，边际效用可以表示为

$$MU_X = \lim_{\Delta x \to 0} \frac{\Delta TU_X}{\Delta X} = \frac{\mathrm{d}TU}{\mathrm{d}X}$$

（三）总效用和边际效用的关系

我们可以利用表3-1，换个角度来说明总效用和边际效用之间的关系。假设某人消费汉堡，当汉堡的数量由0增加到1时，总效用由0增加为10效用单位，总效用的增量即边际效用为10效用单位。当汉堡的消费量从1增加到2时，总效用由10效用单位上升为18效用单位，边际效用下降为8效用单位，依此类推，当消费者消费6个汉堡时，总效用达到最大值为30效用单位，而边际效用递减为0，此时，消费者对汉堡达到饱和点，当再增加消费1个汉堡到7时，边际效用会进一步递减为负值，即-2效用单位，总效用便下降为28效用单位了。

表3-1　总效用和边际效用之间的关系

汉堡数量（个）	总效用	边际效用
0	0	-
1	10	10
2	18	8
3	24	6
4	28	4
5	30	2
6	30	0
7	28	-2

根据表3-1可以绘制出图3-1所示的总效用和边际效用的关系。

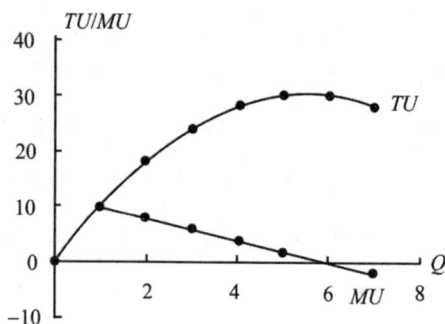

图 3-1　总效用和边际效用的关系

　　图中横轴表示汉堡的数量，纵轴表示效用量，TU 曲线和 MU 曲线分别表示总效用曲线和边际效用曲线。由于边际效用被定义为消费物品的一单位变化量所带来的总效用的变化量，又由于图中的汉堡数量是离散的，所以，MU 曲线上的每一个值都记在相应的两个消费数量的中点上。

　　在图中，TU 是一条从原点出发的曲线，向右上方渐升，当达到最高点以后，又向右下方下降。MU 曲线是一条向右下方倾斜的，并有可能与横轴相交，成为负值的曲线。在 MU 与 X 轴相交时 $MU=0$，TU 达到最大值，这意味着消费者对汉堡的消费达到了饱和点。当 $MU>0$ 时，TU 呈不断上升趋势；当 $MU<0$ 时，TU 不断减少。

（四）边际效用递减规律

1. 边际效用递减规律

　　从表 3-1 和图 3-1 中可以看出，边际效用是递减的，这种现象普遍存在于一切物品的消费中。边际效用递减规律的内容可以表述为：在其他条件不变的前提下，随着一个人所消费的某种物品的数量增加，其总效用虽然相应增加，但物品的边际效用，随着所消费物品数量的增加而有递减的趋势。

　　为什么边际效用递减呢？根据西方学者的解释，有两个方面的原因。

　　一是生理或心理的原因。人的欲望虽然多种多样，永无止境，但由于生理等因素的限制，就每个具体欲望满足来说是有限的。最初的欲望最大，因而消费第一个单位商品时得到的满足也最大，随着商品消费的增加，欲望也随之减少，从而使感觉上的满足程度递减，以致当要满足的欲望消失时还增加消费的话，反而会引起讨厌的感觉。

　　二是物品本身用途的多样性。每一种物品都有多种用途，各种用途的程度不同，人们总是会把它先用于最重要的用途，也就是效用最大的地方，然后才是次要的用途，故后一单位的物品给消费者带来的满足或提供的效用一定小于前一单位提供的效用。

2. 关于货币的边际效用

西方经济学家认为，货币如同物品一样，也具有效用，物品的边际效用是递减的，货币收入的边际效用也是递减的。对于一个消费者来说，随着货币收入量的不断增加，货币的边际效用是递减的。这就是说，随着某消费者货币收入的逐步增加，每增加一元钱给该消费者所带来的边际效用是越来越小的。同样数量的货币收入，对穷人和富人来说，其边际效用存在很大差别。如果将高收入家庭的货币减少某一数额，而使同等数额的货币收入转移到低收入家庭，这样就会增加社会的总效用。

二、基数效用论

既然效用是用来表示消费者在消费商品时所感受到的满足程度，于是就产生了对这种"满足程度"即效用的度量问题。在这一问题上，西方经济学家先后提出了基数效用论和序数效用论的概念。并在此基础上，形成了分析消费者行为的两种方法，分别是基数效用论者的边际分析方法和序数效用论者的无差异曲线分析方法。

基数效用论者的基本观点是：效用是可以计量并可以加总求和的。表示效用大小的计量单位被称为效用单位（UtilityUnit）。因此，效用的大小可以用"基数（1、2、3…）"来表示，正如长度单位可以用"米"来表示一样，其计数单位就是效用单位。

三、消费者均衡

消费者均衡是研究单个消费者如何把有限的货币收入分配在各种物品的购买中以获得最大的效用。也就是说，在消费者的收入和物品的价格既定的条件下，当消费者选择物品组合获取了最大的效用满足，并将保持这种相对稳定的状态不再做调整，称消费者处于均衡状态，简称为消费者均衡。消费者均衡是消费者行为理论的核心。

（一）实现消费者均衡的假定条件

1. 消费者的嗜好与偏好既定

由于效用的主观性，消费者对各种物品组合的效用评价会因时、因地或因其他条件发生改变，这里假设消费者对各种物品组合的效用的评价是既定的，不会发生变动。

2. 消费者的收入既定

因为收入有限，需要用货币购买的物品很多，但不可能全部都买，只能买自己认为最重要的几种。因为每一元货币的功能都是一样的，在购买各种物品时最后多花的每一元钱都应该为自己增加同样的满足程度，否则消费者就会放弃不符合这一条件的购买量组合，而选择自己认为更合适的购买量组合。

3. 物品的价格既定

由于物品价格既定，消费者就要考虑如何把有限的收入分配于各种物品的购买与消费上，以获得最大效用。由于收入固定，物品价格相对不变，消费者用有限的收入能够购买的物品所带来的最大的满足程度也是可以计量的。

4. 每一单位货币的边际效用对消费者既定

因为货币和普通商品一样也具有效用和边际效用，人们用货币购买商品，实际上就是用货币的效用去交换其他商品的效用，只有假定货币的边际效用是不变的，才能用货币的效用去衡量其他商品的效用。

（二）实现消费者均衡的条件

基数效用论者认为，消费者实现效用最大化的均衡条件时，如果消费者的货币收入是固定的，市场上各种商品的价格是已知的，那么消费者应该使自己所购买的各种商品的边际效用与价格之比相等，或者说，消费者应使自己消费在各种商品购买上的最后一元钱所带来的边际效用相等。

假定：消费者用既定的收入 M 购买 n 种商品，P_1，P_2，…，Pn 分别为 n 种商品的既定的价格，为不变的货币的边际效用，以 Q_1，Q_2，…，Q_n 分别表示 n 种商品的数量，MU_1，MU_2，…，MU_n 分别表示 n 种商品的边际效用，则上述的消费者效用最大化的均衡条件可以用公式表示为

$$P_1 \times Q_1 + P_2 \times Q_2 + \cdots + P_n \times Q_n = M$$

上述式子是消费者均衡的收入约束条件，说明收入是既定的，购买 n 种商品的支出不能超过收入总额 M，也不能小于收入总额 M。超过收入的购买是无法实现的，而小于收入的购买也达不到既定收入时的效用最大化。

$$MU_1/P_1 = MU_2/P_2 = \cdots = MU_n/P_n = \lambda$$

上式是消费者在约束条件下实现效用最大化的均衡条件，表示消费者应遵循最优的物品组合，使得自己花费在各种商品上的最后一元钱所带来的边际效用相等，且等于货币的边际效用。下面以消费者购买两种物品为例，具体说明消费者效用最大化的均衡条件。

在购买两种物品组合的情况下消费者效用最大化的均衡条件为

$$P_1 \times Q_1 + P_2 \times Q_2 = M$$
$$MU_1/P_1 = MU_2/P_2 = \lambda$$

该公式表明：若要实现效用最大化，最佳消费组合应使两种物品的边际效用与其价格之比分别相等，还要等于一单位的货币的边际效用。为什么说只有当消费者实现了 $MU_1/P_1 = MU_2/P_2 = \lambda$ 的均衡条件，才能获得最大的效用呢？或者说，该均衡条件的经济

含义是什么呢？

从 $MU_1/P_1 = MU_2/P_2$ 的关系来分析：当 $MU_1/P_1 < MU_2/P_2$ 时，这说明对消费者来说，同样的一元钱购买物品 1 所得到的边际效用小于购买物品 2 所得到的边际效用。这样，理性的消费者就会调整这两种物品的购买数量，减少对物品 1 的购买，增加对物品 2 的购买。在这种调整过程中，一方面，在消费者用减少一元钱物品 1 的购买来相应地增加一元钱物品 2 的购买时，由此带来的物品 1 的边际效用的减少量是小于物品 2 的边际效用的增加量的，这意味着消费者的总效用是增加的；另一方面，在边际效用递减规律的作用下，物品 1 的边际效用会随其购买量的不断减少而递增，物品 2 的边际效用会随其购买量的不断增加而递减。当消费者一旦将其购买组合调整到同样一元钱购买两种物品所得到的边际效用相等时，即达到时，他便得到了由减少物品 1 购买和增加物品 2 购买所带来的总效用增加的全部好处，即消费者获得了最大的效用。

同样道理，当 $MU_1/P_1 > MU_2/P_2$ 时，消费者应该增加物品 1 的消费，而减少物品 2 的消费，同时保持消费总支出不变，直到实现 $MU_1/P_1 = MU_2/P_2$ 时，获得最大效用，实现消费者均衡。

从 $MU_i/P_i = \lambda (i = 1, 2)$ 的关系来分析：

当 $MU_i/P_i < \lambda (i = 1, 2)$ 时，说明消费者用 1 元钱购买第 i 种物品所得到的边际效用小于所付出的这 1 元钱货币的边际效用，也可以理解为这种消费决策中购买的物品 i 的数量太多了，事实上，消费者总可以把这 1 元钱用在至少能产生相等的边际效用的其他物品的购买上。这样，理性的消费者就会减少对物品 i 的购买，在边际递减规律的作用下，直到 $MU_i/P_i = \lambda (i = 1, 2)$ 条件的实现，即购买物品 i 的最后 1 元钱的边际效用等于 1 元钱货币的边际效用，消费者实现了效用的最大化，即实现了消费者均衡。

同样道理，当 $MU_i/P_i > \lambda (i = 1, 2)$ 时，消费者对第 i 种物品的消费量是不足的，消费者应该继续增加物品 i 的购买，以获得更多的效用。在边际效用递减规律的作用下，直到实现 $MU_1/P_1 = MU_2/P_2$ 时，获得最大效用，实现消费者均衡。

四、消费者剩余

在消费者购买物品时，消费者对每一单位物品所愿意支付的价格取决于这一单位物品的边际效用。由于物品的边际效用是递减的，所以，消费者对某种物品所愿意支付的价格是逐步下降的。但这里要说明的是，消费者对每一单位物品所愿意支付的价格并不等于该物品在商场上的实际价格。可是不管怎样，消费者在购买物品的时候都是按实际的市场价格来支付的。于是，在消费者愿意支付的价格和物品实际的市场价格之间就产生了一定差额，这个差额就构成了消费者剩余的基础。

例如，某种汉堡的市场价格是 6 元，某消费者在购买第一个汉堡的时候，根据这个汉堡的边际效用，他认为值得付 8 元去购买这个汉堡，于是当该消费者以实际的市场价格 6 元购买这个汉堡的时候，就产生了 2 元的剩余。在以后的购买中，随着汉堡边际效用递减，他为购买第 2 个、第 3 个、第 4 个汉堡所愿意支付的价格分别递减为 7 元、6 元、5 元，这样，他为购买 4 个汉堡愿意支付的总金额为 8+7+6+5＝26 元，但他按实际市场金额支付出去的总金额为 6×4＝24 元，两者差额为 26-24＝2 元，这个差额就是消费者剩余。由此可见，消费者剩余就是消费者在购买一定数量的某种商品时愿意支付的总金额和实际支付的总金额之间的差额，如表 3-2 所示。

表 3-2　消费者剩余

汉堡数量（个）	消费者愿付价格（元）	消费者实付价格（元）	消费者剩余
1	8	6	2
2	7	6	1
3	6	6	0
4	5	6	-1
总计	26	24	2

根据表 3-2 可以做出图 3-2，进一步说明消费者剩余。

消费者剩余可以用消费者需求曲线以下、市场价格线之上的面积来表示。在图 3-2 中，横轴 OQ 代表汉堡的数量，纵轴 OP 代表价格，D 为汉堡的需求曲线。市场价格为 6 元，购买 1 个汉堡时，消费者剩余为 2 元，购买 2 个汉堡时，消费者剩余为 1 元，购买 3 个汉堡时，消费者没有剩余。因此，消费者剩余部分为图中阴影部分的面积。

如果物品的变化是连续的，则消费者剩余也可以用数学公式来表示，令需求函数为 $P=f(Q)$，价格为 P_0 时的消费者的需求量是 Q_0，则消费者剩余表示为

$$cs = \int_0^{Q_0} f(Q)\,dQ - P_0 Q_0$$

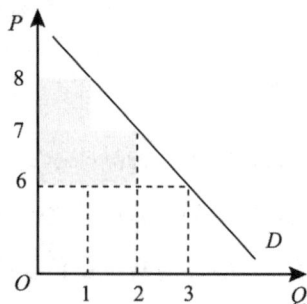

图 3-2　消费者剩余

在理解消费者剩余的时候，需要注意以下几点：

（1）消费者获得消费者剩余并不意味着实际收入的增加，而只是一种心理感受。

（2）生活必需品的消费者剩余一般较大。例如，消费者对生活必需品：水、食盐、农产品等物品的效用评价很高，需求价格也高，而这类物品的实际价格并不高，因而其消费者剩余较大。

（3）在公共物品上，如道路、水坝、生态林投资的成本收益分析中，消费者剩余是非常有用的分析工具。由于公共物品由政府投资，消费者无偿使用，因而它不能带来实际收入，政府对其收益的计量应该根据消费者剩余来估算；若有收益，即消费者剩余大于成本，则该项投资就是合理的。

（4）消费者剩余可以用来衡量消费者福利的指标。消费者从购买物品中得到的消费者剩余越大，说明生产与交易这种物品的活动给消费者带来的福利越大。

第二节　序数效用论

一、序数效用论

序数效用论是为了弥补基数效用论的缺点而提出来的另一种研究消费者行为的理论。其基本特点是：效用作为一种心理现象无法计量，也不能加总求和，只能表示出满足程度的高低与顺序，因此，效用只能用序数（第一，第二，第三……）来表示。例如，消费者消费了巧克力与唱片，他从中得到的效用是无法衡量，也无法加总求和的，更不能用基数来表示，但他可以比较从消费这两种物品中所得到的效用。如果他认为消费一块巧克力所带来的效用大于消费一张唱片所带来的效用，那么就说明一块巧克力的效用是第一，一张唱片的效用是第二。序数效用论采用无差异曲线的分析方法来考察消费者行为，提出消费者实现均衡的条件。序数效用论指出，消费者对于各种不同的物品组合的偏好程度是有差别的，这种偏好程度的大小决定了效用的大小。

二、无差异曲线

（一）消费者偏好

序数效用论认为，尽管效用不能用基数来具体计量并加总求和，但商品的效用大小还是可以比较的，是能够用顺序或等级来表示的，为此，序数效用论者提出了偏好的概念。消费者偏好表示消费者对不同物品或物品组合的喜好程度。

対于不同的物品组合，消费者偏好的程度是有差异的，这种偏好程度的差别决定了不同物品组合的效用的大小顺序。例如，对于 A、B 两种物品的组合，若消费者对 A 组合的偏好程度大于 B 组合的偏好程度，则可以说 A 组合的效用大于 B 组合；若消费者对 A 组合与 B 组合的偏好程度相同，则可以说两种物品组合的效用水平是无差异的。

序数效用论者提出了关于偏好的三个基本的假定。

1. 偏好的完全性

消费者总是可以比较和排列所给出的不同物品的组合。对于任何两个物品的组合 A 和 B，消费者只能做出三种判断中的一种：对 A 物品的偏好大于对 B 物品的偏好，对 A 物品的偏好小于对 B 物品的偏好，对 A 物品的偏好和对 B 物品的偏好相同。

2. 偏好的可传递性

消费者对不同物品的偏好是有序的，连贯一致的。对于任何三种物品组合 A，B 和 C，若消费者对物品 A 的偏好大于 B，对 B 的偏好大于 C，那么，在 A，C 这两个组合中，消费者必定对物品 A 的偏好大于 C。

3. 偏好的非饱和性

对于消费者来说，所有物品都是"好"的，不管哪一种物品，消费者都会认为物品数量总是多一些好，且越多越好。

（二）无差异曲线的概念

无差异曲线是用来表示消费者偏好相同的两种物品的所有组合。或者说它是表示能够给消费者带来相同的效用水平或满足程度的两种物品的所有组合。假设某组合物品包含着 x，y 两种物品，这两种物品可以有 a，b，c，d，e，f 共 6 种不同的消费组合，这 6 种组合都能给消费者带来相同的效用，如表 3-3 所示。

表 3-3　某消费者的无差异表

组合方式	x 商品	y 商品
a	5	30
b	10	18
c	15	13
d	20	10
e	25	8
f	30	7

根据表 3-3，可以做出图 3-3。在图 3-3 中横轴代表物品 x 的数量，纵轴代表物品 y 的数量，a，b，c，d，e，f 各点表示 6 种不同的物品 x 和物品 y 的数量组合，将各点连接

起来的曲线 U 就是无差异曲线。

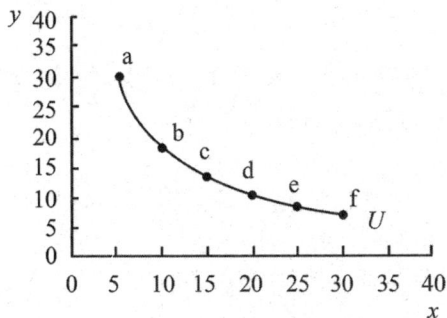

图 3-3　无差异曲线图

无差异曲线上任何一点所表示的物品组合虽然都各不相同，但它们在消费者偏好既定条件下给消费者所带来的效用，即满足的程度都是相同的。

（三）无差异曲线的特征

（1）无差异曲线是一条向右下方倾斜的曲线，其斜率为负值，它表明在收入与价格既定的条件下，为了获得同样的满足程度，增加一种物品就必须放弃另一种物品，两种物品在消费者偏好不变的条件下，不能同时减少。

（2）在同一平面图上有无数条无差异曲线，同一条无差异曲线代表不同的物品组合给消费者带来相同的效用，不同的无差异曲线代表不同的物品组合给消费者带来不同的效用。离原点越远的无差异曲线所代表的效用水平越高，离原点越近的无差异曲线所代表的效用水平越低。

（3）在同一平面图上，任意两条无差异曲线不能相交。在消费者偏好既定的条件下，同一种消费组合只能给消费者带来同一种效用水平，否则与第二个特点相矛盾。

（4）无差异曲线是一条凸向原点的线。无差异曲线是以凸向原点的形状向右下方倾斜的，即无差异曲线斜率的绝对值是递减的。

为什么无差异曲线具有凸向原点的特点呢？这取决于商品的边际替代率递减规律。关于这一点，将在下面讨论。

三、边际替代率

（一）边际替代率的含义

无差异曲线表明，物品的不同组合可以产生相同的效用水平，这就意味着在保持消费者效用水平不变的条件下，可以用一种物品代替另一种物品，减少一种物品的消费而增加另一种物品的消费。而物品的边际替代率就是指消费者在维持效用水平不变的前提下，增加一单位某种物品的消费时，而需放弃另一种物品的消费数量。边际替代率的值是减少一种物品消费量与增加的另一种物品消费量之比。以 Δx 与 Δy 分别表示商品 x 和 y 的变化量，MRS_{xy} 表示物品 x 对物品 y 的边际替代率，则

$$MRS_{xy} = -\frac{\Delta y}{\Delta x}$$

因为物品 x 和物品 y 的变动方向相反，Δx 与 Δy 的比值为负，为了使 MRS_{xy} 的计算结果为正值，为便于计算，在公式中加了一个负号。

当商品数量的变化趋于无穷小时，则商品的边际替代率公式为

$$MRS_{xy} = \lim_{\Delta \to 0} -\frac{\Delta y}{\Delta x} = -\frac{dy}{dx}$$

显然，无差异曲线上任何一点的边际替代率等于无差异曲线在该点斜率的绝对值。

（二）边际技术替代率递减规律

商品的边际技术替代率递减规律是指，在维持效用水平不变的前提下，随着一种商品的消费数量的连续增加，消费者为得到每一单位的这种商品所需要放弃的另一种商品的消费数量是递减的。我们可以根据表3-3的资料来计算商品组合方式转换中的商品的边际替代率，并做成表3-4。

表3-4　商品边际替代率

变动情况	Δx	$-\Delta y$	MRS_{xy}
a→b	5	12	2.4
b→c	5	5	1
c→d	5	3	0.6
d→e	5	2	0.4
e→f	5	1	0.2

在表3-4中，Δx 是物品 x 的增加量，Δy 是物品 y 的减少量。在保证消费者效用水平不变的前提下，物品组合方式由 a 转换到 b，消费者为了增加5单位 x 物品的消费，就必须放弃12单位物品 y 的消费，此时的边际替代率 $MRS_{xy} = 2.4$。这表示，在这个转换中，每增加一单位物品 x 的消费，需放弃2.4单位物品 y 的消费。由组合方式 b 转换到 c，边际替代率递减到1。即在保证效用不变的前提下，继续增加物品 x 的消费所需放弃的物品 y 的消费量减少，其余类推，边际替代率逐渐减少。当组合方式由 e 转换到 f 时，边际替代率递减到0.2。以上描述的就是边际替代率递减的规律。

（三）无差异曲线的特殊形状

在一般情况下，无差异曲线的形状是向右下方倾斜，且凸向原点的。无差异曲线向右下方倾斜的原因是边际替代率是负值，凸向原点是因为边际替代率递减，无差异曲线向原点凸出的弯曲程度取决于两种物品替代性的大小。下面从物品替代性大小来考虑两种极端的情况，相应的无差异曲线有着特殊的形状。

1. 完全替代的情况

完全替代品指消费者愿意以固定比例用一种物品替代另一种物品。在完全替代情况下，消费者对物品相对价格的变动非常敏感，一般会购买价格较低的那种物品。因此，在完全替代的情况下，两物品之间的边际替代率 MRS_{xy} 就是一个常数。相应的无差异曲线是一条斜率不变的直线。例如，在某消费者看来，一杯牛奶和一杯咖啡之间是无差异的，两者总是可以 1：1 的比例相互替代，相应的无差异曲线如图 3-4（a）所示。

2. 完全互补的情况

完全互补品指消费者偏好以固定比例消费两种物品，因为在这种情况下，无论价格是多少，消费者都必须按固定比例购买两种物品。对于左鞋和右鞋，你不能只买一只或一双半，必须成双购买，一副眼镜必须有两片眼镜片才行。因此，在完全互补的情况下，相应的无差异曲线为直角形状，两物品之间的边际替代率 $MRS_{xy} = 0$，相应的无差异曲线如图 3-4（b）所示。

在图 3-4（b）中，垂直部分的无差异曲线表示，为了保持效用不变，对于两片眼镜片而言，只需要一副镜架即可，任何超量的眼镜片都是多余的。也就是说眼镜片不能完全替代镜架。与横轴平行的一段无差异曲线表示，为了保持效用不变，对于一副镜架而言，只需要两片眼镜片即可，任何超量的眼镜片都是多余的。

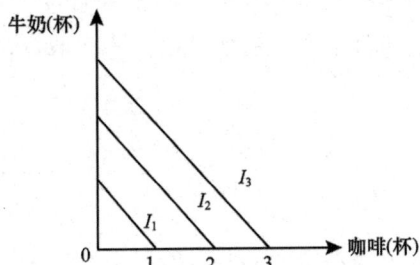 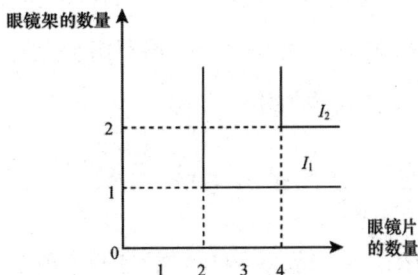

（a）　　　　　　　　　　　　　（b）

图 3-4　无差异曲线

四、预算线

消费者在购买商品的时候，必然会受到自己的收入水平和市场上商品价格的限制。在不考虑借贷的条件下，消费者不能无限制地选择其偏好的商品。反映消费者收入约束的概念就是预算约束。

（一）预算线的含义

预算线又称消费可能线、预算约束线和等支出线，是表示消费者在收入和商品价格既定的条件下，消费者的全部收入所能够买到的两种商品的不同数量的各种组合。

假定某消费者的收入 $M = 60$ 元，他面临两种商品 x 和 y，各自的价格为 $P_x = 20$ 元，$P_y = 10$ 元，Q_x 和 Q_y 为商品 x 和 y 的消费数量。当 $Q_x = 0$ 时，$Q_y = 6$；$Q_y = 0$ 时，$Q_x = 3$。根据以上条件，做出预算线，如图 3-5 所示。

在图 3-5 中，横轴和纵轴分别表示两种物品的购买量。连接 A、B 两点的直线就是消费可能线，该线上任何一点都是在收入与价格既定的条件下，消费者所能购买到的 x 物品和 y 物品的最大数量组合。

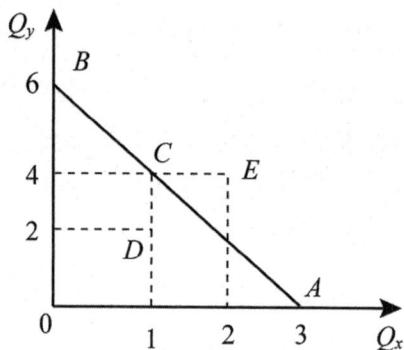

图 3-5　消费者预算线

预算线是消费者消费行为的限制条件。这种限制就是消费者的消费支出不能大于，也不能小于收入。大于收入的消费组合是在收入既定条件下所无法实现的；小于收入的消费组合则无法实现效用最大化。

（二）预算线的变动

要确定一条预算线必须要有两个前提条件：其一是消费者的收入既定；其二是两种物品的价格既定。当两个前提中的任何一个发生变化时，都会引起预算线的变动。预算线的变动大致可以归纳为以下四种情况：

（1）两种物品的价格不变，消费者收入发生变化，相应的预算线会平行移动。当收入增加时，预算线平行向右上方移动，如图 3-6（a）所示，AB 是原收入条件下的预算线，当收入增加后，预算线向右上方平行移动，从 AB 移动到 A_1B_1 的位置；反之，收入减少，预算线向左下方平行移动，由 AB 移动到 A_2B_2 的位置。

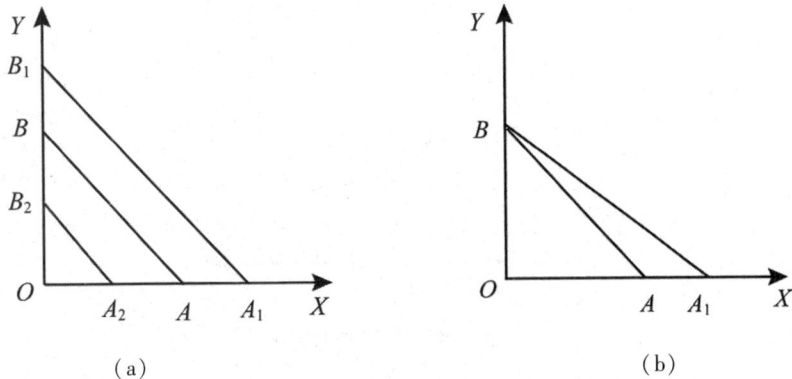

图 3-6 预算线的变动情况

（2）消费者收入不变，两种物品的价格同比例，同方向变动，预算线平行移动。若两种物品价格同比例下降，则预算线向右上方平行移动，其原因和价格不变而消费者收入提高是一样的；反之，若两种物品的价格同比例提高，则预算线向左下方平行移动。

（3）当消费者收入不变，一种物品的价格不变，另一种物品价格发生变化时，则预算线的斜率与在横轴和纵轴上的截距会发生变化，如图 3-6（b）所示。

（4）当消费者收入和两种物品的价格都发生了不同方向或不同比例的变化时，则预算线的斜率和在两轴上的截距都会发生变化。

预算线仅表示在两种物品的价格和预算金额给定条件下购买这两种物品的各种可能的数量组合。为了找出消费者达到均衡所需的条件，必须把预算线与消费者的无差异曲线同时加以考虑。

五、消费者均衡

（一）消费者均衡的实现

为了考察消费者选择购买物品达到均衡状态必须具备的条件，我们必须假定：一是消费者的偏好既定，即消费者的无差异曲线图为既定；二是消费者的收入 M 是既定不变的；三是物品 x 和物品 y 的价格 P_x 和 P_y 既定不变。

根据消费者预算线和无差异曲线分析可知，在通常情况下收入是相对稳定的，所以消费者预算线只有一条，而无差异曲线可以有无数条。这样，如果把无差异曲线与预算线合在一个平面坐标图上，一条预算线肯定会与无数条无差异曲线中的一条相切。假定有切点 E，则消费者按 E 点上的物品组合来花费其收入，即实现了消费者均衡，该切点就是消费者均衡点。可以用图 3-7 来说明。

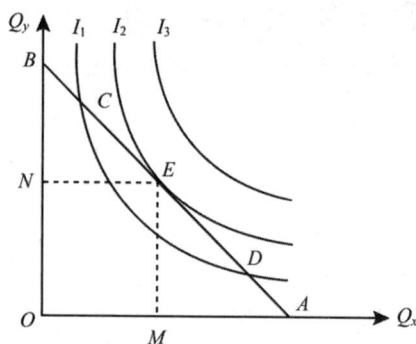

图 3-7　消费者均衡

在图 3-7 中，横轴 Q_x 与纵轴 Q_y 表示物品 x 和 y 的数量，I_1，I_2，I_3 是 3 条效用水平不同的无差异曲线，其效用大小的顺序是 $I_1 < I_2 < I_3$，AB 是预算线。AB 与 I_2 相切于 E 点，实现了消费者均衡。也就是说，在收入和价格既定的条件下，消费者购买 ON 数量的 x 物品，OM 数量的 y 物品，就能获得最大的效用。

为什么只有在 E 点时才能实现消费者均衡呢？在图 3-7 中可以看出，I_3 的效用大于 I_2，但 I_3 与 AB 既不相切又不相交，说明达到 I_3 效用水平的 x 物品与 y 物品的数量组合在收入和价格既定的条件下是无法实现的。

AB 与 I_1 相交于 C 和 D 点，在 C、D 两点上，所购买的 x 物品和 y 物品的数量也是收入与价格既定条件下最大的组合，但由于 $I_1 < I_2$，说明 C、D 两点上 x 物品和 y 物品的组合并不能达到最大效用，它们所实现的效用水平仍然是 I_1 所代表的效用水平。AB 线与 I_2 相切于 E 点，说明按 E 点进行消费者组合也是现有收入水平所许可的，其实现的是 I_2 所代表的效用水平。由于 I_2 的效用水平大于 I_1，所以，按 E 点进行的消费组合的效用水平就必然大于 C、D 两点的效用水平。此外，由于无数条无差异曲线相互平行，因而能与既定的消费预算线 AB 相切的无差异曲线只能有一条，而且是距离原点最远的一条，也就是图中的 I_2。由此可以看出，E 点就成为在收入与价格既定条件下的消费者效用最大化的消费组合点，因此，只有在 E 点才意味着消费者均衡的实现。

在消费者均衡点，即无差异曲线和消费预算线的切点上，消费预算线的斜率与无差异曲线的斜率相等。消费预算线的斜率是两种商品的价格比例，即 $\dfrac{P_x}{P_y}$，无差异曲线的斜率是边际技术替代率，即 $\dfrac{\Delta y}{\Delta x}$，这就是说，增加 Δx 所增加的 x 物品的效用 $MU_x \cdot \Delta x$ 等于减少 Δy 所放弃的 y 物品效用 $MU_y \cdot \Delta y$，即 $MU_x \cdot \Delta x = MU_y \cdot \Delta y$。因此，消费者均衡也可以表示为

$$\frac{P_x}{P_y} = \frac{MU_x}{MU_y} \text{ 或者 } \frac{MU_x}{P_x} = \frac{MU_y}{P_y}。$$

可见，以序数效用论为基础的无差异曲线分析得出的消费者均衡条件，与以基数效用论为基础的边际效用分析得出的消费者均衡条件完全相同，两者的区别只是方法上的不同。

（二）消费者均衡的变动

前面分析了消费者行为时，假设了物品价格、消费者收入、消费者偏好等因素不变，下面分析物品价格和消费者收入变动时对消费者行为的影响。

1. 价格变化：价格-消费曲线

在其他条件均保持不变时，一种物品价格的变动会使消费者效用最大化的均衡点的位置发生变动，并由此可以得到价格-消费曲线。假定现有两种物品 X_1 和 X_2，消费者收入和其中一种物品价格 X_2 的价格不发生变动，价格-消费曲线就是表示在其他条件不变时，价格变动引起的消费者均衡变动的轨迹。具体变动以图 3-8 来说明。

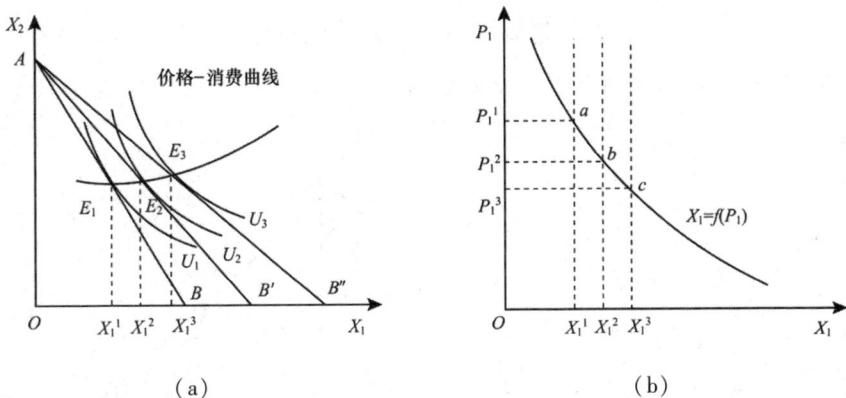

（a）　　　　　　　　　　　　（b）

图 3-8　价格-消费曲线

在图 3-8 中，假定物品 X_1 的初始价格为 P_1^1，相应的预算线为 AB，它与无差异曲线 U_1 相切于效用最大化的均衡点 E_1。如果商品 X_1 的价格由 P_1^1 下降为 P_1^2，相应的预算线由 AB 移至 AB'，于是，AB' 与另一种较高无差异曲线 U_2 相切于均衡点 E_2。如果商品 X_1 的价格再由 P_1^2 继续下降为 P_1^3，相应的预算线由 AB' 移至 AB''，于是，AB'' 与另一条更高的无差异曲线 U_3 相切于均衡点 E_3……不难发现，随着物品 X_1 的价格的不断变化，可以找到无数个诸如 E_1、E_2 和 E_3 那样的均衡点，它们的轨迹就是价格-消费曲线。

分析图 3-8（a）中价格-消费曲线上的三个均衡点 E_1、E_2 和 E_3 可以看出，在每一个均衡点上，都存在着物品 1 的价格与物品 1 的需求量之间一一对应的关系。这就是：在均

衡点 E_1，商品 1 的价格为 P_1^1，则商品 1 的需求量为 X_1^1。在均衡点 E_2，物品 1 的价格由下降为 P_1^2，则物品 1 的需求量 X_1^1 增加为 X_1^2。在均衡点 E_3，物品 1 的价格进一步由 P_1^2 下降为 P_1^3，则物品 1 的需求量由 X_1^2 再增加为 X_1^3。根据物品 1 的价格和需求量之间的这种对应关系，把每一个 P_1 数值和相应的均衡点上的 X_1 数值绘制在物品的价格-数量坐标图上，便可以得到单个消费者的需求曲线。这便是图 3-8（b）中的需求曲线 $X_1 = f(P_1)$。在图 3-8（b）中，横轴表示物品 1 的数量 X_1，纵轴表示物品 1 的价格 P_1。图（b）中需求曲线 $X_1 = f(P_1)$ 上的 a、b、c 点分别和图 3-8（a）中的价格-消费曲线上的均衡点 E_1、E_2、E_3 相对应。

至此，我们用无差异曲线推导出需求曲线是向右下方倾斜的，它表示物品的价格和需求量呈反方向变动。特别说明的是，需求曲线上与每一价格水平相对应的物品需求量都是可以给消费者带来最大效用的均衡数量。

2. 收入变化：收入-消费曲线

在其他条件均保持不变时，仅有消费者收入水平变动会使消费者效用最大化的均衡点的位置发生变动，并由此可以得到收入-消费曲线。假定物品 X_1 和 X_2 的价格均保持不变，消费者收入发生变动，收入-需求曲线就是表示在其他条件不变时，收入变动引起的消费者均衡变动的轨迹。具体变动以图 3-9 来说明。

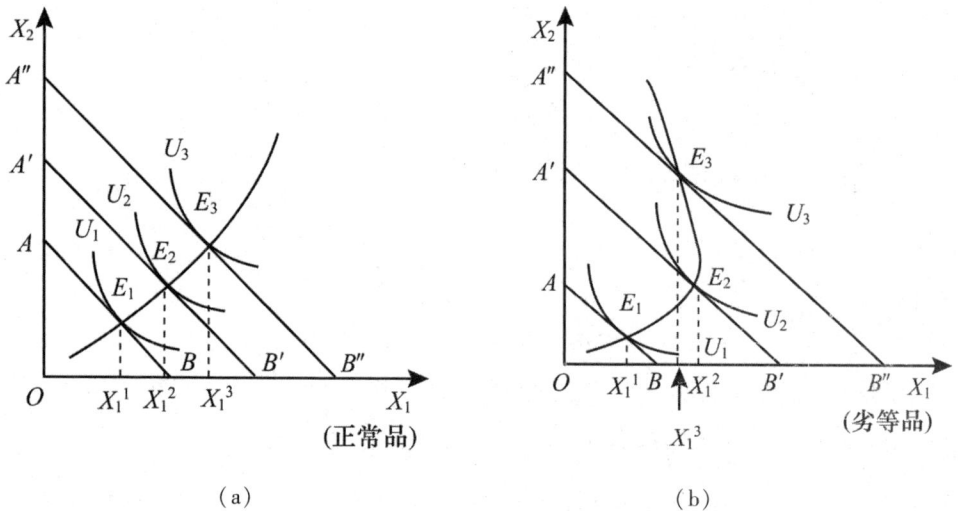

（a）　　　　　　　　　　　　　　　（b）

图 3-9　收入-消费曲线

在图 3-9（a）中，随着收入水平的不断增加，预算线由 AB 移至 $A'B'$，再移至 $A''B''$，于是，形成了三个不同收入水平下的消费者效用最大化的均衡点 E_1、E_2 和 E_3。如果收入水平的变化是连续的，则可以得到无数个这样的均衡点的轨迹，这便是图 3-9（a）中的收入-消费曲线。图 3-9（a）中的收入-消费曲线是向右上方倾斜的，它表示：随着收入水平的增加，消费者对物品 1 和物品 2 的需求量都是上升的，所以，图 3-9（a）中的两种商品都是正常品。

在图 3-9（b）中，采用与图 3-9（a）中相类似的方法，随着收入水平的连续增加，描绘出了另一条收入-消费曲线。但是图 3-9（b）中的收入-消费曲线是向左上方弯曲的，它表示：随着收入水平的增加，消费者对商品 1 的需求量开始是增加的，但当收入上升到一定水平之后，消费者对商品 1 的需求量反而减少了。这说明，在一定的收入水平上，物品 1 由正常物品变成了劣等品。我们可以在日常经济生活中找到这样的例子。譬如，对某些消费者来说，在收入水平较低时，土豆是正常品；而在收入水平较高时，土豆就有可能成为劣等品。因为，在他们变得较富裕的时候，他们可能会减少对土豆的消费量，而增加对其他食物的消费量。

3. 恩格尔曲线

由消费者的收入-消费曲线可以推导出消费者的恩格尔曲线。以德国 19 世纪后期统计学家恩格尔的名字命名的恩格尔曲线表示消费者在每一收入水平对某种物品的需求量。与恩格尔曲线相对应的函数关系为 $X=f(I)$。其中，I 为收入水平，X 为某种物品的需求量。图 3-9 中的收入-消费曲线反映了消费者的收入水平和商品的需求量之间存在一一对应关系，对应到图 3-10 中，曲线就是表示了收入变化和 X 物品消费量变化，这就是恩格尔曲线。

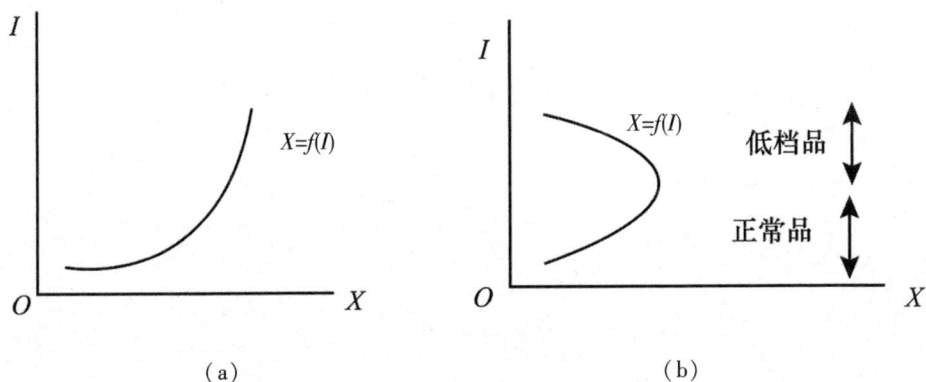

图 3-10　恩格尔曲线

图 3-10（a）和图 3-9（a）是相对应的，图中的 X 是正常品，X 的需求量随着收入水平 I 的上升而增加，从而使收入-消费曲线和恩格尔曲线向右上方倾斜；而当正常品转变为低档商品时，图形就如 3-10（b）所示，低档商品需求随收入的上升而下降，从而使其收入-消费曲线和恩格尔曲线向左上方倾斜。恩格尔在统计研究中发现，随着家庭收入的增加，收入中用于食物的支出占收入的比重越来越小。这种已被上百次研究所证明的理论被称为恩格尔定律。食品支出占家庭收入的比重被称为恩格尔系数。很明显，随着收入

的增加，恩格尔系数有降低的趋势。

思考题

1. 何谓无差异曲线？它有什么特征？

2. 基数效用论和序数效用论有何不同？二者是否相互对立？

3. 简要说明基数效用论的消费者均衡条件和序数效用论的消费者均衡条件。

4. 何谓恩格尔系数？它有什么作用？

5. 如果你有一辆需要四个轮子才能开动的车子已经有了三个轮子，那么当你装上第四个轮子时，这第四个轮子的边际效用似乎超过了第三个轮子的边际效用，这是否违反了边际效用递减规律？

第四章　生产与成本

导　读

在经济学中，生产者为厂商或企业，生产理论所讨论的是企业的行为，企业是能够做出统一的生产决策的单个经济单位。在讨论生产者行为之前，先简要介绍企业的性质、企业的类别与企业的目标。

成本又称为生产费用，是指生产过程中企业对所购买的各种生产要素的货币支出。为了更好地理解成本的含义，需要对以下概念有所了解。

学习目标

1. 学习短期与长期生产。
2. 学习短期与长期成本。

第一节　短期与长期生产

一、生产理论中的基本范畴

（一）生产函数

生产者又叫厂商，是从事商品生产和服务的单个经济主体。生产者从事的生产活动就是将一定的投入转化为产出的过程。这里的投入指的是生产要素，生产活动离不开生产要素，通常的生产要素包括劳动、资本、土地和企业家才能。劳动指人类在生产过程中提供的体力和智力的总和。土地不仅指土地本身，还包括地上和地下的一切自然资源，如森林、江河湖泊、海洋和矿藏等。资本可以表现为实物形态或货币形态。资本的实物形态又称为资本品或投资品，如厂房、机器设备、动力燃料、原材料等。资本的货币形态通常称为货币资本。企业家才能指企业家组织建立和经营管理企业的才能。产出就是生产活动的成果，即通过生产活动得到的实物产品或劳务。一定数量的投入对应着一定数量的产出，那么如何描述投入和产出之间的关系呢？经济学采用生产函数来描述这种关系。假如产出数量为 Q，投入的生产要素数量分别是：资本为 K、劳动为 L、土地为 N、企业家才能为 E，则生产函数可表示为

$$Q = F (K, L, N, E)$$

生产理论的分析是从生产函数入手的。在生产理论中，没有考虑产品的价格，而把生产要素的价格也当成常数。所以，生产理论实际上就是从实物形态上研究投入、产出关系，要解决的问题是生产者的技术效率问题，即在投入一定的条件下，怎样使生产的产品数量最多。很显然，在生产过程中，一定量的投入，如果采用的生产方式不同，则技术效率不同，从而产出数量也是不一样的。在经济学分析中，一般假设生产者追求利润最大化，在不考虑价格因素的情况下，利润最大化也就表现为既定投入下的产量最大化。因此，生产函数实际上是描述一定量的投入和最大数量产出之间的关系。

在理论分析中，为了简化，通常只考虑两种生产要素，即资本和劳动。因此，生产函数表现为

$$Q = F (K, L)$$

（二）短期和长期

经济学中的短期和长期不是一个时间概念，而是以生产要素是否全部可以调整作为区分的标准。即如果在某个时期内，至少有一个生产要素的投入数量是固定不变的，则即使这一时期很长也是短期。比如，大型冶金企业固定投入很大，其生产规模一般几年都保持不变，那么，对这样的企业，长达几年也是短期。如果在某个时期内，所有的生产要素都是可以调整的，则即使这一时期很短也是长期。比如，小型手工作坊投入很小，其生产规模的调整可以根据需要在几天内完成。那么，对这样的企业，几天的时间也是长期。

对应短期和长期的概念，分别有短期生产函数和长期生产函数。我们对生产理论的分析就是按照先短期后长期的逻辑顺序来进行的，先分析短期生产函数，再分析长期生产函数。

二、短期生产理论

（一）总产量、平均产量和边际产量的概念

在只考虑两种要素的情况下，短期生产表现为一种要素固定，另一种要素可变。如果以资本作为固定要素，劳动作为可变要素，则短期生产函数可表示为

$$Q = F (L)$$

从短期生产函数出发，可引出三个重要的有关产量的概念：总产量、平均产量和边际产量。

总产量（TP）是指生产者在一定时期内生产的产品总量。在资本投入量固定的情况下，它直接表现为可变生产要素劳动投入量的函数，即 $TP = F(L)$。

平均产量（AP）是指平均每单位可变要素投入所生产的产量。其公式为 $AP = TP/L$。

边际产量（MP）是指每增加一个单位的可变要素的投入所带来的产品的增加量。其公式为：$MP = \Delta TP/\Delta L$，其中，ΔTP 和 ΔL 分别表示总产量的增加量和可变要素劳动的增加量。

（二）总产量、平均产量和边际产量的变动规律及相互关系

根据以上定义，可以编制一张关于一种可变要素生产中总产量、平均产量和边际产量随着可变要素变化而变化的列表，如表 4-1 所示。

表 4-1　总产量、平均产量和边际产量

劳动投入量（L）	总产量（TP）	平均产量（AP）	边际产量（MP）
0	0	—	—
1	3	3	3
2	8	4	5
3	12	4	4
4	15	15/4	3
5	17	17/5	2
6	17	17/6	0
7	16	17/7	−1
8	13	13/8	−3

根据表可以绘制出总产量、平均产量和边际产量的曲线图。如图 4-1 所示，总产量、平均产量和边际产量都随着可变要素劳动投入的增加呈现出先上升后下降的变动趋势。三者之间呈现以下关系：

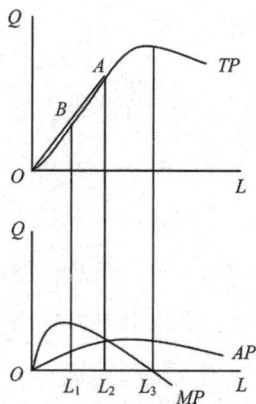

图 4-1　总产量、平均产量和边际产量之间的关系

1. 边际产量和总产量之间的关系

由图 4-1 可见，当可变要素劳动从 O 增至 L_1 时，边际产量处于递增阶段，此时，总产量以递增的速度增长；当劳动投入量由 L_1 增至 L_3 时，边际产量递减但仍然是正值，此时，总产量以递减的速度增长；当劳动投入量等于 L_3 时，边际产量为零，总产量达到最大值；当劳动投入量超过 L_3 时，边际产量变为负值，此时，总产量开始递减。

2. 总产量与平均产量之间的关系

根据平均产量的表达式可知，过总产量曲线上一点作连接原点的射线，该射线的斜率就是对应可变要素投入量上的平均产量。如图 4-1 所示，连接总产量曲线上的点 A 与原点 O 的射线的斜率为线段 AB 与线段 OB 之比值，而由图 4-1 易知，线段 AB 代表劳动投入量为 L_2 时的总产量，线段 OB 代表劳动投入量 L_2，因此线段 AB 与线段 OB 之比值正好表示当劳动投入量为 L_2 时的平均产量。由图容易看出，在连接原点与总产量曲线的点而形成的所有射线中，OA 的斜率最大，所以，A 点对应着平均产量曲线的最高点。

3. 边际产量与平均产量之间的关系

由图 4-1 可见，边际产量曲线与平均产量曲线相交于平均产量曲线的最高点。这是因为，在边际产量曲线与平均产量曲线相交之前，边际产量大于平均产量，从而使得平均产量被逐步拉高；而在两曲线相交之后，边际产量小于平均产量，从而把平均产量逐步拉低。因此，在两者的交点处，平均产量达到最大。这一点可以通过身高的例子来说明，比如有 10 个人，其平均身高为 1.7 米，假如第 11 个人，其身高为 1.8 米，则现在这 11 个人的平均身高肯定超过 1.7 米，即当边际量（这里指第 11 个人的身高）大于平均量（前 10 个人的平均身高）时，平均量（11 个人的平均身高）会变大；相反，如果第 11 个人的身高为 1.6 米，则现在这 11 个人的平均身高肯定低于 1.7 米，即当边际量小于平均量时，平均量会变小。

（三）一种可变要素的合理投入区间

由图 4-1 可见，劳动投入量可以分为三个区间，即从 O 到 L_2 为第一区间，从 L_2 到 L_3 为第二区间，L_3 以后为第三区间。在第一区间，劳动的边际产量大于平均产量，随着劳动投入量的增加，总产量和平均产量都逐步递增，所以理性的生产者不会把投入量停留在这一区间，会继续增加可变要素劳动的投入以获得总产量的增加；而在第三区间，随着劳动投入量的增加，由于边际产量为负值，所以总产量递减，因此理性的生产者也不会把投入停留在这一区间。如果可变要素劳动投入量处在这一区间，生产者会减少劳动投入量以增加产量。因此，合理的投入区间在第二区间，即合理的劳动投入量在 L_2 到 L_3 之间。至于具体投入量为多少，要结合产品的价格和生产要素的价格才能确定，这需要用到后面的成本收益分析。

（四）短期生产中的一般规律：边际收益递减原理

由图 4-1 可见，边际产量曲线 MP 呈现出先递增后逐步下降的变动规律。边际产量的这种变动规律实际上是生产者行为理论的理论基础——边际收益递减原理的具体体现。边际收益递减原理是指在技术水平不变和其他投入不变的情况下，连续增加投入某种可变要素，起初随着该要素投入量的增加，每增加一单位该要素的投入所带来的产出的增加量是逐步增加的（即边际产量递增）；当投入量达到一定数量后，继续投入该要素，则每增加一单位该要素的投入所带来的产出的增加量开始逐步递减（即边际产量递减）。

边际收益递减原理是从生产实践中提炼总结出来的一种经验性假设，在生产活动中有着普遍的适用性。比如，在农业生产中，种子作为投入要素在土地和其他要素以及技术水平不变条件下，一开始增加种子投入量会使产量增加，但当种子增加到一定数量后，继续增加种子投入量，这时产量不仅不会增加反而会减少。

引起边际收益递减的原因是：在任何的生产活动中，投入的生产要素之间有着互补性，即要素与要素之间有一个最佳的投入比例，在其他要素固定时，当某种可变要素的投入量较小而没有达到最佳投入比例时，随着该可变要素投入的增加，可变要素与固定要素之间的比例越来越接近最佳投入比例，从而使生产效率越来越高，因此可变要素的边际产量逐步递增；当可变要素投入量达到可变要素与固定要素之间的最佳比例时，生产效率最高，从而使边际产量达到最大；此时，如果继续增加可变要素的投入，则使得可变要素与固定要素之间的投入比例越来越偏离最佳投入比例，从而使生产效率越来越低，因此可变要素的边际产量逐步降低。

边际收益递减原理是进行生产者行为分析的基础和出发点，它决定了边际产量的变动规律，进而也决定了总产量和平均产量的变动规律。

三、长期生产理论

（一）等产量线

长期生产理论需要借助等产量线及等成本线的分析工具。等产量线是指在技术水平不变的条件下，生产同一产量的两种生产要素投入量的各种不同数量的组合点的轨迹。如图 4-2 所示，在坐标平面上，以横轴表示劳动投入量，纵轴表示资本投入量，则平面中的三条曲线就是等产量线。

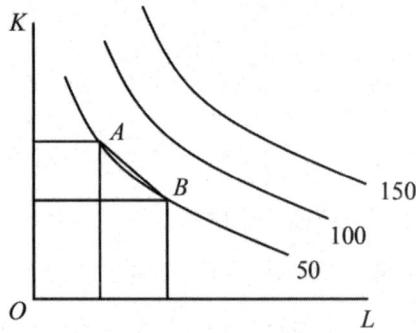

图 4-2　等产量线

等产量线作为长期生产理论的分析工具，具有以下特点：

1. 向右下方倾斜

这一特点表明，在维持原有产量不变的条件下，增加一种要素的投入，同时必须减少另一种要素的投入。

2. 密集分布

密集分布即在坐标平面上的等产量线不是一条而是无数条，不同的等产量线代表不同的产量水平，而且离原点越近代表的产量水平越低，离原点越远代表的产量水平越高。如图 4-2 中所示的三条等产量线，按照离原点的远近，代表的产量水平分别为 50，100，150。

3. 任意两条等产量线不相交

因为不同的等产量线代表不同的产量水平，如果两条等产量线相交，则交点处的要素组合所生产的产量既可以由第一条等产量线表示，又可以由第二条等产量线表示，而两条等产量线所代表的产量水平是不同的。

4. 凸向原点

等产量线向右下方倾斜表明了资本和劳动之间的交替关系，在保持产量不变的条件下，增加劳动同时需要减少资本，这表现为劳动对资本的替代。等产量线凸向原点表明，维持原有产量不变时，随着劳动使用量的增加，劳动对资本的替代能力是逐步下降的；反之亦然。

（二）边际技术替代率递减原理

在维持原有产量水平不变的条件下，增加一单位的某种要素投入量时所减少的另一种要素的投入量，称为边际技术替代率。劳动对资本的边际技术替代率公式可写为

$$MRTS_{LK} = \Delta K / \Delta L$$

式中，ΔK 和 ΔL 分别代表资本和劳动投入量的变化量，即边际技术替代率表现为两要

素投入量的变化量之比。显然，资本和劳动的变化方向应该是相反的，因此边际技术替代率的数值应该是负值，但为了分析方便，一般都取其绝对值。

在图 4-2 中，当要素组合由 A 点变动到 B 点时，边际技术替代率表现为线段 AB 的斜率的绝对值。进一步地，当要素投入量的变化趋于无穷小时，A 点与 B 点重合为一点，从而在几何图形上，边际技术替代率表现为等产量线上该点的切线的斜率的绝对值。因此，一般地，边际技术替代率就可以定义为等产量线上点的切线的斜率的绝对值。

此外，边际技术替代率数量上还可以表示为两要素的边际产量之比。这是因为边际技术替代率的概念是建立在等产量线的基础上的，所以对于任意一条给定的等产量线来说，当用劳动投入去替代资本投入时，在维持产量水平不变的前提下，由增加劳动投入量所带来的产量的增加量和由减少资本投入量所带来的产量的减少量必定是相等的，因此有

$$|\Delta L \cdot MP_L| = |\Delta K \cdot MP_K|$$

整理得

$$\Delta K/\Delta L = MP_L/MP_K$$

即有

$$MRTS_{LK} = \Delta K/\Delta L = MP_L/MP_K$$

边际技术替代率是递减的，即随着劳动投入量的增加和资本投入量的相应减少，劳动对资本的替代能力是逐步下降的。形成边际技术替代率递减的原因实际上还是前面提到的边际收益递减原理，因为根据边际收益递减原理，随着劳动投入量的增加，其边际产量下降，而相应地，随着资本投入量的减少，其边际产量递增。所以，随着劳动对资本的替代，作为逐渐下降的劳动的边际产量与逐渐上升的资本的边际产量之比的边际技术替代率必然是递减的。边际技术替代率递减的现象通常也称为边际技术替代率递减原理。这一原理通过等产量线凸向原点的特点体现出来。

（三）等成本线

等成本线是分析长期生产理论的另一个分析工具。它是指，在生产要素价格和投入总额一定的条件下，生产者可以购买到的两种生产要素的各种不同数量的组合的轨迹，见图 4-3。

在图 4-3 中，C 代表既定成本即投入总额，ω 代表劳动的价格，r 代表资本的价格。横轴上的点 C/ω 表示既定的全部成本都购买劳动时的数量，纵轴上的点 C/r 表示既定的全部成本都购买资本时的数量，连接这两点的线段就是等成本线。它表示既定的全部成本所能购买到的劳动和资本的各种不同数量的组合。等成本线以内区域中的任何一点，如 A 点，表示既定的成本购买了该点的劳动和资本的组合以后还有剩余；等成本线以外区域中

的各点，如 B 点，表示既定成本购买该点的劳动和资本的组合是不够的；而在等成本线上的各点则表示既定成本购买该点的劳动和资本的组合是刚刚好的。

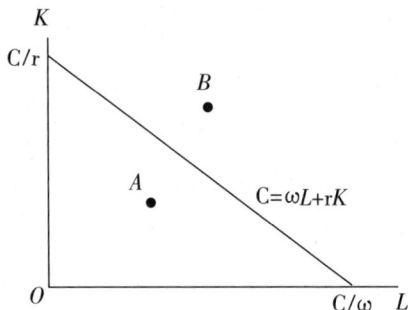

图 4-3　等成本线

等成本线的方程可表示为

$$C = \omega \cdot L + r \cdot K$$

式中，C、ω、r 都是常数，给定 C、ω、r 的值，即确定了一条等成本线。由图 4-3 容易知道，等成本线在坐标平面上的纵截距与横截距之比等于等成本线的斜率的绝对值，从而可知，等成本线的斜率的绝对值等于要素的价格比，即有

$$等成本线斜率绝对值 = \frac{\omega}{r}$$

由图 4-3 还容易知道，当 C、ω、r 的值，即成本或生产要素的价格发生变化时，等成本线将发生变化。关于等成本线的变动可以参照上一章消费者行为理论中预算线的变动来分析，这里不再赘述。

（四）最优要素组合

把等产量线和等成本线放在同一个坐标平面上，就可以确定两种要素的最优组合，在这一组合下，生产者实现了既定成本下的产量最大化或既定产量下的成本最小化，如图 4-4 所示。

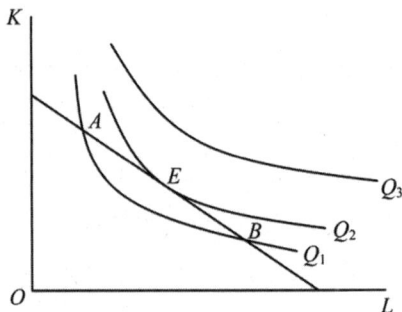

图 4-4　最优要素投入组合（一）

在图 4-4 中，既定的等成本线和密集分布的无数条等产量线有三种关系，即相交、相切和相离。图中的 Q_1、Q_2 和 Q_3 与既定等成本线之间就呈现以上三种关系。其中，Q_2 与等成本线相切于 E 点，E 点即为生产者均衡点，该点对应的劳动和资本的数量就是劳动和资本的最优组合，等产量线 Q_2 所代表的产量水平就是既定成本下的最大产量。

为什么 E 点是生产要素的最优投入组合呢？这是因为，在图 4-4 中，等产量线 Q_3 代表的产量水平高于等产量线 Q_2，但既定的等成本线与 Q_3 既不相交也不相切。这表明，在既定的成本条件下 Q_3 的产量是无法实现的。再看等产量线 Q_1，它与既定等成本线相交于 A、B 两点，这表明，Q_1 是既定成本可以达到的产量，但用同样的成本可以生产出更多的产量 Q_2。因此，如果生产者一开始在 A 点或 B 点生产，为了在既定成本条件下实现产量最大化，其一定会沿着等成本线把生产点调整到 E 点生产，以实现更大的产量 Q_2。等产量线 Q_2 与既定等成本线相切表明，产量 Q_2 是既定成本所能生产的最大产量。所以，E 点是两种要素投入的最优组合点。

等产量线和既定等成本线相切时必定满足：等产量线的斜率与等成本线的斜率相同。由前面的分析已知，等产量线的斜率的绝对值可由边际技术替代率表示，等成本线的斜率的绝对值等于两要素的价格比。因此，在 E 点处一定满足以下条件：

$$MRTS_{LK} = \omega/r \text{ 即 } \Delta K/\Delta L = \omega/r \text{ 或 } MP_L/MP_K = \omega/r$$

当然，确定最优要素组合还有另外一种方法，即在既定产量条件下，当所用成本最小时的要素投入量组合就是最优要素投入组合。如图 4-5 所示，图中显示了三条等成本线 GF、AB 和 CD，其中 GF 代表的成本投入最低，但在既定的技术条件下利用 GF 所代表的成本投入是生产不出既定产量 Q 的；等成本线 CD 与等产量线 Q 有两个交点，说明等成本线 CD 的成本投入是能够生产出产量 Q 的，但由于它的支出水平过高，理性的生产者会在保持产出水平的基础上逐渐减少成本开支，直到降到等成本线 AB 所代表的成本为止。由此容易知道，生产既定产量 Q 时，与既定等产量线相切的等成本线 AB 所对应的成本为最小成本，其与既定等产量线相切的 E 点所对应的要素投入组合为最优要素投入组合。

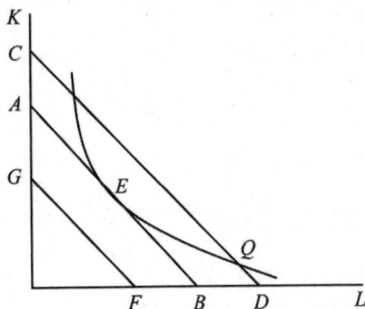

图 4-5 最优要素投入组合（二）

（五）扩展线

在其他条件不变时，当产量或成本发生变化时，生产者会重新选择最优要素投入组合，在变化了的产量条件下实现最小成本，或在变化了的成本条件下实现最大产量。扩展线就是研究这方面的问题。

在生产要素价格、技术水平和其他条件不变时，如果生产者改变成本，等成本线就会发生平移；如果生产者改变产量，等产量线也会发生平移。这些不同的等成本线与不同的等产量线相切，形成一系列不同的生产均衡点，这些均衡点的轨迹就是扩展线。如图 4-6 中，连接 E_1、E_2、E_3 等均衡点的曲线 OS 就是一条扩展线。

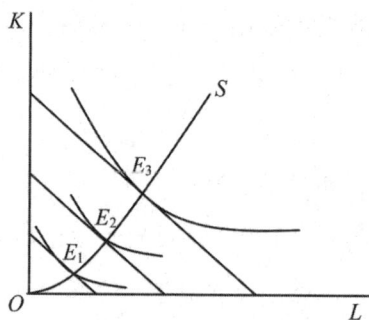

图 4-6　扩展线

扩展线是生产者在长期的扩张或收缩时所遵循的路线。

（六）规模报酬

生产者沿着扩展线改变最优生产要素组合，实际上就是对生产规模的调整。当调整生产规模时就涉及规模报酬问题，规模报酬的变化可以分为规模报酬递增、规模报酬不变和规模报酬递减三种情况。

规模报酬递增是指产量增加的比例大于生产要素增加的比例。例如，当全部生产要素劳动和资本都增加 100%，产量的增加却大于 100%，这就是规模报酬递增。引起规模报酬递增的原因是规模经济，即由于企业规模扩大所带来的生产效率的提高。它主要表现在，随着企业规模的扩大，先进的技术和机器设备等生产要素的使用会更普遍；另外，规模扩大也意味着分工更细，而分工能提高生产效率。

规模报酬不变是指产量增加的比例等于生产要素增加的比例。例如，当劳动和资本同时增加 100%，产量也增加 100%，这就是规模报酬不变。

规模报酬递减是指产量增加的比例低于生产要素增加的比例。例如，当劳动和资本同时增加 100% 时，产量的增加却少于 100%，这就是规模报酬递减。引起规模报酬递减的原因是规模不经济，即由于企业规模扩大所带来的生产效率的下降。它主要表现在，当企业规模过大时，会导致管理成本上升、浪费严重等现象发生，从而使生产效率下降。

规模报酬的三种情况可以用图 4-7 来说明。图 4-7 中有三张分图，每张分图中都有三条等产量线 Q_1、Q_2、Q_3 和一条由原点出发的射线形的扩展线 OS，图中的等成本线省略。

图 4-7（1）表示规模报酬递增，例如由 A 点到 B 点，$\Delta L = L_2 - L_1$，$\Delta K = K_2 - K_1$，两要素的增加比例为：$\Delta L / L_1 = \Delta K / K_1 = AB/OA$。由图 4-7（1）容易看出，两要素增加的比例是小于 1 的，即小于 100%。而由 A 到 B，产量由 100 增加到 200，增加的比例等于 100%。显然要素增加的比例是小于产量增加的比例的。在规模报酬递增的情况下有：$OA > AB > BC$。

图 4-7（2）表示规模报酬不变，此时由 A 点到 B 点，由图示可以看出，要素增加的比例 AB/OA 是等于 100%的（因为 $AB = OA$），而产量由 100 增加到 200，其增加的比例也是 100%，要素增加的比例等于产量增加的比例。在规模报酬不变的情况下有：$OA = AB = BC$。

图 4-7（3）表示规模报酬递减，此时由 A 点到 B 点，由图示可以看出，要素增加的比例 AB/OA 是大于 100%的（因为 $AB > OA$），而产量由 100 增加到 200，其增加的比例还是 100%，要素增加的比例大于产量增加的比例。在规模报酬递减的情况下有：$OA < AB < BC$。

一般地，在长期生产过程中，企业规模报酬的变化呈现出以下规律：当一开始企业规模较小时，随着规模的扩大会产生规模报酬递增；当规模达到一定程度后，在一定限度内，随着规模扩大会出现一段规模报酬不变阶段，这一阶段被称为企业的适度规模；当超过了适度规模后，如果继续扩大规模，会出现规模报酬递减。企业规模报酬的这种变化规律通常称为规模报酬递减原理。

规模报酬递减原理说明，企业的规模不是越大越好，也不是越小越好，而是有一个适度的规模。因此，在长期生产中，生产者在调整生产规模时，应当把生产规模控制在适度的范围内。

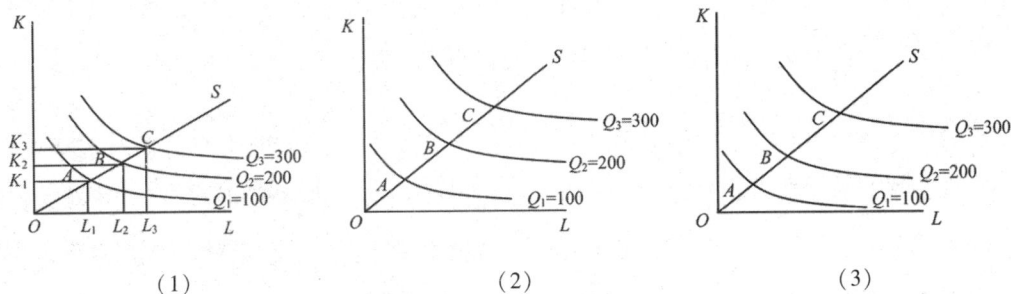

（1）　　　　　　　　（2）　　　　　　　　（3）

图 4-7　规模报酬

第二节　短期与长期成本

一、成本理论中的基本范畴

（一）成本

成本是指生产过程中所使用的生产要素的价格总额。根据定义，在只考虑两种投入要素的情况下，如果以 C 代表成本即投入总额，w 代表劳动的价格，r 代表资本的价格，L 和 K 分别代表劳动和资本的投入数量，则成本的计算公式可表示为：$C=w \cdot L+r \cdot K$。

（二）机会成本

机会成本是经济学的一个重要概念，也是经济学的一种重要的思考问题的方式，机会成本原理也是经济学的十大原理之一。那么，什么是机会成本呢？经济学是研究稀缺资源如何配置和利用的，一种经济资源往往有多种用途，当一种经济资源被用于某种用途时就不能被用于其他用途。这就是说，当经济社会用某种资源生产某种产品而获得一定数量的收入时，实际上是以放弃用同样的经济资源来生产其他产品时所能获得的收入作为代价的。由此，便产生了机会成本的概念。比如，某生产者拥有一笔 100 万的资金，可以用于投资办厂、借贷和储蓄三种用途，假如在一年期内，投资办厂的收益为 10 万，借贷的收益为 8 万，储蓄的收益为 5 万，该生产者最终选择了投资办厂，则用这 100 万资金投资办厂的机会成本就是 8 万。一般地，生产一单位的某产品的机会成本是指生产者所放弃的使用相同数量生产要素在其他用途中所能得到的最高收益。在经济学分析中，成本的概念需要从机会成本的角度去理解。

3. 显成本和隐成本

生产成本可以分为显成本和隐成本。

显成本是指生产者在生产要素市场上购买或租用他人所拥有的生产要素的实际支出。比如，某生产者为了从事生产活动，雇了一定数量的工人，从银行取得了一定数量的贷款，并租用了一定数量的土地，为此，该生产者就需要向工人支付工资，向银行支付利息，向土地所有者支付地租，这些支出便是该生产者的显成本。

隐成本是指生产者因使用自己所拥有的生产要素而向自己支付的自有生产要素的报酬。比如，为了进行生产，某生产者除了雇用工人、从银行贷款以及租用土地之外，还使用了自有资金和自有土地，并且亲自管理企业。西方经济学家认为，既然借用他人资金需付利息，租用他人土地需付地租，聘请他人管理企业需付工资，那么同样的道理，生产者使用自己所拥有的生产要素时也应得到报酬。所不同的是，现在生产者是自己向自己支付生产要素的报酬。所以，向自己支付自有生产要素的报酬和向他人支付他人拥有的生产要素的报酬一样，都应计入成本中。只不过这种支付不像显成本那样明显，因此称为隐成本。隐成本需要从机会成本的角度去理解，因为，生产者必然按照自有生产要素在其他用途中所能得到的最高收益来向自己支付报酬，否则，生产者会把自有生产要素转移出去，以获得更高的报酬。

4. 成本函数

成本理论主要是研究成本随产量的变化而变化的规律，进而从价值形态方面来研究投入、产出关系，进行成本收益分析，探讨生产者实现利润最大化的条件。其主要考察的是生产者的经济效率。

成本理论的分析主要是围绕成本函数来进行的。成本函数是表明成本和产量之间关系的函数，它描述了成本随产量的变化而变化的规律。如果用 C 表示成本，Q 表示产量，则成本函数可表示为

$$C = f(Q)$$

和生产函数一样，成本函数也有短期成本函数和长期成本函数之分。下面对成本理论的分析就是从成本函数入手，按照先短期后长期的顺序进行的。

二、短期成本理论

（一）短期总成本、固定成本、可变成本

如上所述，短期总成本（STC）是指生产一定数量产品所需要的成本总额，它随着产量的增加而上升。在数量上短期总成本等于固定成本加上可变成本。

固定成本（FC）是指在短期内固定不变的成本，它不随产量的变化而变化，即使产量为零也必须支付的成本。如企业的固定设备、厂房等形成的成本就是固定成本。

可变成本（VC）是指随着产量的变化而变化的成本。它包括原材料、工人工资以及燃料等的支出。

三者的关系可以表示为

$$STC = FC + VC$$

短期总成本、固定成本和可变成本都是关于产量的函数，它们随着产量的变化而变化的规律可以通过图 4-8 相应的成本曲线来反映。

由图4-8可见，固定成本曲线为一水平线，表明无论产量怎么变化，固定成本都保持不变；短期总成本和可变成本随着产量的变化都呈现出先以递减的速度增长、后以递增的速度增长的变动规律。即分别在 A 点和 B 点之前，短期总成本和可变成本分别以递减的速度增长，而在 A 点和 B 点之后，两者又分别以递增的速度增长。总成本和可变成本的这种变动规律实际上是由边际收益递减原理决定的，这一点在分析了边际成本的变动规律后将进一步解释。

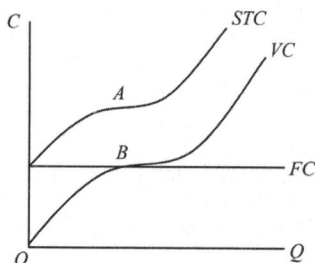

图4-8　短期总成本、固定成本和可变成本曲线

（二）平均成本、平均固定成本、平均可变成本

平均成本（AC）是单位产量所形成的成本，它等于短期总成本除以总产量。其公式为

$$AC = STC/Q$$

平均固定成本（AFC）是指每单位产量所需要的固定成本，它等于固定成本除以总产量。其公式为

$$AFC = FC/Q$$

平均可变成本（AVC）是指每单位产量所需要的可变成本，它等于可变成本除以总产量。其公式为

$$AVC = VC/Q$$

平均成本、平均固定成本和平均可变成本也是关于产量的函数，它们随着产量的变化而变化的规律可以通过图4-9来反映。

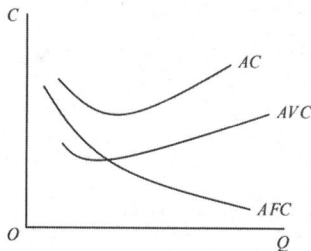

图4-9　平均成本、平均固定成本和平均可变成本

由图 4-9 可见，平均成本和平均可变成本都呈现出先下降后上升的变动规律，平均固定成本则呈现出递减的变动规律。这些平均成本的变动规律可以通过平均成本和总成本之间的关系而得到说明。以总平均成本为例，总平均成本等于总成本除以相应的总产量，因此，连接总成本（STC）曲线上一点和原点的线段，其斜率等于该点所对应的总成本除以该点所对应的总产量，根据这种关系，可以从总成本曲线中推导出平均成本曲线。同样，平均固定成本曲线和平均可变成本曲线也分别可以从固定成本曲线和可变成本曲线中推导出来。所以，知道了总成本、固定成本和可变成本的变动规律，也就可以推知平均成本、平均固定成本和平均可变成本的变动规律。

（三）边际成本

1. 边际成本的概念及变动规律

边际成本（MC）是指增加一单位产量所带来的成本的增加量。其表达式为

$$MC = \Delta STC / \Delta Q$$

其中，ΔQ 和 ΔSTC 分别表示产量的增加量和短期总成本的增加量。

由于随着产量的增加，固定成本是不变的，因此增加一单位产量所带来的总成本的增加量也就等于可变成本的增加量。所以，边际成本的表达式还可以表示为

$$MC = \Delta VC / \Delta Q$$

其中，ΔVC 表示可变成本的增加量。

边际成本的变动规律可以通过图 4-10 来反映。从图中可以看出，边际成本曲线呈现出先下降后上升的变动规律。边际成本的这种变动规律实际上是由边际收益递减原理决定的。在生产理论中，我们曾用边际产量曲线的变动规律来表示边际收益递减原理，在成本理论中，我们还可以用边际成本曲线的变动规律来表示边际收益递减原理。即边际成本曲线的变动规律和边际产量曲线的变动规律都是由边际收益递减原理决定的。具体来说，由于要素与要素之间有着最佳投入比例，一开始可变要素投入量偏小，而随着可变要素投入量的增加，要素之间的投入比例越来越接近最佳比例，从而使生产效率越来越高，为了表示生产效率逐步提高，既可以用边际产量递增来说明，又可以用边际成本递减来说明，即边际成本曲线的递减段对应边际产量曲线的递增段；当可变要素投入量超过最佳投入比例而继续增加投入，则生产效率逐步下降，为了表示生产效率下降，既可以用边际产量递减来说明，又可以用边际成本递增来说明，即边际成本曲线的递增段对应边际产量曲线的递减段。

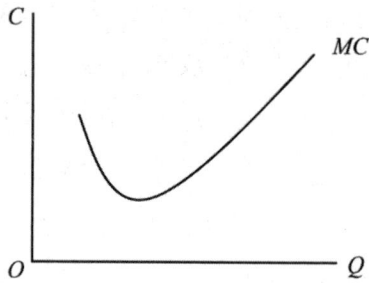

图 4-10　边际成本曲线

2. 边际成本与短期总成本和可变成本的关系

边际收益递减原理决定了边际成本曲线的变动规律，而根据边际成本和总成本以及可变成本之间的关系，边际成本实际上是过总成本曲线或可变成本曲线上的点的切线的斜率，由图 4-8 可见，分别在 A 点和 B 点之前，短期总成本和可变成本分别以递减的速度增长，主要因为这一阶段对应边际成本曲线的下降段；而在 A 点和 B 点之后，两者又分别以递增的速度增长，主要因为这一阶段对应边际成本的上升段。因此，边际成本的变动规律又决定了总成本和可变成本的变动规律。

3. 边际成本与平均成本和平均可变成本的关系

边际成本曲线与平均成本曲线和平均可变成本曲线分别相交于平均成本曲线和平均可变成本曲线的最低点。这一点可以联系短期生产理论中边际产量与平均产量之间的关系来理解。即当边际成本比平均成本小时，它会把平均成本逐步拉低；相反，当边际成本比平均成本高时，它会把平均成本逐步拉高。从而，边际成本曲线与平均成本曲线相交处必然在平均成本曲线的最低点，如图 4-11 所示。

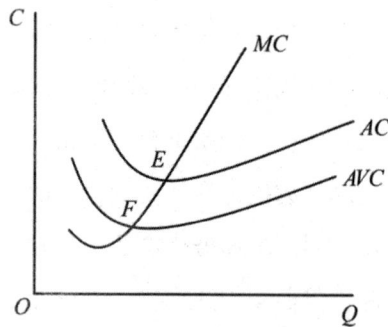

图 4-11　边际成本与平均成本和平均可变成本之间的关系

由图 4-11 可见，MC 与 AC 和 AVC 的交点分别在 AC 的最低点 E 点和 AVC 的最低点 F 点。其中，E 点称为盈亏相抵点，因为在此处，平均收益正好等于平均成本，收支相抵，既没有盈利也没有亏损；F 点称为停止营业点，因为在此处，平均收益正好等于平均可变成本，即收益仅够弥补可变成本，如果价格再下降，则收益将连可变成本都弥补不了，所以无论如何生产者都不会再生产了。

三、长期成本理论

在长期中，生产者可以根据产量的要求调整全部的生产要素投入量，甚至进入或退出一个行业。在长期内，生产者所有的成本都是可变的，没有固定和可变之分。和短期成本一样，生产者的长期成本也可以分为三种：长期总成本、长期平均成本和长期边际成本。

（一）长期总成本（LTC）

长期总成本是指在长期中，生产者生产每一种产量的最低短期总成本。它实际上描述了在长期中每一种产量和在这一产量下的最低成本之间的函数关系。由于在长期中，生产者可以调整生产规模，从理论上说，生产某一产量时，生产者可以采用无数种生产规模来生产，既可以用较大成本的规模来生产，也可以用较小成本的规模来生产。但生产者为了追求利润最大化，一定会选择代表最小成本的最优生产规模来生产。即在每一产量水平上，生产者都会选择最小成本的生产规模，这样就得到了各种产量和对应产量下的最小成本之间的关系，这就是长期总成本。长期总成本曲线如图4-12所示。

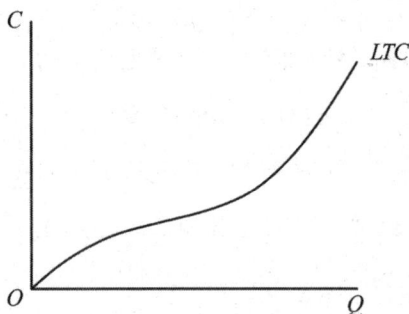

图4-12　长期总成本曲线

（二）长期平均成本（LAC）

长期平均成本是指，在长期中，每一产量和在该产量下代表最优生产规模的较小短期平均成本之间的关系。长期平均成本曲线可以通过长期总成本曲线推导出来。由于长期平均成本和长期总成本之间存在如下关系：

$$LAC = LTC/Q$$

因此，过长期总成本曲线LTC上一点，连接该点和原点的线段的斜率正好等于在该点处产量水平上的长期平均成本。这一点在短期成本分析当中已经分析过，这里不再赘述。

长期平均成本曲线如图 4-13 所示。

由图 4-13 可见，长期平均成本呈现出先下降而后再上升的变动规律。这一点与短期平均成本一样，但是长期平均成本变动规律与短期平均成本变动规律的形成原因是不同的。短期平均成本的变动规律是由边际收益递减原理决定的，而长期平均成本的变动规律是由规模报酬递减原理决定的。关于规模报酬递减原理在短期生产理论中已经分析过，这里不再赘述。

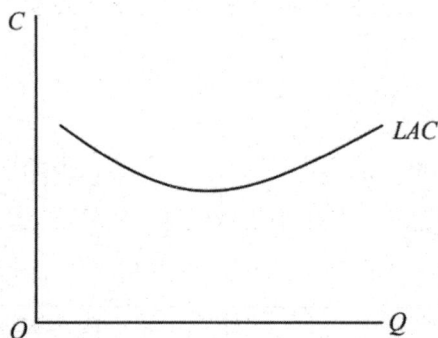

图 4-13　长期平均成本曲线

（三）长期边际成本（LMC）

长期边际成本是指在长期中每增加一单位产量所增加的成本。其公式为

$$LMC = \Delta LTC/\Delta Q$$

同样，由长期总成本曲线也可以推导出长期边际成本曲线。过长期总成本曲线上一点的切线，其斜率正好等于在该点处产量水平上的长期边际成本。由此可以得出长期边际成本曲线，如图 4-14 中的 LMC 所示。

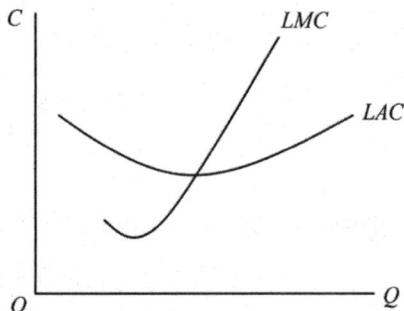

图 4-14　长期边际成本及其与长期平均成本的关系

由图 4-14 可见，长期边际成本曲线与长期平均成本曲线相交于长期平均成本曲线的最低点。这是因为，当长期边际成本比长期平均成本小时，会把长期平均成本拉低；当长

期边际成本比长期平均成本大时，会把长期平均成本拉高。所以，长期边际成本一定相交于长期平均成本的最低点。

四、成本收益分析

（一）收益

生产者的收益涉及总收益、平均收益和边际收益三个概念。

总收益（TR）是指厂商出售一定数量产品所得到的全部收入。如果以 P 表示产品价格，Q 表示产品数量，则总收益可表示为

$$TR = P \times Q$$

平均收益（AR）是指出售每一单位产品所得到的收入。其公式为

$$AR = TR/Q = P$$

边际收益（MR）是指每增加一单位产品所得到的收益的增加量。其公式为

$$MR = \Delta TR/\Delta Q$$

（二）利润

利润区分为经济利润、正常利润和会计利润。

经济利润是指总收益与总成本之间的差额。经济学上讲的利润通常是指经济利润。

正常利润实际上属于成本的范畴，它是指厂商向自己支付的参与生产活动的自有生产要素的报酬，即隐成本。由于正常利润属于成本，因此当生产者的经济利润等于零时，实际上他得到了正常利润。

会计利润是指总收益除去显成本之后的剩余部分。它一般包括正常利润和经济利润。

（三）利润最大化原则

经济学假定生产者追求利润最大化，这里的利润显然是指经济利润。为了实现利润最大化，生产者在决定供给多少产量时，他总会比较生产一单位产品所得到的收益和生产该单位产品所付出的成本，即比较边际收益（MR）和边际成本（MC）。

那么，在什么条件下生产者能实现利润最大化呢？当生产者生产的最后一单位产品所带来的收益等于为生产该单位产品而支付的成本的时候，即边际收益等于边际成本的时候实现利润最大化。具体分析如下：

如上所述，如果边际收益大于边际成本，意味着厂商此时每多生产一单位产品所增加的收益大于生产该单位产品所增加的成本。此时，对于该生产者来说，增加产量就能增加

利润。说明此时生产者没有实现利润最大化。

当边际收益小于边际成本时，利润减少。如果边际收益小于边际成本，意味着厂商每多生产一单位产品所增加的收益小于为生产该单位产品所增加的成本，即总利润在减少。此时，对于该生产者来说，生产该单位产品是亏损的，减少产量就能减少亏损。说明此时生产者没有实现利润最大化。

如上所述，无论是边际收益大于边际成本还是小于边际成本，厂商都要调整其产量，说明在这两种情况下厂商都没有实现利润最大化。因此，只有当边际收益等于边际成本时，厂商才实现了利润最大化。即厂商实现利润最大化的原则为

$$MR = MC$$

从经济学角度看，利润最大化原则是生产者进行经济决策的基本原则。生产者要根据这一原则来确定自己的产量。

思考题

1. 什么是生产函数？在只有一种可变要素投入时，产出增加的比例和投入增加的比例哪个大？为什么？（提示：边际收益递减规律）

2. 什么是边际收益递减规律？什么是规模报酬递减规律？两者的区别是什么？

3. 作图说明边际成本和平均成本的变动规律及其相互之间的关系。

4. 比较消费者行为理论和生产者行为理论。

5. 为什么短期平均成本曲线和长期平均成本曲线都是 U 形曲线？

6. 运用生产理论分析说明理性的厂商应如何确定生产要素的投入量？

第五章 市场竞争、垄断与失灵

导　读

　　根据市场上竞争垄断的程度，市场可分为四种类型：完全竞争市场、垄断竞争市场、寡头垄断市场和完全垄断市场。完全垄断市场和完全竞争市场是两个极端，垄断竞争市场和寡头垄断市场是介于这两个极端市场的中间状态，是竞争和垄断不同程度的结合，又称不完全竞争或不完全垄断市场。厂商均衡理论包括分析整个行业产量与价格决定的集体均衡，以及分析个别厂商产量与价格决定的单个均衡，这里主要介绍单个均衡。

　　经济学的核心问题是社会资源的有效配置。在一般情况下，市场通过价格的自发调节机制，可以实现供求平衡，从而达到资源的最优配置。从这个意义上说，市场机制是资源配置的一种良好方式。然而，在现实生活中，市场机制却不是万能的，在一定条件下，经常会出现市场机制在某些领域不能有效地发挥作用，即"市场失灵"。"市场失灵"是指市场机制不能或不能完全有效地发挥作用而导致社会资源无法得到最有效配置的情况。导致市场失灵的原因很多，主要包括垄断、外部性、公共物品以及信息不完全或信息不对称。

学习目标

1. 学习竞争与垄断。
2. 掌握市场失灵与治理。

第一节　竞争与垄断

一、完全竞争市场

（一）完全竞争市场的含义和条件

完全竞争市场又称纯粹竞争市场，是指竞争不受任何阻碍和干扰的市场结构。它具有以下前提条件。

第一，市场上存在着众多的生产者和消费者。每个消费者和生产者都占极少的市场份额，以至于没有谁能够独立影响市场价格。市场价格由众多消费者与生产者的共同作用形成，对单个参与者来说，他只能是价格的接受者。

第二，市场上产品是同质的。即在同一市场上所有生产者都提供完全相同的产品。消费者对购买哪一种产品不存在偏好，唯一的影响因素是价格。

第三，所有生产要素可以自由流动。即每个厂商都可以根据自己的意愿自由地进入或退出某个行业。

第四，信息完全畅通。所有的生产者和消费者都能够获得快速而全面的市场信息并进行决策，不存在供求以外的因素对价格决定和市场竞争的影响。

显然，完全符合上述条件的完全竞争市场是一种理想的市场状态，也是一种极端的市场情况，在现实经济中是不存在的，只有金融市场和农副产品市场接近于完全竞争市场。虽然在现实经济中并不存在完全竞争的市场，但是完全竞争的理论分析框架及其结论可以作为观察和分析现实经济问题的一个参照系，可以使所研究的问题得以简化。

（二）完全竞争市场的价格、需求曲线、平均收益和边际收益

在分析这个问题时，必须区分整个行业与个别厂商的情况。

首先，对整个行业来说，需求曲线 D 是一条向右下方倾斜的曲线，供给曲线 S 是一条向右上方倾斜的曲线。整个行业产品的价格就是由供需平衡点 E 所决定的。此时所决定的均衡价格为 P_0，如图 5-1 所示。

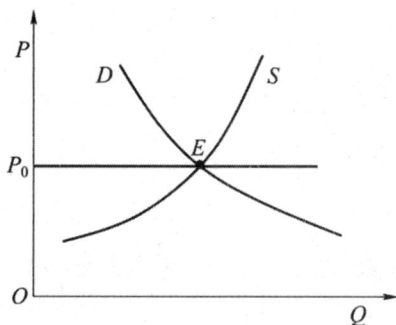

图 5-1　完全竞争条件下整个行业的供求曲线

其次，对于单个厂商来说，其面临的市场价格就是整个行业所确定的均衡价格 P_0，这个价格一旦确定，对单个厂商来说，就是既定的，无论他如何增加产量都不影响市场价格。这意味着他的产量可以无限扩大而不受需求变化的影响。因此，市场对个别厂商产品的需求曲线是一条由既定市场价格出发的平行线 D，如图 5-2 所示。而且，单个厂商产量变动不会影

响市场价格，其每增加一个单位商品所得到的收益（即边际收益 MR）总是与平均每单位商品的收益（即平均收益 AR）相等，都等于既定价格 P_0，因此，$P_0 = MR = AR$。图 5-2 中，单个厂商的需求曲线 D 既是价格曲线，又是边际收益曲线 MR，还是平均收益曲线 AR。

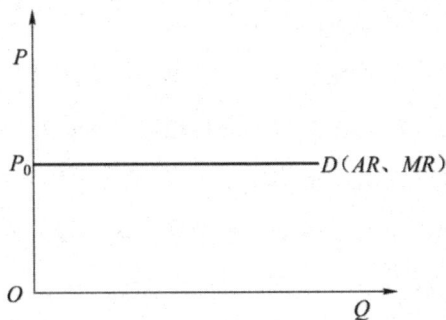

图 5-2　完全竞争条件下单个厂商需求（边际收益、平均收益）曲线

图 5-2 中厂商的需求曲线 D 是相对于图 5-1 中行业需求曲线 D 和供给曲线 S 的均衡点 E 所确定的均衡价格 P_0 而言的，如果图 5-1 中行业供需曲线发生变化，那么，会形成新的均衡点，也就是决定了新的均衡价格。对于单个厂商来说，其需求曲线总是由整个行业的市场均衡价格决定的。

（三）完全竞争市场上的短期均衡

完全竞争市场上的厂商均衡可分为短期均衡和长期均衡。

在短期内，厂商不能根据市场需求调整全部生产要素，会出现供给大于或小于市场需求的情况，通常把这种情况下形成的市场均衡称为厂商短期均衡。

当供给小于需求时，由于供给不足，市场价格会上升。

当供给大于需求时，由于供给过剩，市场价格不会下降。

完全竞争条件下，厂商均衡的条件是边际收益等于短期边际成本。

（四）完全竞争市场上的长期均衡

短期均衡状态是不易保持的，它是一种暂时现象。在长期中，各个厂商可以根据市场价格来调整全部生产要素和生产规模（规模调整），也可以自由进入或退出该行业（进出调整）。这样，整个行业供给的变动就会影响市场价格，从而影响各个厂商的均衡。如果整个行业的商品供给增加，价格水平会下降，超额利润将不复存在。当供给大于需求，价格下跌，出现了亏损，该行业的厂商就会减少生产，甚至有些厂商会退出该行业，从而使整个行业供给减少，价格水平上升，亏损消失。整个行业，最终调整的结果会使各个厂商既无超额利润，又无亏损。这时，整个行业的供求均衡，各个厂商的产量也不再调整，就实现了长期均衡。

需要注意的是：第一，长期均衡点就是收支相抵点（但不是停止营业点）。这时，成本与收益相等，厂商所能获得的只能是作为生产要素之一的企业家才能获得的报酬，即正常利润。正常利润作为用于生产要素的支出之一，是成本。所以，收支相抵中就包含了正常利润在内。在完全竞争市场上，竞争激烈，长期中厂商无法实现超额利润。只要获得正常利润就实现了利润最大化。第二，实现长期均衡时，平均成本与边际成本相等。由于平均成本曲线和边际成本曲线相交时，平均成本一定处于最低点。这表明，在完全竞争的条件下，可以实现成本最小化，也就是经济效率最高，这正是人们把完全竞争作为最优状态的原因。

二、完全垄断市场

（一）完全垄断市场的含义、形成条件

1. 完全垄断市场的含义

完全垄断又称为独家垄断，是指一个行业处于完全由一家厂商所控制的状态。完全垄断市场是不存在竞争的市场，任何其他厂商都不能进入这一行业。单个厂商就是整个行业。其特点是：市场上不存在替代品，也不存在竞争；厂商是市场价格的决定者，而不是市场价格的被动接受者；垄断企业可以根据获取利润的需要实行不同的价格，这个价格叫歧视价格，也叫差别价格。

完全垄断和完全竞争一样，是极端市场，在现实生活中并不存在，只能找到相似的情况。但在特定情况下，经常会出现供给厂商只有一个（或者由于寻找其他厂商需要支付更大的交易成本）的情况，这时的状况相当于完全垄断，这种情况在日常生活中却是普遍的。

完全垄断通常可分为两类：完全政府垄断，如邮政业务，铁路国有化条件下的铁路运输业务等。完全私人垄断，指根据政府授予的专营权或专利权而产生的私人厂商对某种商品的独家经营，或由资本特别雄厚的企业建立的排他性私人经营，如城市中由私人独家经营的自来水公司、燃气公司等。

2. 完全垄断形成的条件

完全垄断形成的条件有：第一，政府对某一行业的垄断经营，如铁路经营；第二，政府特许的私人垄断经营，如私人天然气公司；第三，某些需求很小的产品，只有一家厂商生产；第四，由于某些特殊自然资源的垄断而形成的经营垄断，如美国的铝业公司长期保持对铝业的完全垄断经营；第五，对某些产品的特殊技术的控制，如美国的可口可乐公司

就是长期控制了制造可口可乐饮料的配方而垄断了这种产品的供给。不同的垄断形成了不同的垄断性质，如有的垄断由人为形成，而有的垄断则由自然条件形成。有的是合理的，有的是不合理的。

（二）完全垄断市场的需求曲线、平均收益曲线和边际收益曲线

完全垄断市场上，一个厂商就是整个行业。因此，单个厂商的需求曲线就是整个行业的需求曲线，它是一条向右下方倾斜的曲线。由于厂商就是商品价格的制定者，它所面临的需求曲线决定了商品的卖价，厂商以什么样的价格销售商品，消费者就得以什么样的价格购买。在一定的销售规模下，厂商平均每单位商品获得的收益（平均收益）也就等于该商品的需求价格。因此，厂商平均收益曲线与其所面临的需求曲线为同一条曲线，二者重合。此时，边际收益如何变化呢？当厂商的销售量增加时，最后增加的那个单位产品的价格必然低于其前一个单位产品的价格，同时，厂商全部销售量的其他各单位价格也必然低于先前销售的单位价格。因而，每增加一单位产品所带来的收益边际增量，总会小于单位产品的售价。

（三）完全垄断市场上的短期均衡

在完全垄断市场上，厂商可以通过对产量和价格的控制来实现利润最大化。但在短期内，厂商对产量的调整也要受限制，这种限制来自于无法调整的固定生产要素（厂房、设备等）。完全垄断市场上，厂商自然根据边际收益等于边际成本的原则来决定产量。这种产量决定后，短期内难以完全适应市场的需求而进行调整。这样，也可能出现供大于求或供小于求的状况，当然也包括供求相等。在供大于求时，会有亏损；在供小于求时，会有超额利润；供求相等时，只有正常利润。下面分别分析短期均衡的三种情况。

（1）当市场上供小于求时，厂商能在取得垄断利润的情况下，保持生产均衡。完全垄断市场上，短期内供小于求的情况下，厂商可以获得垄断利润。这也是完全垄断市场的一般情况。

（2）当市场供求相等时，厂商可能只获得正常利润。

（3）当市场供给大于需求时，厂商有可能得不到正常利润，甚至在亏损的状况下保持均衡。

（四）完全垄断市场上的长期均衡

在长期中，垄断厂商可以通过调节产量与价格来实现利润最大化。其厂商均衡的条件是边际收益与长期边际成本和短期边际成本都相等。

在完全垄断条件下，边际成本低于平均成本，生产并非在最低的平均成本下保持均衡，因而，资源未得到充分利用。此外，在完全垄断条件下，厂商势必要获取垄断利润，市场价格必定高于边际成本。于是，消费者不得不以较高的价格购买生产出来的商品。因此，消费者不可能从消费中获得最大的满足，消费者剩余转化为垄断厂商的利润。

（五）垄断厂商的定价策略：单一定价与歧视定价

追求利润最大化是厂商的目标，在完全垄断市场上，厂商实现利润最大化的关键是确定一个合理的价格。由于垄断厂商控制了一个市场的全部供给，所以可以通过改变产量来决定价格，既可以通过减少产量定高价，又可以通过增加产量定低价。但垄断者定价时必须考虑市场需求，垄断者可以定高价，但消费者可以拒绝购买，这样就无法实现利润最大化。在市场上，消费者用自己的购买选择影响价格的决定。在这种情况下，垄断厂商的定价策略通常有单一定价和歧视定价。

1. 单一定价

单一定价是指完全垄断厂商对卖给不同消费者的同样产品确定了相同的价格，即卖出去的每一单位商品价格都是相同的，这种定价策略称为单一定价。在实行单一价格时，垄断者采用高价少销或低价多销取决于利润最大化目标，并受需求与供给双方制约。一般来说，某种商品需求缺乏弹性时，垄断者采用高价少销是有利的，这时的价格提高幅度大于销售量减少的幅度，从而总收益增加。当某种商品是需求富有弹性时，垄断厂商采用低价多销是有利的，这时价格降低的幅度小于销售量增加的幅度，从而总收益增加。

2. 歧视定价

除了单一定价外，在许多情况下，垄断厂商往往会把同一种商品以不同的价格卖给消费者，这种做法叫作歧视定价，也称为差别定价。歧视定价更一般的含义是指垄断者在销售同一种商品（或者稍微不同的产品时），对不同消费者按照所处市场的不同，或者按照不同的购买数量，或者按照不同的销售时段收取不同的价格的现象。歧视定价在现实生活中广泛存在，例如在健身房，下午 5 点以前和以后时段的价钱完全不同；剧场中日场电影和夜场电影票价不同；在购买车票时，往往对老人、小孩以及军人实行折扣价等；一些著名的快餐食品公司（如肯德基和麦当劳）、大型商场都对使用优惠券的客户实行一定的折扣优惠；买一瓶红酒比买一箱红酒的价格要贵。前者是根据消费时段和群体不同而实行差别价格的方法，也称销售对象价格歧视法，后者是根据购买数量而采取差别价格的方法，则往往被称为销售数量价格歧视法或数量折扣法。可见，在所有类似的情况下，只要是垄断者对同一种商品针对不同市场的消费者，或者针对不同的消费数量，或者是不同的消费时间所收取的不同价格的情况，都属于歧视定价。

但是，需要注意的是，并不是所有的针对同一种商品收取不同的价格的情况都是歧视定价。歧视定价的严格定义是：一种产品的边际成本与其价格之比对不同顾客来说是不同的时候，才存在歧视定价。例如，一辆奥迪车在北京和上海的售价不同时，就不能简单地认为是歧视定价，因为两个城市之间有一定的距离，不仅存在运输费用，而且推销成本也不同，如果二者的差价正好是两个城市之间的运输费及推销费用之差时，就不是歧视定价。

歧视定价可以实现更大的利润，其基本原则是对需求富有弹性的消费者收取低价，而对需求缺乏弹性的消费者收取高价。这样，需求富有弹性的消费者在低价时会更大幅度地增加消费量，从而总收益增加；需求缺乏弹性的消费者在高价时会小幅度地减少需求量，总收益也增加。例如，在电力部门，工业用户对电的需求缺乏弹性，价格高也无法减少用电量，因此，电力部门对工业用电收取高价；而居民用户对电的需求富有弹性，由于有煤、天然气等替代品，电价高时可使用替代品，因此，电力部门对居民用户收取低价。歧视定价一般有以下三种类型。

（1）一级歧视定价

一级歧视定价也称完全歧视定价，是指垄断者对每一单位产品制定不同的价格。这是垄断者能够根据消费者购买每一单位商品愿意且能够支付的最高价格来逐个确定每单位商品价格的方法。例如，一个医术高明的医生对每个患者都收取不同的医疗费。完全价格歧视吸收了所有的消费者，垄断者的产量与完全竞争的行业一样。在这种情况下，消费者剩余就全部转化为垄断者的超额利润。

（2）二级歧视定价

二级歧视定价也称分段定价，是指垄断厂商对同一商品按不同的消费数量段而确定不同价格的方法。如电力部门对消耗不同数量的电力进行不同的计价方法，每个月使用1~100千瓦时制定一个价格，100~200千瓦时实行另一个价格，200千瓦时以上再确定一个价格。这种情况下，垄断者可以部分地把消费者剩余转化为超额利润。

二级歧视定价对于一般商品来说，消费的数量越多，价格就越低。但对于一些紧缺商品或政府限制消费的商品则正好相反，政府为了限制消费，通常采用消费越多，价格越高的做法。例如，在一些边远地区的用电收费，便是用得越多，收费越高。再如邮政部门明确标明邮包超过15千克的部分必须加价。

（3）三级歧视定价

三级歧视定价是指垄断厂商对同一商品在不同的市场（或不同的消费群体）实行不同价格的做法，而在同一市场（或相同的消费群体中）则收取同样的价格。这种歧视定价最为普遍。例如，同一商品在豪华商场与在超级市场、在穷人区与在富人区、在城市与在农村价格差别很大。这样，垄断者就可以在高价市场获得超额利润。例如，电力部门对居民用电、工业用电和商业用电的价格区别对待；很多服务性行业往往对学生、老人和军人等一些特殊人群提供低价位的服务等。三级歧视定价在现实生活中最普遍。

3. 歧视定价的前提条件

对于垄断厂商来说，歧视定价并不是可以任意地、随时随地地实行，它必须具备一定的条件。

（1）垄断厂商要能够对不同价格的市场进行有效的分隔。不能使高价市场上的消费者在低价市场上去购买，也不能使实现歧视定价的商品可以转售，否则，歧视定价就没有意义了，垄断厂商就不能从中获利。例如，民航实行实名制，打折机票不可转让。

（2）垄断厂商要能够用客观而有效的方法把不同需求弹性的消费者区分开来。否则，歧视定价就无法进行。例如，民航乘客对民航的需求弹性不同，公务乘客根据工作需要决定是否乘坐飞机，费用由公司承担，很少考虑价格因素，因此，需求缺乏弹性；私人乘客根据价格及其他因素，在民航、铁路、公路等几种交通方式之中选择，自己承担费用，因此，需求富有弹性。民航在制定价格的时候，采用三种方法把两类乘客区分开来：第一种方法是对两个城市之间的往返乘客，周六在对方城市过夜的实行折扣价，周六不在对方城市过夜的实行全价。因为一般公务人员都不会在外过夜，即便价格高他们也要在周末回去与家人团聚；但私人乘客在有折扣时会因节省而选择在对方城市过夜。第二种方法是根据订票时间票价不同。一般私人乘客出行有一个计划，可以提前订票，而公务乘客往往临时决定外出时才购票。这样就可以根据订票时间实行歧视定价。如提前两周订票就可以打折，临时订票就是全价。第三种方法是对不同收入者的歧视定价。机票在高收入者支出中所占的比例较低，需求缺乏弹性；而在低收入者支出中所占的比例较高，需求富有弹性，因此，根据不同的服务对象收取不同的票价。例如，高价票无任何限制随时可以登机，高收入者不在乎花钱，为了方便会买高价票；低价票有种种限制如周末不能乘机，等等，但低收入者为了节约开支也愿意接受。

4. 其他歧视定价的形式

除了以上三级歧视定价的方式外，还有另外两种类似的被广泛采用的歧视价格形式：时间歧视定价和高峰歧视定价。时间歧视定价，是指垄断厂商在不同时间里对具有不同需求程度的消费者收取不同价格的做法，也叫撇脂定价法。高峰歧视定价是指在消费的高峰期，由于生产能力的限制，边际成本较高而收取比平时更高价格的定价方法。

由于不同消费者对商品的需求程度不同，因此，厂商可以通过制定不同的时间段不同价格的方法加以区分，对需求程度高的消费者，在前期满足需求，对需求程度低的消费者，在后期满足需求。由于需求高的消费者对产品的需求缺乏弹性，收取较高的价格时其需求量变化不大，从而使总收益增加；而对于需求程度较低的消费者，其对产品的需求富有弹性，收取较低价格时其需求量会增加较多，也会使总收益增加。

　　常见的时间歧视定价的例子很多。例如，在服装店，新款服装进店时，销售商通常是按照该商品进入市场的时间长短来区分价格的，前期高价，后期低价。由于消费者的偏好不同，有些消费者喜欢标新立异，新服装价格再高，也会迫不及待地购买，其对新款服装的需求弹性较小，而有些消费者则比较谨慎，当价格较高时会选择等待，其对新款服装的需求弹性较大。因此，许多新款服装刚进入市场时，价格相当高，而当过一段时间后，则大幅度降价销售，就是针对两类不同的消费者实行的歧视定价。同样的时间，歧视定价的例子还表现在开发的新产品的定价上。许多新产品开发出来后，往往定价很高，由于是新产品，短时间内别的厂商很难模仿，在这段时间内属于垄断商品。因此，在该段时间里，厂商就会以较低的产量谋取较高的价格，对于消费者来说，这类产品属于高档品。等过一段时间之后，即使其他厂商没有模仿，垄断厂商也会主动调低价格，因为低弹性市场已经饱和，无利可图了，垄断厂商必须把其推向大众市场，将高档品转为普通商品。比如新款电视机、手机等产品，都属于这种类型。（如果你了解了新款商品高价的原因后，作为学生的你，还会过多地去赶时髦吗？功能相同的商品，如果只是款式的改变，理性的消费者会选择什么时机购买最实惠呢？）

　　高峰歧视定价也是一种在不同时间对同一种商品收取不同价格的价格歧视形式。由于消费者对某些商品或服务的需求，往往会在某个特定的时间里出现高峰。如每天上下班时间对公交、地铁的需求；夏天中午对用电的需求；春节前后对铁路运输的需求；"五一""十一"黄金周对旅游景点的需求等，都会出现一个高峰。对生产者来说，如果根据市场容量调整生产规模，则会产生在非高峰时期生产能力的闲置，造成资源浪费，供给成本过高；如果按照非高峰期市场容量调整生产规模，则有限的生产能力，使得高峰期的产品边际成本大幅提高，而对消费者来说，高峰期间对商品的需求价格弹性是比较小的，所以，垄断厂商必定会在高峰期间向消费者谋取较高的价格。

　　高峰歧视定价主要应用于公共服务业的收费中，其主要目的不是为了获取消费者剩余而是为了提高经济效益。因为在高峰期，使用者众多，提供服务的边际成本急剧上升，如果此时不提高价格的话，不足以弥补成本，从而造成提供该服务的厂商亏损。

　　应该说明的是，时间歧视定价与三级歧视定价之间的关系，它们是紧密联系却又不同的。垄断厂商实行三级歧视定价时，要实现利润最大化，必须使得各个市场的边际收益相等且等于边际成本，这是因为在各个市场，提供产品的成本是相互联系的。例如，在销售打折机票时，如果无限制地销售打折机票，在飞机已经坐满时，仍然售票，会导致运输成本急剧增加。而对于时间歧视定价来说，是利用时间来分隔市场，各个市场之间的成本是相互独立的，如在非高峰期销售更多旅游场所的门票，并不会增加高峰期销售门票的成本，这样，垄断厂商只需依据各个市场的边际收益等于各自的边际成本。

（六）完全垄断厂商的福利损失

垄断行业给人一种价格高、浪费资源，甚至服务差的印象，从社会角度来看，垄断还带来了社会福利的损失，对此，作为市场失灵的补救手段，政府常常采取干预措施，价格管制就是主要的措施之一。

1. 垄断的福利损失与帕累托改进

与完全竞争的市场相比，垄断企业有较高的成本，提供较低的产量，使企业的生产能力没有充分利用，导致社会资源的浪费；同时，与完全竞争的市场相比，垄断企业提供较低的产量，却收取较高的价格，必然损害了消费者的福利。显然，在消费者利益受损的情况下，垄断厂商得到了好处。

如果垄断企业改进自己的定价模式，可使消费者和厂商的状况都有所改善。即将价格定在低于垄断价格但高于边际成本的区间，则垄断厂商和消费者都从中得到了好处：由于增加一单位产品的价格高于它的成本，企业总收益增加；消费者以低于其购买意愿的价格购买了该单位商品，其消费者剩余增加，即福利得到提高。按照福利经济学的观点，这种改进就是帕累托改进。

所谓"帕累托改进"，是以意大利经济学家帕累托命名的，并基于帕累托最优的基础上。就是一项政策能够至少有利于一个人，而不会对其他任何人造成损害。所谓"帕累托最优"就是上述一切帕累托改进的机会都用尽了，再要对任何一个人有所改善，不得不损害另外一些人，达到这样的状态就是帕累托最优。我们最好能够找到一些政策，对一部分有益，同时不损害任何人，这就是帕累托改进。

2. 垄断的经济损失：寻租理论

从厂商获得和维持垄断的过程来看，垄断的福利损失就会更多，可能付出更多的超额利润甚至全部。这是因为，为了获得和维持垄断地位从而享受垄断的好处，垄断厂商要经常付出一定的代价，例如说服政府或议会通过有利于他们的政策或法令，甚至直接向政府官员行贿使其成为他们的代言人等。这些付出的代价与垄断的净福利损失一样，也是一种纯粹的浪费：并没有用于生产，完全是一种"非生产性寻利活动"。这种非生产性寻利活动就是"寻租"行为：为了获得和维持垄断地位从而得到垄断利润（即垄断租金）的行为。

就单个的寻租者来说，他愿意花在寻租活动上的代价就不会超过垄断地位所带来的好处（垄断利润）。但是在很多情况下，由于众多垄断地位的竞争非常激烈，寻租代价通常要接近甚至等于全部垄断利润，如果考虑整个寻租市场，寻租人不止一个时，将所有寻租者的活动加起来，整个社会的福利损失会远远超过垄断厂商的福利净损失了。

三、垄断竞争市场

（一）垄断竞争市场的含义和条件

垄断竞争市场是指既有垄断，又有竞争，既非完全竞争，又非完全垄断的市场结构。在现实生活中，垄断竞争市场是最常见的市场。比如，在超市中经常会见到的品牌有数十种，甚至上百种的洗发水，生产这些洗发水的厂商就构成了垄断竞争市场。同样，品牌让人眼花缭乱的牙膏、化妆品、洗衣粉等，它们的生产厂商也都是垄断竞争厂商。垄断竞争市场存在的基本条件如下。

1. 产品之间存在差别

这种差别，可能是因为产品的设计或生产技术不同，也可能是因为产品的外观形状、包装或商标不同，甚至是厂商的地理位置、服务态度以及消费者偏好不同。差别的存在，使不同厂商在销售自己的产品时形成一定的垄断。差别越大，这种垄断因素就越大。

2. 市场上厂商的数目较多，彼此之间存在着激烈的竞争

竞争来自不同厂商产品的替代性。尽管市场上产品有差别，但对于同类产品来说，其功能可以相互替代。所以，新的厂商可以进入，从而引起剧烈的市场竞争。

（二）垄断竞争市场上厂商的需求曲线、边际收益曲线和平均收益曲线

1. 需求曲线

在垄断竞争市场上，厂商面临着两条需求曲线。这涉及每个厂商与其行业中其他厂商的关系。当一个厂商改变自己的产品价格，该行业中其他与之竞争的厂商并不随着它而改变价格时，该厂商的销售量会大幅度变动。因为它的价格变化会导致大量的需求变化。因此，需求曲线比较平坦。而当一个厂商改变自己产品的价格，该行业中其他与之竞争的厂商也随之改变价格时，该厂商的销售量将变化不大，因此，其需求曲线比较陡峭。

2. 厂商的边际收益曲线和平均收益曲线

在垄断竞争条件下，单个厂商对自己的产品具有某种程度上的垄断，厂商商品的市场价格随着商品的销量变化而发生相应的改变。随着产量的增加，其价格不断下降，因而厂商的平均收益（AR）和边际收益（MR）也将不断减少。

（三）垄断竞争市场上的短期均衡

在垄断竞争市场上，短期内，厂商一般对自己的产量不会做出大规模的调整，而可能

对自己的产品销售价格进行变化，以实现利润最大化。

垄断竞争厂商实现短期均衡，并不表明此时它一定获得了经济利润。在这种情况下，只能由垄断厂商的销售价格和平均成本之间的关系来判断。如果价格大于平均成本，厂商有超额利润；价格低于平均成本，厂商亏损。因此，除了需求曲线的变化外，垄断竞争市场上厂商短期均衡和垄断厂商的均衡十分相似。

（四）垄断竞争市场上的长期均衡

在垄断竞争市场上，长期中，厂商可以调整自己的产量，其他厂商也可以加入或退出某一行业。厂商的长期均衡是通过新厂商的进入和退出与原有厂商之间的竞争来实现的。当出现超额利润时，新厂商便会进入该行业，市场供给增加，在需求不变的情况下，价格下降，直到超额利润消失。反之，若亏损，行业内一些厂商逐渐退出，未退出的厂商总供给减少，产品价格上升，直到不亏损为止。

从均衡时情形来看，垄断竞争条件下的长期均衡和完全竞争条件下的长期均衡没有明显的区别。这是因为，二者都同样经过新厂商进入引起供给增加和价格降低的过程，最终达到超额利润消失的均衡状态。实际上，二者是不同的。

（五）垄断竞争市场上的非价格竞争

价格竞争是市场中厂商经常采用的一种竞争方式，垄断竞争市场上的价格竞争也很普遍，但价格竞争存在许多缺陷。比如产品的定价太低，厂商无法收回成本，会出现资金短缺，厂商为降低成本往往会降低产品或服务的质量；另外，价格竞争比较容易效仿，降价促销短期内可能会提高销售量，但容易招致竞争对手的报复，无法持续获得较高的利润，甚至会引发恶性竞争，这对整个行业的长远发展都是不利的。

非价格竞争已经成为垄断竞争厂商采用的主要竞争方式之一。完全竞争市场上的厂商所提供的产品都是同质的，厂商之间无法采用非价格竞争，完全垄断市场上只有一个厂商，无须采用非价格竞争。而垄断竞争市场的特点之一就是产品的差异化，这种差异化使垄断竞争市场上存在垄断的势力，而且产品差别越大，需求曲线越陡峭，厂商的垄断能力越强，从而使厂商对产品的定价能力也就越强。因而，垄断竞争厂商有意愿通过提供与竞争对手在外观、性能、质量、服务等方面有差异的产品，来扩大产品的销售，提高其利润。

非价格竞争一方面强化了市场竞争。垄断竞争厂商为扩大销售量，会通过各种非价格的方式来迎合消费者的需要，提供有差别的产品，满足不同消费者的需求。为此，厂商会加大产品的研发力度、改进产品性能、不断提高售后服务质量、采取广告攻势、树立品牌形象等多种非价格竞争手段提供差异化的产品，培养和提高顾客对产品的忠诚度，以期获得更高的利润。另一方面，非价格竞争又增强了消费者对某种品牌的依赖，使得垄断竞争厂商提高了产品的垄断能力，也提高了对其价格的控制能力。

四、寡头垄断市场

（一）寡头垄断市场的含义和特征

寡头垄断市场是指少数厂商垄断了某一行业的市场，控制了这一行业的供给，其产量在该行业总供给中占有很大比重的市场结构。与垄断竞争市场相比，寡头垄断市场的垄断成分更强。寡头垄断市场没有单一的理论可以解释所有的市场情况，许多模型都是从不同的角度说明该市场的情况。寡头垄断市场具有以下三个特点：

第一，厂商极少，生产规模较大，新的厂商加入该行业比较困难。规模经济可能是最常见的进入障碍。此外，专利权、对资源市场的控制和法律规章等都可能造成进入壁垒。

第二，产品既可同质，又可存在差别，厂商之间存在激烈的竞争。

第三，厂商之间相互依存，任何一个厂商进行决策时，必须把竞争者的反应考虑在内；每一个厂商的价格和产量的变动都会影响其竞争对手的销售和利润水平。

根据寡头市场中厂商的数目，可以把寡头市场分为不同类型。如果市场中的产品供给由两家厂商所垄断时，称为双头垄断；如果市场中产品的供给由三家厂商所垄断时，称为三头垄断，如此等等。

根据寡头市场的产品是否有差别，人们把它分为纯粹寡头和差别寡头两类。如果寡头市场的产品是同质的，没有差别，就称为纯粹寡头，如钢铁、炼铝、炼铜、水泥等行业的寡头就属此类。如果寡头市场的产品是异质的，存在差别，就称为差别寡头，如汽车、飞机、重型机械以及电器制造、石油产品等行业的寡头，就属于这一类。差别寡头行业的产品用途类似，但存在许多型号，它们在质量、外观以及售后服务等方面不同。

（二）寡头垄断市场上的需求曲线——斯威齐模型

寡头垄断市场上价格具有刚性，即当成本有一定的改变时，价格却保持不变。即在这种市场上，一旦价格决定之后，就有相对的稳定性。美国经济学家 P·斯威齐（P. Switzer）在 1939 年提出了拐折的需求曲线来解释该现象。此需求曲线假设，当一家寡头提高价格时，它的竞争对手为了增加自己的销售量，并不提高价格；当一家寡头降低价格时，它的竞争对手为了不减少销售量，也降低价格。

斯威齐模型用拐折的需求曲线对寡头垄断市场的价格刚性做了解释，但由于其他厂商价格"不跟涨"的假设在现实中难以成立，也由于其对如何确定已定的价格没有做出解释（只说明了厂商希望现在的市场价格保持稳定，却没有说明它是怎么来的，为什么不是其他价格），因此受到了某些经济学家的批评。斯威齐模型只能是寡头定价行为的未完成的模型。

（三）寡头垄断市场上产量的决定

各寡头之间有可能存在相互之间的勾结，也可能不存在勾结。在这两种情况下，产量的决定是有差别的。

当各寡头之间存在勾结时，产量由各寡头之间协商确定。而协商确定的结果有利于谁，则取决于各寡头的实力大小。这种协调能力可能是对产量的限定（如石油输出国组织对各产油国规定的限产数额），也可能是对销售市场的瓜分，即不规定具体产量的限制，而是规定各寡头市场范围。当然，这种勾结往往是暂时的，当各寡头的实力发生变化后，就会要求重新确定产量或瓜分市场，从而引起激烈的竞争。

在不存在勾结的情况下，各寡头是根据其他寡头的产量决策来调整自己的产量，以达到利润最大化的目的。但是，各寡头在决策的时候，只知道自己的产量和价格，并不知道其他厂商的产量和价格，这是寡头厂商在决策时面临的困境。为了推测其他厂商的产量，只有根据不同假设条件进行分析，不同的假设条件就有不同的结果。经济学家做出了许多不同假设的模型进行分析，并得出了不同的结果。这里主要介绍古诺模型和张伯伦模型。

1. 古诺模型

古诺模型是法国经济学家奥古斯丹·古诺在19世纪提出的一个双头垄断模型。其假设条件是：第一，只有两个寡头A和B，生产完全相同的产品，即产品同质。第二，为了简便起见，假设生产成本为零，边际成本自然为零。第三，两家厂商面临共同的线性市场需求曲线，即需求曲线是一条向右下方倾斜的直线，两家寡头分享市场，每个厂商的产量都是独立变量，都认为自己变动产量时对方不会变动产量，两个厂商的产量总和影响市场价格。第四，各方都根据对方的行动同时做出反应。第五，每家寡头都通过调整产量（而不是价格）来实现利润最大化。

2. 张伯伦模型

对于双头垄断模型，美国经济学家爱德华·张伯伦后来在新的假设下做了另一种分析。他的分析前提是假设这两个寡头认识到他们在市场上的相互依赖性并据此来确定自己的价格和产量，以寻求共同的最大利益。

（四）寡头垄断市场的价格决定

拐折的需求曲线解释了寡头垄断市场上的价格具有刚性的原因，但并没有说明寡头垄断市场上价格是如何决定的。因此，需要进一步分析寡头垄断市场上价格的决定。

寡头垄断市场上价格的决定也要区分存在不存在勾结，在不存在勾结的情况下，价格决定的方法是价格领先制和成本加成法；在存在勾结的情况下，则是卡特尔。

1. 价格领先制

价格领先制又称价格领袖制，指一个行业的价格通常由某一寡头率先制定，其余寡头追随其后确定各自的价格。如果产品是无差别的，价格变动可能是相同的，即价格变动幅度相同。如果价格是有差别的，价格变动可能相同，也可能不相同。作为价格领袖的寡头厂商一般有三种情况。

（1）支配型价格领袖

领先确定价格的厂商是本行业中最大的、最有支配地位的厂商。它在市场上占有份额最大，因此对价格的决定举足轻重。它根据自己利润最大化的原则确定产品价格及其变动，其余规模较小的寡头则根据这种价格来确定自己的价格以及产量。

（2）效率型价格领袖

领先确定价格的厂商是本行业中成本最低，从而效率最高的厂商。它对价格的确定也使其他厂商不得不随之变动。

（3）晴雨表型价格领袖

这种厂商并不一定在本行业中规模最大，也不一定效率最高，但它在掌握市场行情变化或其他信息方面明显优于其他厂商。这家厂商价格的变动实际是首先传递了某种信息，因此，它的价格在该行业中具有晴雨表的作用，其他厂商会参照这家厂商的价格变动而变动自己的价格。

2. 成本加成法

这是寡头垄断市场上一种最常用的方法，即在估算的平均成本的基础上加一个固定百分率的利润。例如，某产品的平均成本为 100 元，利润率确定为 10%，这样，这种产品的价格就可以定为 110 元。平均成本可以根据长期中成本变动的情况来确定，而所加的利润比例要参照全行业的利润率情况确定。这种定价方法可以避免各寡头之间的价格竞争，使价格相对稳定，从而避免在降价竞争中寡头两败俱伤。从长期来看，这种方法能接近于实现最大利润，是有利的。

3. 卡特尔

各寡头之间进行公开的勾结，组成卡特尔，协调他们的行动，共同确定价格。例如，石油输出国组织就是这样一个国际卡特尔。卡特尔共同制定统一的价格，为了维持这一价格还必须对产量实行限制。但是，由于卡特尔各成员之间的矛盾，有时达成的协议也很难兑现，或引起卡特尔解体。在不存在公开勾结的卡特尔的情况下，各寡头还能通过暗中勾结（又称默契）来确定价格。

（五）寡头垄断市场的博弈

寡头垄断市场的特点是各个寡头厂商之间存在着实际的、可感觉到的相互依赖关系，即每个寡头厂商决策时都要考虑自己的决策会给对手造成什么影响，对手会做出什么反应，自己又如何对付，好像棋手每下一步棋都必须考虑对方可能做出什么反应一样。于是，经济学家用博弈论（又称对策论）的方法来研究相互依存的厂商的决策行为。

博弈论又名对策论、游戏论，是一门研究互动关系的游戏中参与者各自选择策略的科学，或者说是一门研究机智而理性的决策者之间冲突与合作的科学。博弈论与传统微观经济学中的决策理论有重大区别。在传统理论中，经济主体（个人或机构）做出决策时并不考虑自己的选择（决策）对别人的影响，也不考虑别人的选择对自己的影响。博弈论则不同，在主要考虑这些复杂关系的情况下，来分析各自的选择与策略。博弈论已发展为较为系统的理论，包括静态博弈（单次博弈）与动态博弈（重复博弈），这里只介绍博弈论中最简单的纳什均衡。

纳什均衡是美国数学家约翰·纳什总结出来的一种均衡理论。这种均衡理论是指参与博弈的每个人在给定其他人战略的条件下选择自己的最优战略所构成的一个战略组合，研究该现象的著名例子被称为"囚徒的困境"。

在寡头垄断市场上，当寡头数量很少时，从理论上讲，他们很容易通过谈判实行勾结定价，即像一个垄断者一样用高价获得更多的消费者剩余。这样做，交易费用（寡头之间通过勾结谈判达成协议的费用）并不高，而勾结定价可以为参与者带来共同的利益。尽管许多国家"反垄断法"中有禁止勾结定价的条款，但实际上，这个条款的作用极为有限，因为寡头之间可以采取更为隐蔽的勾结方式如默契进行，但这种方式在现实中很少成功，博弈论分析的结论与现实是一致的。

第二节　市场失灵与治理

一、垄断及其管制

（一）垄断及其形式

垄断，即独占，指市场上一家或少数厂商控制某产品或服务的供给。垄断排斥自由竞争，从而产生资源配置的低效率，是造成市场失灵的主要原因之一。依据垄断产生的原因，可以将垄断分为经济垄断、自然垄断、国家垄断、权利垄断和行政垄断。

1. 经济垄断

经济垄断是指市场主体凭借经济优势，排斥或限制竞争的行为，包括滥用经济优势和联合限制竞争两种形式。经济垄断源于滥用经济力的优势（包括联合优势），并且其滥用者应是经营者或经营者的联合体。实践表明，经济力的优势并不必然属于某一个经营者或经营者联合体。相反，它可以属于甲经营者，也可以属于乙经营者。甚至，属于本来并没有经济优势的若干经营者组成的联合体。换言之，经济力的优势并非具有永久的独占性，它是在竞争中形成的，但是，经济力优势的占有者为了保持自己的优势而采用非竞争的手段，不允许他人再与之进行竞争。经济力优势滥用的根本特征，是以集中的经济力或联合的经济力支配市场，从而有使他人成为经济从属者的可能。

2. 自然垄断

自然垄断，是指由于自然条件、技术条件以及规模经济的要求而无法竞争或不适宜竞争形成的对产品和服务的控制。例如，城市的自来水、燃气、电力供应和污水处理等。自然垄断产生的原因是成本"劣加性"，即为满足市场需求，在一个行业或一种产品由一家企业生产经营比由两家或两家以上的企业生产经营，其成本更低。那些具有规模经济效益、范围经济效益的行业一般都属自然垄断行业。规模经济，是指由于生产规模不断扩大导致长期平均成本下降的情况；而范围经济是指联合生产两种或两种以上产品的成本比生产一种产品的成本更低的情况。由于自然垄断的形成不是主要靠行政权力推动，也可以说自然垄断是一种特殊形式的经济垄断。

3. 国家垄断

国家垄断是指国家为了保障国家安全、增加国家财政收入或促进社会整体利益，依法对特定领域的商品或服务进行排他性控制。对于关系国计民生或国家安全的事业，许多国家都以特别法的形式明确规定，实行中央政府专营，例如，邮政、枪支弹药、黄金等产品与服务。为了增加财政收入国家也可能对特定领域实行专营，例如中国古代的"盐铁专卖"，现代的烟草专卖等。

4. 权利垄断

权利垄断是指权利人在一定时间内、在一定区域内依法享有一定排除他人参与竞争的合法权利而形成的垄断，包括商标权、专利权、著作权等。

5. 行政垄断

行政垄断是指地方政府、政府的经济行业主管部门或其他政府职能部门凭借行政权力排斥、限制或妨碍市场竞争的行为，包括地区垄断、行业垄断、强制联合、行政强制交易行为等形式。

（二）垄断对经济的影响

垄断的存在，阻碍了自由竞争和市场机制的作用发挥，给社会经济带来了一系列弊端，主要表现在以下三个方面。

1. 垄断造成资源浪费，导致效率低下

垄断企业往往通过限制产量、提高价格的形式获取垄断利润。前者使企业的生产能力不能得到充分利用，造成资源浪费，后者导致产品的价格高于边际成本，使资源利用远离帕累托最优状态，从而降低整个社会的经济效率。

2. 垄断易产生管理松懈，弱化技术创新

在现实中，处于垄断地位的行业缺乏尽可能降低成本的动力，缺乏参与竞争的压力，从而出现管理上的低效率，这种低效率称为管理松懈。同时，由于竞争压力的降低，企业推动技术创新的动力也相应地减弱。

3. 垄断易导致寻租活动的出现

垄断不但从结果上来看是低效率的，而且企业为了获得和维持这种垄断地位，厂商常常还要付出一定的代价。例如，雇用律师向政府官员游说等。这种为获得和维持垄断地位从而得到垄断利润（亦即垄断租金）所从事的一种非生产性寻利活动叫作寻租活动。寻租不仅产生了对社会的危害而且也对寻租者自己带来很大损失。就单个的寻租者而言，他愿意花费在寻租活动上的代价不会超过垄断所带来的好处，但在很多情况下，由于争夺垄断地位的竞争非常激烈，寻租代价常常要接近甚至等于全部的垄断利润。另外，整个寻租市场上，众多寻租者付出的代价总和会不断增大，导致社会福利的降低。

（三）政府对垄断的干预措施

垄断常常导致资源配置缺乏效率，垄断利润也通常被看成是不公平的。这就需要对垄断进行治理，政府对垄断的干预措施是多种多样的，包括制定反垄断政策和反垄断立法、进行行业管制等。

1. 反垄断政策与反垄断法

针对不同的垄断情形，政府可以采取拆分垄断厂商或处罚等手段进行反垄断治理，而这些手段往往根据反垄断法而制定。

（1）行业的重新组合

如果一个行业的垄断是通过行业中的厂商兼并或者一家厂商依靠较大规模设置进入障碍而形成的，那么就可以依靠政府的力量把行业中的垄断厂商分解成几个或多个较小的厂商，使之恢复竞争从而消除垄断。

一般来说，对垄断行业的重新组合并不能马上形成完全竞争的市场结构，但重要的是把竞争因素引入垄断行业。作为配合措施，为了让新加入一个垄断行业经营的厂商有能力与原有的厂商竞争，政府往往对新的厂商给予一定的优惠。例如，给予新厂商一定的税收减免，在人员培训、技术咨询等方面提供便利和优惠。

（2）对垄断行为的制止

为了防止垄断行为的产生，政府可以利用行政命令、经济处罚或法律制裁等手段加以制止。对垄断行为的制止重点在于清除进入障碍，鼓励更多的厂商参与竞争。

对不执行反垄断规定的厂商或个人，政府可以对其进行经济制裁，包括对垄断行为受害者支付赔偿金和罚金，对情节严重者还可以移交司法部门惩处。

（3）反垄断立法

政府对垄断更强烈的反应是制定反垄断法。反垄断法是政府反垄断的重要的法律手段，也是规范市场经济各个经济主体行为的根本大法，因此也被称为经济宪法。西方很多国家都不同程度地制定了反垄断法。

2. 行业管制

对垄断所采取的另一种可供选择的矫正手段是政府对垄断行业实行管制，其措施主要包括价格管制或价格与产量的双重管制、税收或补贴以及国家的直接经营。这里主要介绍价格管制以及价格与产量同时管制。

（1）价格管制

价格管制是指政府对处于自然垄断地位的企业实行价格管制，以防止它们为牟取暴利而危害公共利益。在实践中，价格管制能否可行需要满足以下条件：一是垄断厂商必须能够盈利，否则它将拒绝生产。二是管制成本必须低于社会福利（净损失的消除）。另外，对于价格管制，最困难的事情是确定最优管制价格。如果价格定得过低，垄断者将削减产量。同时，由于价格已经下降，需求量将上升，结果存货会发生枯竭，出现短缺。适当的选择是按市场需求等于厂商边际成本的原则定价。

现实中，往往出现这种情况：即使政府能够限制价格，但垄断者仍能获得高于正常水平的利润，因而导致人们的不满。再者，某些价格管制可能在短期内是有效的，但在长期内不一定有效。

（2）价格和产量同时管制

为了进一步削减垄断厂商的超额利润，政府还可以对价格和产量同时进行控制，既规定厂商价格，又确定厂商的产量。

在价格管制的同时，之所以要进行产量限制，是因为在这一价格下，如果允许厂商自主决策，它会按照价格等于边际成本的原则决定产量，从而使得产量并不等于市场需求量。

（3）对垄断行业的其他管制措施

在实践中，政府管制所遵循的原则是"对公道的价值给予一个公道的报酬"。为了实现这一原则，政府往往还采取补贴或税收手段。如果垄断厂商因为价格管制或价格与数量同时管制而蒙受损失，政府给予适当的补贴，以便垄断厂商获得正常利润；如果在政府管制以后，厂商仍可获得超额利润，那么，政府就应该征收一定的特殊税收，以利于收入的公平分配。

对于垄断行业，政府也可以采取直接经营的方式来解决由于垄断造成的市场失灵。由于政府经营的目的不在于利润最大化，所以，可以按照边际成本或者平均成本决定价格，以便部分地解决由于垄断所产生的产量低和价格高的低效率问题。

3. 关于垄断和垄断管制的争论

垄断往往表现出许多弊端，从消费者角度来看，垄断排斥竞争，产生高价，损害消费者福利；从社会角度来看，垄断没有充分利用资源，导致社会福利损失；同时，垄断也产生寻租行为，不利于形成公平竞争的环境。那么，垄断为什么还会存在下来呢？

其实，从另一个角度来看，垄断也有一定的好处，也可以理解为垄断的合理性。不少经济学家认为，垄断企业的"规模经济、范围经济以及对创新的刺激"是一般竞争性企业所不具备的。范围经济是指由于产品种类的增加所引起的平均总成本的下降。

一部分经济学家认为，垄断会带来创新，因此反对政府管制。只有赋予创新者以一定的垄断权，才能使其获得创新的垄断利润。如果缺乏这种保护或者管制垄断，垄断者就会对创新失去兴趣和刺激，从而不利于社会的进步。

另一部分经济学家认为，竞争带来创新，政府有必要对垄断进行管制。因为不创新就会在竞争中淘汰，所以，竞争激励大家更多地进行创新。

关于垄断和管制的争论一直在进行。其实，任何事物都有优缺点，垄断本身是这样，垄断管制措施也不例外。可以说，每一项旨在减少垄断的政策都有缺陷，因为政府在根治市场失灵的同时也会出现政府失灵。

二、外部性及其治理

（一）外部性及其影响

1. 外部性的含义

外部性也叫外部效应、溢出效应、外部影响或外差效应，是指由于进行某项活动而给非参与的第三方造成的成本或收益。外部性的最大特点是"非市场性"影响，即一种活动所产生的成本或收益未能通过市场交易的形式反映出来。由于"非市场性"影响，使市场机制不能发挥作用，从而导致市场失灵。

2. 外部性的类型

根据外部性产生的效应，一般将外部性分为外部经济（或正外部经济效应、正外部性）和外部不经济（或负外部经济效应、负外部性）。外部经济就是一些人的生产或消费使另一些人受益而又无法向后者收费的现象；外部不经济就是一些人的生产或消费使另一些人受损而前者无法补偿后者的现象。例如，私人花园的美景给过路人带来美的享受，但他不必付费，那么，私人花园的主人就给过路人带来了外部经济效应。又如，住户音响的音量开得太大影响了隔壁邻居的正常生活，那么，该住户给隔壁邻居带来了外部不经济效应。

按照外部性产生的影响不同，外部性还有可耗尽和不可耗尽之分。比如没有污染的空气，你的享用不会给他人造成影响，这就是不可耗尽的外部效应，即一个人的享用不影响其他人可享用的数量和质量；如公共运输，你在使用时会给他人带来拥堵，影响了他人享用的机会，这就是可耗尽的外部效应，即一个人的享用使得另一个人可享用的数量或质量下降。

根据外部性产生的领域，外部性通常分为生产中的外部性（包括正外部性和负外部性），消费中的外部性（包括正外部性和负外部性）。生产中的负外部性，例如，工厂在生产中所排放的污染物就是一种负外部性。它所造成的社会成本包括政府治理污染的花费，自然资源的减少，以及污染物对人类健康造成的危害。生产中的正外部性，例如，教育是一种正外部性。完善的教育系统培育出的人才，会对社会建设做出贡献，这是对所有人都有益的。建设一栋造型美观的建筑，让这个地区的所有人都可以欣赏到这一道风景线，也是一种正外部性。消费中的负外部性，例如，某人养了一只狗，这只狗喜欢每天夜里不停地叫。这个人由于习惯于夜生活，所以并不会对此感到困扰。可是他的邻居习惯于早睡，每天就会被狗的叫声弄得失眠，于是不得不花钱买安眠药。在这里养狗对于这个邻居就是一种负外部性。消费中的正外部性，例如，某人去注射了甲流疫苗，这笔消费不仅对于他自己有好处，对他周围的人也有一定的好处，即接触到病毒的传染源减少。这也是一种正外部性。

进一步进行细分，外部效应又可以分成八种类型：生产者对生产者的外部经济，如水果园园主与养蜂场场主的关系，水果园的花朵为蜜蜂提供了花蜜；生产者对消费者的外部经济，如花园式厂房对周围居民区居民的影响，周围居民可以赏心悦目；消费者对生产者的外部经济，如居住环境的改善大大增加生产性投资；消费者对消费者的外部经济，如私人花园对过路人的影响；生产者对生产者的外部不经济，如上游的化工厂对下游渔场的污染；生产者对消费者的外部不经济，如建筑施工对夜间休息的居民的影响；消费者对生产者的外部不经济，如空调的噪声给隔壁牙医的看病带来的影响；消费者对消费者的外部不经济，如隔壁邻居放声高歌影响他人的休息。

3. 外部性的方向性

根据外部性的方向性，还可以将其分为单向的外部性与交互的外部性。

单向的外部性是指一方对另一方所带来的外部经济或外部不经济。例如，化工厂从上游排放废水导致下游渔场鱼产量减少，而下游渔场既没有给上游的化工厂产生外部经济效应，又没有产生外部不经济效应，这时就称化工厂给渔场带来单向的外部性。大量外部性属于单向外部性。

交互的外部性是指所有当事人都有权利接近某一资源并可以给彼此施加成本（通常发生在公有财产权下的资源上）。例如，所有国家都对生态环境造成了损害，彼此之间都有外部不经济效应。这就属于交互的外部性。

交互的外部性的一个特例就是双向外部性。双向外部性是指两个经济主体彼此都存在外部性，主要的形式有三种：一是甲方和乙方相互之间的外部经济；二是甲方和乙方相互之间的外部不经济；三是甲方对乙方有外部经济效应而乙方对甲方有外部不经济效应，或者反之。例如，养蜂人与荔枝园园主之间的关系，蜜蜂要酿蜜，离不开花粉，也就是说荔枝园园主对养蜂人具有外部经济效果；相反，荔枝花开后要结果，离不开蜜蜂传授花粉，这时养蜂人对荔枝园园主具有外部经济效应。当然，养蜂人与荔枝园园主之间给对方所带来的外部经济效应的大小是不一定相等的。如果两者正好相等，就说明外部经济效应相互抵消。如果两者不相等，说明有的经济主体从中占了便宜，有的经济主体从中吃亏了时，双方可采用合同约定的方式交易利益补偿与分配。

4. 外部性的影响

任何一种经济活动都会对外部产生影响，比如，汽车运输可能产生废气污染环境，而植树造林发展林业就会形成改善环境的结果。这就是经济的外部性。前者是"负外部性"，后者是"正外部性"。外部性扭曲了市场主体成本与收益的关系，会导致市场无效率甚至失灵，而负外部性如果不能够得到遏制，经济发展所赖以存在的环境将持续恶化，最终将使经济失去发展的条件。外部性实际上是私人成本与社会成本、私人利益与社会利益存在差异的结果。私人成本是指个体进行某项经济活动所支付的费用，而社会成本则是全社会为该活动需要支付的费用，包括从事该项活动私人成本加上这一活动给其他经济单位施加的成本。

不论是存在外部经济还是外部不经济，都没有达到帕累托最优状态。在外部经济的情况下，产量小于帕累托最优状态下的产量；在外部不经济的情况下，产量超过了帕累托最优状态下的产量。

（二）外部性的解决方法与矫正措施

如何解决和矫正外部性所造成的资源配置不当？微观经济学理论提出了管制、征税与补贴、交易许可证、内部化以及产权界定等方法。

1. 管制

政府可以通过规定或禁止某些行为来解决外部性。例如，把有毒的化学物质倒入河流是一种犯罪行为。在这种情况下，社会的外部成本远远大于排污者的收益，因此，政府制定了一系列禁止这种行为的命令和控制政策。

为了消除环境污染的外部性，政府可以通过出台禁止环境污染的政策和措施加以控制但是，在大多数污染的情况下，事情并不这么简单。尽管宣布了环境保护的目标，但要完全禁止有污染的活动是不可能的。例如，实际上各种形式的交通运输，会带来一些污染副产品。然而，要让政府禁止所有的运输方式肯定是不明智的。因此，社会不是要完全消除污染，而是要评价成本与收益，以便决定哪种污染与允许污染的多少。环保部门是政府机关，其任务就是提出并实施目的在于保护环境的管制。

2. 征税与补贴

政府可以通过对负的外部性征税，对正的外部性给予补贴来解决外部性问题。对于造成外部不经济的企业，国家应该征税，其数额应该等于该企业给社会其他成员造成的损失，从而使该企业的私人成本恰好等于社会成本。例如，在生产污染的情况下，政府向污染者收税，其税额等于治理污染所需要的费用。而对于带来外部经济的企业，国家则可给予其补贴，使得企业的私人成本与社会收益相等。无论何种情况，只要政府采取措施使得私人成本等于社会成本，私人收益等于社会收益，则资源配置便可以达到帕累托最优状态。征税和补贴是否理想，关键在于政府能否得到足够的信息，准确地制定征税和补贴标准，使补贴和征税与相关的外部性正好一致。

3. 交易许可证

政府可以通过买卖许可证或允许许可证交易的方式来管制外部性。例如，对于向河流中排放污染的钢铁厂或造纸厂，政府可以向他们卖出 500 吨的污染许可证，或者在管制的前提下，也可以允许造纸厂向钢铁厂出售规定范围内的污染许可证。这种方式实际上是采用市场交易的方式进行排污权的配置。只有以高成本才能减少污染的企业将愿意为污染许可证出最高的价格，那些以低成本可以减少污染的企业也愿意出卖他们所拥有的许可证，从而使得在总量污染不增加的情况下，调节了需求。

污染许可证与征税政策有许多相同之处。在这两种情况下，企业都要为污染支付费用，都通过使企业支付成本而把污染的外部性内在化。

4. 内部化：企业合并

内部化是通过制度安排使经济活动外部性所产生的社会收益或社会成本，转为私人收益或私人成本，从而解决外部性的一种方法。

企业合并是让外部性内部化的一种常见形式。以造纸企业和养鱼场为例。造纸厂产生的污染物流入河流，使得下游的养鱼场受到不利影响，如果通过一定的产权安排，使造纸企业和养鱼场合并为一个公司，那么，造纸企业给养鱼场所增加的成本就成为该公司内部的成本，合并使外部性内部化了。合并公司在考虑造纸产量时，就不能不考虑污染成本。为最大化利润，公司必然考虑外部经济效应，协调造纸和养鱼两项业务的决策，这种协调会带来帕累托改进。

事实上，现在许多企业已经使相互影响生产的单位之间的外部性内部化了。比如，渔场同时种植水生植物；出于苹果授粉的目的，苹果园养殖蜜蜂也是十分普遍的事情。

5. 产权界定

产权界定是解决外部性的一种制度安排。在许多情况下，外部性之所以导致资源配置失当，是由于产权不明确。产权是指由法律规定的对某一资源拥有的所有和处置的权利。如果产权界定是明确的，那么，通过市场交易的方式解决外部性是可行的。

例如，某条河流上游的企业排放污染物使下游用水者受到损害，如果下游用水者对一定水质的河水拥有明确的产权，当河流下游的水质因上游企业排污而受到损害时，他们便可以通过诉讼的方式要求污染企业进行赔偿，或者他们也可以采用协商，企业将排污权从用水者手中购买过来，同时遭受损害的用水者也会使用他们出售污染权而得到的收入来治理河流。其结果是市场交易本身使污染纠纷得到解决。由于污染者为其外部不经济支付了代价，故其私人成本与社会成本之间不存在差别。

三、公共物品与公共选择

（一）公共物品的概念及其特点

公共物品是具有非竞争性和非排他性的物品。非竞争性，是指额外增加一个人对公共物品的消费并不会影响他人同时消费该产品，不会引起生产成本的任何增加，即在给定的生产水平下，向一个额外消费者提供商品或服务的边际成本为零。例如，一盏路灯，一个人享受它的照明并不影响其他人享受它的照明，或者说，增加享受路灯照明的人并不带来提供路灯的费用增加。非排他性，是指任何人对某种公共物品的消费，都不排斥其他人对这种物品的消费，也不会减少其他人由此而获得的效用。公共物品的消费具有无偿性，即消费者在使用过程中可以不支付费用，或者无法禁止他人不付代价而享受该物品。例如，海上的灯塔，每一个过往船只都可以享受它的照明，却无须付费。如果需要收费在技术上有难度，而且经济上也不划算。诸如此类还有国防、法律、外交、公安等都属于公共物品。公共物品的消费具有非竞争性和非排他性特征，一般不能有效地通过市场机制由企业或个人来提供，所以，会导致市场失灵。

竞争性和非竞争性是针对物品的消费过程行为特征来讲的，即是该物品在消费行为上具有对抗性、争夺性和相克性特征的物品（即一个人对该物品的消费必然会限制他人的消费），就是竞争性物品。相反，就是非竞争性物品。而排他性和非排他性则是针对物品消费时的交易方式特征来讲的，凡是能够（也有必要）通过一定的交易方式来实现消费的物品就是排他性物品，否则，就是非排他性物品。这些特征的组合，形成了以下四种物品分类。

1. 私人物品

私人物品是指消费中既具有竞争性，又有排他性的物品。竞争性是指该物品一旦由一个人消费，其他人就不能再去消费。如一件羊毛衫，如果一个人穿上了该羊毛衫，其他人就不能再穿。排他性是指排除那些没有为该物品付费的人消费它。如一件家具，如果没有付款，销售商不会让人提走。生活中的一般商品均属于私人物品，例如，服装、食品办公用品、私人交通工具以及所有商业服务等。

2. 公共物品

公共物品是指既无竞争性，又无排他性的物品。

3. 共有资源

共有资源是指具有竞争性但无排他性的物品。例如，海洋中的鱼类是一种竞争性的物品，当一个人捕获时，留给他人可供捕获的鱼就少了；但这些鱼并不具有排他性，因为几乎不可能对渔民所捕获的鱼收费。

4. 自然垄断物品

自然垄断物品是指有排他性，但无竞争性的物品。这主要是具有自然垄断性质的一类社会产品（或服务），包括自来水、电力、消防、燃气（包括管道煤气和天然气）、电信产品、铁路服务和航空服务等。

（二）公共物品与免费搭车

由于公共物品具有非竞争性（消费者互不影响）和非排他性（不能或不便以市场交易的方式提供），所以，在公共物品消费方面就会产生免费搭车问题。免费搭车又称搭便车，是指一个人不用进行购买就可以消费某种物品。例如，不用支付国防费用，就可以受到保护，不用支付灯塔的费用就可以受到灯塔的服务。而且还没有一种方法可以有效地防止免费搭车。

由于免费搭车的存在，对私人厂商来说，提供公共物品就无利可图，私人就不会提供公共物品，公共物品的供求就不能由市场调节，从而导致市场失灵。由于公共物品是社会存在和发展所必需的，既然市场机制无法对公共物品有效配置，那么，由政府或公共部门安排生产并按照社会福利原则来分配公共物品就成为解决免费搭车的唯一选择。例如，国防由政府通过预算拨款的方式来提供，一些城市的道路路灯由城市管理机构负责提供维护，而一些居民区的路灯和居民楼的楼梯灯由居委会统一提供并负责维护，其费用由各家各户分摊。

（三）共有资源与公地悲剧

共有资源是指具有竞争性（消费者相互竞争使用）但无排他性（无法以市场交易的方式供给）的物品。与公共物品一样，共有资源没有排他性：想要使用共有资源的任何一个人都可以免费使用。但是，共有资源有竞争性：一个人使用共有资源就会减少其他人的使用。因此，共有资源产生了一个新的问题：共有资源的过分使用。关于这方面的典型例子是"公地悲剧"。

当资源或财产有许多拥有者时，他们每一个人都有权使用资源，但没有人有权阻止他人使用，由此导致资源的过度使用和枯竭，即产生"公地悲剧"。过度砍伐的森林、过度捕捞的渔业资源及污染严重的河流和空气，都是"公地悲剧"的典型例子。之所以叫悲剧，是因为每个当事人都知道资源将由于过度使用而枯竭，但每个人对阻止事态的继续恶化都感到无能为力，而且都抱着"及时捞一把"的心态加剧事态的恶化。

由于存在过度使用的问题，政府常常通过多种方式来限制对公共资源的过度利用。比如，一个湖泊里的鱼的数量是有限的，大家都来捕鱼，鱼越捕越少，导致资源的过度开发。解决这个问题可用明确产权的办法，即由某一个企业或个人来承包这个湖泊的捕鱼作业；也可用征税的办法，即对捕鱼者征税，并把税收用于投放鱼苗。还可以用法律手段明确规定休渔期禁止捕捞的时间。

（四）公共选择

公共物品的使用存在搭便车的问题，即大家都在使用却不用付费。在这种情况下，公共物品难以由市场提供，因此，政府解决公共物品的生产和供给就成为必然选择。政府提供公共物品的决策方式是公共选择。公共选择也叫政府选择，它是一种非市场的集体选择，是由国家、地区或社区，由辖区公民采取辩论、协商、投票等形式，决定所属公共物品的生产、分配、使用、转让等处置方式的行为。

在现实中，人们通过各种不同的公共选择方式来决定各个产品的生产。

1. 集权决策

集权决策，即由一个人或少数人来决定各种公共物品生产的决策方式。其特点是所费时间少，但不一定能够体现大多数人的意见，因而可能会引起多数人的不满。如果把这种不满作为决策的外部成本的话，则集权决策的外部成本是比较大的。

2. 集体投票

集体投票，即由社会全体成员用投票的方式来决定公共物品供给的决策方式。通常有一致同意规则和多数规则。

一致同意规则指候选方案必须经过全体投票人认可才能通过的规则。一致同意规则通过的方案一般都是最优的，不存在把一些人的偏好强加于另一些人的因素。但一致同意规则的实现需要花费大量的时间和资源，社会机会成本较大，在许多情况下甚至无法达成协议。

多数规则是指候选方案只需经半数以上投票人认可才能通过的规则。多数规则可分为简单多数规则和比例多数规则。简单多数规则，即超过总数的一半，比例多数只达到总数的 2/3 或 3/4 才算有效。

四、不对称信息与激励

（一）不对称信息与委托——代理关系

不对称信息也称不完全信息，是指在市场经济活动中，交易双方拥有的信息不同，一方拥有的信息多而另一方拥有的信息少，从而产生了交易双方不能完全平等交易的情况。

传统经济学的研究有一个重要前提，就是完全信息假设，即假设市场的每一个参与者对市场和商品的所有信息都了如指掌。但现实生活中并不是这样，人们一直生活在一个信息不完全的世界中。信息不完全不仅是指绝对意义上的不完全，即由于认识能力的限制，人们不可能知道在任何时候、任何地方发生的任何情况，而且还指相对意义上的不完全，即信息不对称。在现实生活中，信息不对称的情况是十分普遍的，由于交易双方拥有的信息不对称，容易造成占有信息优势的一方在交易中获取较大的利益，出现因信息力量对比过于悬殊导致利益分配结构严重失衡，使市场交易不能形成完全竞争市场所描述的资源最优配置，从而导致市场失灵。

不对称信息理论的提出，突破了传统经济学所假设的完全信息的前提条件，使经济学的研究更加接近实际，从而形成一门新的经济学分支——信息经济学，是新经济学的重要组成部分。

不对称信息的影响，常常体现在市场中交易双方的委托—代理关系中。在法律上，当A授权B代表A从事某种活动时，委托——代理关系就产生了，A为委托人，B为代理人。经济学上的委托——代理关系泛指任何一种涉及非对称信息的交易，人们把市场交易中拥有信息优势的参与方称为代理人，把不具信息优势的参与方称为委托人。当委托人和代理人中一方的经济福利取决于另一方的行为时，经济学上的委托——代理关系就产生了，代理人是行为人，委托人是受行为影响的一方。当事人之间的委托代理关系往往以某种契约的形式存在，当信息不对称出现在契约签订之前时，会产生交易过程中的逆向选择行为。而当信息不对称出现在契约签订之后时，则可能在委托人和代理人之间产生道德风险。

（二）不对称信息下的逆向选择

在市场交易的委托——代理关系中，如果在合约签定之前，由于存在信息不对称而产生的代理人利用信息优势使自己受益而使委托人受损的交易行为，叫作逆向选择。如在商品销售之前，销售商对商品的性能了解程度就比购买者要高，即前者拥有的信息多于后者，这时，可能出现销售商利用信息不对称使自己受益而使购买者受损。在信息不对称的商品市场上，逆向选择可能使市场上质量较差的商品将质量较好的商品驱逐出去，产生"劣品驱逐良品"现象。信息经济学把产生这种逆向选择的市场成为"柠檬市场"。

"柠檬"在美国俚语中表示"次品"或"不中用的东西"，"柠檬市场"即次品市场的意思。当产品的卖方对产品质量比买方拥有更多信息时，"柠檬市场"便会出现。"柠檬市场"的著名例子是二手车市场。

在二手车市场上，买车人和卖车人对汽车质量信息的掌握是不对称的。买家只能通过车的外观、介绍和简单的现场体验来验证汽车质量的信息，这样很难准确判断出汽车质量的好坏。因此，对于买家来说，在买下二手车之前，并不知道哪辆汽车是高质量的，他只知道市场上汽车的平均质量。买家知道市场里面的好车至少要卖6万元，坏车最少要卖2万元。那么，买车的人在不知道汽车质量的前提下，愿意出多少钱购买他所选的车呢？一般情况下，买家只愿意根据平均质量出价，也就是4万元。但是，在这种情况下，那些质量很好的二手车卖主就不愿意了，于是高质量的汽车就会撤出这个二手车市场，市场上只留下低质量的二手车。如此反复，二手车市场将会被低质量的车占领，从而形成"劣品驱逐良品"现象。这违背了市场竞争中优胜劣汰的选择法则。平常人们说选择，都是选择好的，而这里选择的却是差的，所以把这种现象叫作逆向选择。

生活中的"柠檬市场"无处不在，除了产品市场，劳动力市场、金融市场、保险市场均存在逆向选择现象。比如人才市场，由于信息不对称，雇主往往开出的是较低的工资，这根本不能满足精英人才的需要，却能被普通人接受，从而使精英人才被驱逐，市场机制不能发挥有效配置精英人才的作用。信贷市场也是个"柠檬市场"，信息不对称使贷款人只好确定一个较高的利率，结果需要资金的好企业退避三舍，资金困难甚至不想还贷的企业却蜂拥而至，导致市场不能发挥有效配置信贷资源的作用。同样，在保险市场，由于信息不对称，保险公司不了解所有参保人的健康状况，在保险公司制定的平均保险费率下，身体健康的人不愿意为较高的平均保险费买单，而身体不健康的人往往乐于参加保险，从而出现了保险市场上只剩下身体不健康的人，这将最终导致保险公司无法经营。

（三）逆向选择的改进：市场信号

由于信息不对称而产生的逆向选择，导致了市场失灵和资源的低效配置。为此，人们采取各种办法来改进逆向选择行为。由于产生逆向选择的主要原因在于信息不对称，因此，解决和改进逆向选择的方法主要体现在有效解决信息不对称方面。

1. 制造与传播市场信号

制造与传播市场信号是改进逆向选择行为最为重要和最常用的手段，在产品市场上，商家主要通过品牌、广告或者向客户提供质量保证书、保修、退回等办法，来使消费者把他的产品与"柠檬"区别开，以相信它的产品是高质量的。而在人才市场上，雇主可根据雇员受教育程度的不同，设计不同的工资支付标准，向不同能力的人才传递待遇信息。同时，高质量的劳动者可以通过其受教育水平如文凭向雇主发出信号，以示自己区别于低质量的劳动者，并向雇主要求更高的工资。在保险市场上，保险公司可针对不同类型的潜在投保人制定不同的保险合同，投保人根据自己的风险特征选择适合的保险合同。这种信号传递能够在一定程度上改进由于信息不对称造成的逆向选择。

2. 中介的设立

在市场交易中，中介能够充分利用它的专业知识为买方提供更多的信息，从而有利于改善信息不对称情况。中介能够"撮合"买卖双方，比如券商、经纪人等，当然中介所获收益取决于它提供信息的质量。

3. 建立质量合格标准

为了保证市场的公正交易，政府、消费者协会等机构常常会建立产品质量的合格标准，通过这个标准来保证产品的质量，起到改进逆向选择的作用。

4. 消费者自身的搜寻行为

这种方法就是消费者通过自身进行信息搜寻来改变其所处逆向选择地位，比如通过走访、调查、函询等方式来获取更多的信息。

（四） 不对称信息下的道德风险

在市场交易合同签订之前，如果委托人和代理人之间存在信息不对称，容易产生逆向选择行为。而在交易合同签订之后，如果委托人和代理人之间存在信息不对称，就容易产生道德风险。道德风险是指在交易双方签订合同后，代理人利用多于委托人的信息优势，有目的地损害委托人的利益而增加自己利益的行为。如雇员被雇主雇用后，雇员比雇主更了解自己的工作能力和努力程度，形成雇员与雇主的信息不对称，从而会产生雇员利用所拥有的信息多于雇主的情形而进行有损于雇主的行为。一旦委托人与代理人之间出现了道德风险，不仅使双方的利益受损，还会使社会资源配置的效率受损，因为在不存在道德风险的情况下，委托人和代理人的福利水平会更高。

在经济活动中，道德风险问题相当普遍。可以说，只要市场经济存在，道德风险就不可避免。道德风险最常见的例子是保险市场。假如有一个购买家庭财产保险的投保人，当他没有购买保险时，它常常会采取一定的安全防范措施，如采取安装防盗门，外出时家中尽量留人等，来防范家庭被盗。一旦该家庭购买财产保险后，投保人可能出现道德风险行为，不再关心防盗问题，如贵重物品随便放置，经常忘记锁门，也不在防范措施上投资，这样就增加了盗窃风险发生的可能，从而给保险公司带来了损失。类似的情况也经常在汽车保险、医疗保险中出现。如购买了汽车保险的投保人会有意放弃对汽车的安全保护措施，购买了医疗保险的投保人会降低对疾病的预防或有意扩大自己的医疗支出等。

劳动力市场上的道德风险同样是一个普遍的现象。如雇主与雇员之间在签订了支付固定报酬的劳动合同后，雇员可能出现工作中降低主观努力的行为而使委托人的利益受到损失。企业中员工的道德风险典型地说明了这种情况。由于企业中普遍存在契约的不完备性和信息的非对称性，诱发了员工的机会主义行为，员工会尽可能选择以付出较少的努力换取较多的收入或报酬。假定经理目标是以利润最大化为准则的，那么他希望工人多努力以增加利润。如果契约是完备的、信息是对称的，个人的行为及目标选择都置于组织的监控之下，那么个人只有通过完成组织目标并在组织目标的约束下才能实现个人目标。但是，企业契约并不能明确规定未来所有各种可能出现的状态及各方的责权利关系，经理并不能完全观测到员工的工作方式和努力程度，那么，对于一个理性的员工来说，他就有动机利用契约的漏洞和行为的不可观测性为谋求自身效用最大化而背离经理所希望的目标。工人可以采用偷懒或"磨洋工"的方式，甚至利用组织资源（如偷窃、泄露企业技术秘密等）为个人谋取福利。这样，个人目标就会偏离组织目标，企业人力资源管理中的道德风险也由此而生。

金融行业更是道德风险出现较多的领域之一。在金融行业，存在着因为有关人员的思想品德问题，为了个人或小团体的利益，主观故意违规违章甚至违法操作而造成的资金、财产、信誉遭受损失带来的风险。这是一种容易被人们忽视的风险，往往导致和引发金融风险。一部金融发展史就是一部金融风险史，在国际、国内曾经发生的一些金融风险事件中，其中由于工作人员个人道德风险诱发的例子不胜枚举。

（五）道德风险的防范：激励机制

在经济人广泛存在的委托代理行业，道德风险是委托人经常会遭遇的问题。那么，如何控制委托代理关系中的道德风险行为呢？通常的做法是建立激励机制。在劳动力市场上，企业常常通过以下方式来减少员工的道德风险。

1. 树立以人为本的管理理念，创造良好的工作环境

企业应尽可能为员工提供宽敞、明亮、整洁、安全的工作场所，拓展管理者与员工的沟通渠道，营造一个充分沟通、信息知识共享的环境。维护员工的合法权益，为各类人才设计挑战性的工作、竞争性的职位。使员工有更多的发展机会和更广阔的发展空间。同时，加强企业文化建设，营造融洽的企业人际关系，提高员工的认同感和归属感，提高员工的工作满意度，从而减少员工的道德风险。

2. 建立监督机制

建立各种监督机制，加大对员工的考核，加强对员工的监督和管理，通过各种制度的规范来减少道德风险。比如，为防范财务资金流失，采取会计与出纳分开，互相牵制和监督，来规避财务人员违背职业道德而挪用或转移资金的风险。再如采购部，可以利用招投标的方法或是利用询价与采购分离的方法来管理采购部的道德风险。

3. 建立激励机制

激励可以诱使员工采取经理所希望的行动，因而它能够在很大程度上有效解决员工道德风险问题，激励的方式包括隐性激励和显性激励。

（1）隐性激励主要包括以下五个方面：一是让员工体会到参与的价值。在管理中，通常采取民主协商、参与式管理的方法，通过合作谈判、共同协商，达到双方接受、共同认可的效果，从而调动员工的能动性、积极性并进行自我约束。二是利用声誉效应。经理可以通过及时、公平地表扬和奖励员工，从而诱使员工在经理面前建立他们的信誉；这样，即使经理不在，为了维护声誉，他们也会努力工作。三是依靠榜样的力量。在组织中树立榜样和典型，不仅能对员工自身产生激励，促使他们努力工作，而且也为其他员工确定了一个可比较的标准，在组织中形成一种力争上游的竞争氛围。四是进行情感激励。在长期的共同工作和生活中，使员工对企业产生深厚的感情，和组织融为一体。五是鼓励员工通过提升技能以减轻其失业压力。技能的提高和良好的协作精神将提高自己的可被聘任度，

这将激励员工主动将自己调适成精于学习及了解如何满足团队需要的人。

（2）显性激励主要指提高员工的薪资收入与福利待遇方面，如提高他们的收入，让员工觉得由于道德问题而失去工作会觉得成本太高，从而选择回避道德风险。

4. 建立道德风险基金

该措施主要是针对中高层管理人员而言，企业和管理人员签订道德风险合同，如果发现有违反道德风险现象，取消管理人员的期权或其他福利，这样大大增加了管理人员违反道德的成本，从而选择回避道德风险。

五、政府失灵与改进

（一）政府失灵及其原因

市场失灵为政府干预提供了依据，但是政府干预并非万能，也会出现干预失效，从而产生政府失灵。政府失灵是指政府干预经济不当，或者干预未能有效地克服市场失灵，甚至阻碍和限制了市场功能的正常发挥，从而导致经济关系扭曲，市场缺陷和混乱加重，以致社会资源最优配置难以实现。

政府失灵表现为以下三种情形：其一，政府干预经济活动达不到预期目标；其二，政府干预虽达到了预期目标但成本较高；其三，干预活动达到预期目标且效率较高但引发了负面效应。导致政府失灵的原因很多，主要有以下八个方面。

1. 有限信息

政府同私人部门一样，也存在信息不充分而导致决策失误，出现政府失灵，政府经常修改政策的情况屡见不鲜。同时，信息不对称还会影响政府对其各部门和代理人的监督，并会引起政策在传递过程中的耗散，从而导致政策在执行阶段出现政府失灵。

2. 有限控制

即政府关于市场的某些政策出台后，对市场的反应和对策往往无能为力。例如，政府采取医疗保险或公费医疗政策，却无法控制医疗费用的急速上升；一些国家为了吸引外资，实行优惠政策，却没有料到许多不应享受的投资者钻了空子；一些国家为了使收入均等化对高收入者征收高额累进税，却把这些人力资本和资产赶到了国外。

3. 有限决策

即政府的少数决策者在制定政策时存在自觉不自觉地倾向于自己所代表的利益阶层的情况，从而使政府的决策不一定符合大多数人的利益。

4. 时滞限制

政府的决策比市场慢得多，政策从出台到执行都存在时滞。具体表现在：一是认识时滞。即上级政府的决策需要基层部门发现问题并层层上报，这需要时间耗费。二是决策时滞。政府从认识问题到最后得出解决方案需要一段时间，中间包括咨询、论证和协调等。三是生效时滞。决策从事实到产生市场反应需要一定的时间。一般一项宏观政策从实施到生效大概需要半年时间。特别是有些决策因为时滞而导致结果更糟。例如，一个本来用于对付经济过热的货币政策可能要等到经济过热结束后经济衰退开始时才发生作用，这样会使经济情况雪上加霜。

5. 政府偏好

政府同个体一样，也有自己的偏好和利益目标。当下级政府的目标与上级政府的政策出现矛盾时，它会做出与政策目标相悖的选择，从而导致政府失灵。同时，上级政府在制定政策时，其偏好也起着重要的作用，出现失误也会导致政府失灵。

6. 官员的素质

有时，官员的素质会影响政策的制定与执行。他们在制定和执行政策时可能存在不当之处，同时，某些官员把公共权力当作私人权力来满足个人爱好，产生权钱交易、权权交易现象，造成人们对政府不大信任，致使政府干预失效。

7. 利益集团的寻租行为

当政府制定政策时，利益集团游说活动、个体的寻租活动都会使得政府的决策偏离社会的最优选择，推出的政策往往只代表利益集团的利益而不是整个社会的利益。当政府执行政策时，寻租活动会使政策执行效率或执行过程偏离政策本身。

8. 政府干预的盲目性

政府实行干预的法令、规章等都具有刚性，不能及时根据经济的具体情况而变化，从而导致政府对经济干预具有盲目性。

市场失灵在一定程度上可以通过政府来解决，但并不总是能够通过政府来解决，因为存在政府失灵，所以垄断、不公平、外部性、公共物品等问题要在政府出面解决的同时，又要引入市场竞争机制。

（二）政府失灵的对策

政府失灵作为一种客观存在，应尽力避免其对经济生活的破坏，采取种种措施，克服政府干预经济行为的局限性。

公共选择理论认为，解决政府低效率的问题，可以采取以下措施：第一，公共部门权力的分散化。比如，一个国家可以有两个以上的电信部门，一个城市应有几个给水排水公司。公共权力集中带来垄断和规模不经济，而公共部门权力分散有利于降低垄断程度，增加竞争成分，提高效率。第二，私人公司参与。在处理城市垃圾、消防、清扫街道、医疗、教育、身体检查等公共劳务的生产都可以实行私人公司参与的方式提高效率。第三，地方政府之间的竞争。如果资源及要素，尤其是劳动力可以自由流动，则会促使地方政府间的竞争、防止职权被滥用并提高效率。因为，某地方税收太高或者垄断程度高，投资环境差，政府提供的公共服务差、价格高，居民就会迁出从而会减少当地政府的税收。

思考题

1. 在完全竞争市场上，短期内，何种情况下产生超额利润？何种情况下亏损？

2. 在完全垄断市场上，为什么需求曲线也是平均收益曲线，而且是向右下方倾斜的？

3. 垄断竞争市场产生的条件是什么？为什么其需求曲线有两种可能？

4. 寡头垄断市场的特征是什么？如何解释寡头垄断市场上拐折的需求曲线？

5. 什么是市场失灵？为什么会产生市场失灵？

6. 垄断造成的经济后果有哪些？政府如何对垄断进行干预？

第六章　国民收入、通货膨胀与失业

导　读

宏观经济学把社会总体的经济活动作为研究对象，它所研究的是经济中的总量。衡量一个社会经济活动的基本尺度是国内生产总值（GDP），因此阐明国内生产总值及其有关总量衡量的规定和技术的国民收入核算理论是宏观经济学的前提。如果没有国民收入核算和近四十年来其他方面统计的革新和改进，当前的经验宏观经济学便是不可想象的。

通货膨胀与失业都是备受关注的宏观经济现象。正如我们所知道的，当一个国家流通中的货币量超过经济的实际需要量时，就会引发通货膨胀。严格控制货币的发行能够较有效地扼制通货膨胀。但我们经常可以看到，在通货膨胀恢复到较低水平以前，经济往往要经历一段高失业期，甚至是高通货膨胀伴随着高失业。

学习目标

1. 掌握国民收入核算。
2. 学习通货膨胀与失业。

第一节　国民收入核算

一、国内生产总值

（一）国内生产总值

国内生产总值（GDP）是指在某一既定时期一个国家（或地区）内所生产的所有最终产品和服务的市场价值总额。GDP 是国民经济核算的核心指标，也是衡量一个国家或地区总体经济状况的重要指标。

GDP 的内涵可以从以下六个方面进行理解。

1. GDP 统计的是最终产品，而不是中间产品

最终产品，是指可供人们直接消费或者使用的产品和服务，这部分产品已经到达生产的最后阶段，不能再作为原料或半成品投入其他产品和劳务的生产过程中去。与最终产品相对应的概念是中间产品。中间产品是指作为生产投入品，不能直接使用和消费的产品和服务。假如纺织厂生产棉布，供给体育用品公司生产运动服，棉布是中间产品，运动服就是最终产品。GDP 只包括最终产品的价值。原因是中间产品的价值已经包括在最终产品的价格中了，中间产品不能计入，否则会造成重复计算。

需要说明的是，有些产品究竟是属于中间产品还是属于最终产品，要根据它们的具体用途而定。根据不重复出售这个原则，一般把用作个人消费、投资、政府购买和出口的产品称为最终产品。

2. GDP 是市场价值

GDP 衡量了参与市场经济活动的各种最终产品的价值，这些价值都是用货币加以衡量的。产品的市场价值就是用这些最终产品的单位价格乘以产出量得出的。正因为衡量的是市场价值，所以家务劳动、自给自足性生产、非法交易等非市场活动不计入 GDP 中。

3. GDP 是生产的最终产品和服务价值

GDP 是一定时期内所生产的而不是所售出的最终产品价值，也不包括过去所生产的产品与服务。GDP 的计算期通常为一年，在计算期内，只要被厂商生产出来的最终产品都要计入当期的 GDP，而不管其是否销售。例如某公司生产了价值 50 亿元的产品，但是只卖掉了 40 亿元的产品，剩下的 10 亿元产品可以被看作企业自己买下来的存货投资，这 10 亿元未出售的产品同样计入 GDP；如果当年生产了价值 50 亿元的产品，却售出了 60 亿元的产品，则计入 GDP 的仍然是 50 亿元，只是上一年的库存减少了 10 亿元。

4. GDP 的计算不仅包括有形的产品，而且包括无形的产品

国内生产总值中的最终产品或服务不仅包括有形的产品，而且包括无形的产品，因而要把旅游、卫生、教育、服务等行业提供的服劳务计入国内生产总值中。

5. GDP 是流量而非存量

流量是一定时期内发生的变量，如 2023 年 9 月份月工资收入 5000 元；存量是一定时点上存在的变量，如 2023 年 9 月 30 日工资卡上有存款 5000 元。GDP 衡量某一既定时期内（通常是一年或一个季度）发生的生产的价值，是一定时期内发生变动的数值，因而是流量而不是存量。

6. GDP 是一个地域范围

GDP 衡量的生产价值局限于一个国家的地理范围内。凡是在本国领土上创造的收入，不管是否为本国国民都应计入本国的 GDP 中。如当一个美国公民暂时在中国工作时，他

的生产是中国 GDP 的一部分；当一个中国公民在俄罗斯有一家公司时，该公司的产出应计入俄罗斯的 GDP。

（二）实际 GDP 与名义 GDP

国内生产总值是一个市场价值概念，它是最终产品和服务数量与价格的乘积。因此，国内生产总值的高低取决于实际产量变动的影响和价格水平变动的影响。为了使国内生产总值变化能够确切反映国民经济实际变动情况，需要排除价格因素变动的影响，明确名义 GDP 和实际 GDP 的区别。

名义 GDP 是指以当年价格计算的国内生产总值，它等于各种产品和服务的数量与它们现行价格乘积的总和，既反映商品数量的变化又反映商品价格的变化。实际 GDP 是指用基期不变价格计算的国内生产总值，只反映商品数量的变化。基期不变价格是指统计时确定的某一年（称为基期）的价格。由于实际 GDP 不受价格变动的影响，只反映商品数量的变动，反映了经济满足人们需要与欲望的能力，因此在衡量经济福利时，实际 GDP 是一个比名义 GDP 更好的指标。

名义 GDP 与实际 GDP 之间的比例，被称为国内生产总值平减指数或紧缩指数或折算指数。国内生产总值平减指数用来衡量一国在基年和当年之间的通货膨胀程度。

（三）GDP 核算的缺陷

GDP 作为衡量一国经济状况的最佳指标，从总体上反映着一个国家或地区的经济发展状况，它已逐渐演变成为评价各国经济繁荣程度、指导政策走向的重要工具，但也存在一些缺陷。如果盲目地追求和崇拜 GDP，将可能导致社会层面、经济层面中真正需要关注的领域被忽视，可能会导致环境不断恶化，民众利益受损，大大降低百姓的社会幸福感。

1. 不能完全反映一个国家的经济总量

无论用哪一种方法核算 GDP，都很难得出准确的数值。一些非市场经济活动和难以计算价值的非法经济活动无法计入 GDP。

一是非市场活动被 GDP 遗漏。GDP 是按商品和服务的市场交易价格计算出来的，而非市场交易活动则无法计入经济总量。一些国家，特别是市场经济落后的国家存在着非市场性的商品和服务活动，如家务劳动、照看儿童、志愿服务，由于没有通过市场交换而没有体现出其交换价格，因而不计入 GDP。二是非法交易活动也是 GDP 的遗漏点。不论是发达国家还是发展中国家都不同程度地存在着一些非法经济交易活动。比如，非法的地下工厂和地下生产、各种形式的黑市交易、为偷税漏税而进行的走私活动等。虽然这些非法经济活动经过市场交换而且有交易价格，但因为是非法交易，因而也无法计入 GDP。

2. GDP 强调经济性而忽略了社会性

衡量进步的现实方法应当分清代价与效益，而 GDP 却将所有交易视为正价值并入总量。例如：疾病、交通事故、决策失误、豆腐渣工程以及自然灾害都可以使国内生产总值增加，因为医治伤患、修复损失全都需要投入资金。如在路上正常行驶的汽车对 GDP 的贡献几乎为零，但一起恶性交通事故使驾乘人员蒙受了巨大的损失，GDP 增加了；再如，人们天天加班就能生产更多的 GDP，但是没有闲暇生活的人们快乐吗？可见，虽然 GDP 增加了，生活质量却下降了。

3. GDP 不能反映经济发展对资源环境所造成的负面影响

人们砍伐森林、开发矿山能为 GDP 增加贡献，但可能导致了严重的资源破坏与环境污染，对人类的健康与发展构成极大威胁。而 GDP 的计算没有扣除自然资源损失，人为地夸大了经济效益。我国能源消耗占世界的比重高于 GDP 总量占世界的比重。显然，GDP 只反映了对经济的贡献，不能反映对环境资源的负面影响，说明我国经济增长处于高消耗、低效益状态。

4. 不能确切进行国际比较

由于各个国家市场经济发展水平不同，进入市场交易的产品比重不同，能够计入 GDP 的产品和服务的范围也不相同。经济发展水平相对落后的发展中国家，市场化程度低，自给程度较高，GDP 往往被低估。此外，汇率的差异、价格指数的不同都会造成 GDP 进行国际比较的困难性，不能完全反映不同国家经济福利水平的高低。

由于 GDP 存在种种局限性，因此并不是度量一国产出与福利的完美指标。但是我们不能因为它有缺点而不用它，问题在于如何运用、不要滥用，尤其是在政府决策时不要把 GDP 视为最终目标。

5. 绿色 GDP

绿色 GDP 是指一个国家或地区在考虑了自然资源（主要包括土地、森林、矿产、水和海洋）与环境因素（包括生态环境、自然环境、人文环境等）影响之后经济活动的最终成果，即将经济活动中所付出的资源耗减成本和环境降级成本从 GDP 中予以扣除。简单地讲，就是从现行统计的 GDP 中，扣除由于环境污染、自然资源退化、教育低下、人口数量失控、管理不善等因素引起的经济损失成本，从而得出真实的国民财富总量。即：

绿色 GDP ＝ GDP 总量 –（环境资源成本 + 环境资源保护服务费用）

到目前为止，绿色 GDP 核算只涉及自然意义上的可持续发展，包括环境损害成本、自然资源的净消耗量。这只是狭义的绿色 GDP，应该把与社会意义上的可持续发展有关的指标纳入 GDP 核算体系。因此，在 GDP 的核算中，必须扣除安全生产事故造成的 GDP 损失，以及处理这些事故的支出；扣除社会上各种突发事件造成的 GDP 损失，以及处理这些事件的支出；扣除为了防范和处理市场不公正、腐败造成的损失。

一个国家如果只有物质资本增加而环境资本在减少，总体资本就可能是零值甚至是负值，发展就是不可持续的。绿色 GDP 核算方式可以反映出循环经济发展模式与传统经济发展模式之间的巨大差异，使更多的人意识到传统经济发展模式带来的资源减少、环境恶化，从而让人们放弃传统的经济发展模式，采用循环经济发展模式，走新型工业化道路，从而有利于可持续发展战略的实施。

绿色 GDP 核算作为国民经济核算的核心是一种必然趋势，虽然目前还存在着许多的技术、制度、观念方面的障碍，也没有世界公认的成功体系可以借鉴，但经过努力，许多国家还是取得了很大的成绩。绿色 GDP 扣除了现行 GDP 中环境资源成本和对环境资源保护服务费用，较全面真实地反映出经济增长对资源环境的影响及其可持续发展能力，适应可持续发展战略的要求。其实施进程对循环经济的推行和对新型工业化道路的实现起到了督促和监督作用，因此，克服困难、推行绿色 GDP 核算势在必行。

二、国内生产总值的核算

在国民收入核算体系中有不同的计算国内生产总值的方法，主要有支出法、收入法和部门法。

（一）支出法

支出法又称最终产品法、产品支出法，它是从产品使用的角度出发，将一个国家（或地区）在一定时期内用于购买最终产品和服务所支出的货币加总起来计算国内生产总值的方法。在一国国民经济的实际运行中，社会经济对最终产品和服务的支出可以分为消费、投资、政府购买和净出口四部分。

1. 消费

消费通常用字母 C 表示，指本国居民对最终产品和服务的购买，包括耐用消费品（如彩电、冰箱、汽车等使用寿命较长的消费品）、非耐用消费品（如食品、衣服、汽油等使用寿命比较短的消费品）和服务（如医疗、理发、旅游等）。需要强调的是，以上都是指居民的个人消费，并且不包括购买新住房。

2. 投资

投资通常用字母 I 表示，指增加或更换资本资产的支出，即购买固定资产（厂房、设备）和存货的支出，包括家庭购买的新住房支出。资本资产之所以被视为最终产品而非中间产品是因为中间产品在生产其他的产品时全部被消耗掉，而资本资产在生产其他产品的过程中每年只是部分地被消耗掉。家庭购买的新住房属于投资而不属于消费，也是因为住宅的使用时间长，要慢慢地被消耗掉。企业存货是指企业存货的增加量，这种存货投资作为企业所有者的支出来计算，因此，存货生产就和最终产品一样增加了 GDP。但是，出售存货是正支出（购买）和负支出（存货负投资）的结合，因此不影响 GDP。

资本物品由于损耗造成的价值减少称为折旧。折旧不仅包括生产中资本物品的有形磨损，还包括资本老化带来的无形磨损。

3. 政府购买

政府购买通常用字母 G 表示，指各级政府购买产品和服务的支出，例如科教文卫费、行政管理费、国防费、公共安全、外交、公益事业支出等。这些政府购买的支出都要作为最终产品计入 GDP。

4. 净出口

净出口（NX）是出口与进口之差，通常用字母 X 代表出口，字母 M 代表进口，则（X-M）就代表净出口 NX。在计算消费支出、投资支出和政府购买时没有包括出口产品和服务，所以在计算 GDP 时应该加上；同样，在计算消费支出、投资支出和政府购买时已经包括了进口产品和服务的支出，所以在计算 GDP 时应该减去，即只有净出口额才被计入 GDP 中，且它可能为正值，也可能为负值。

综上所述，按支出法计算的国内生产总值为：

国内生产总值=消费+投资+政府购买+净出口

即：GDP＝C+I+G+（X-M）

GDP 衡量的是一国在一定时期内生产的全部最终产品和服务的市场价值总和。下岗工人没有创造任何商品和劳务，这些人原来领取的补助金属于政府的转移支付，按支出法计算 GDP 不应把政府的转移支付计入 GDP；而现在下岗工人重新就业后创造了商品和服务，领取的工资要作为要素收入计入 GDP。

（二）收入法

收入法，又称要素收入法、要素成本法或要素所得法，是从收入的角度出发，把投入生产的各种生产要素（劳动、土地、资本、企业家才能）所获得的各种收入加起来计算国内生产总值的一种方法，即把劳动所得到的工资、土地所有者得到的地租、资本所得到的利息以及企业家才能得到的利润相加来计算 GDP。从严格意义上讲，最终产品的市场价值中除了生产要素的收入所构成的成本，还有间接税、折旧、公司未分配利润等部分。

按收入法计算的国内生产总值主要包括以下几个项目：

1. 工资

工资包括工作薪酬、津贴、福利费、社会保险、养老金及个人所得税等。

2. 利息

利息是指居民将资金提供给企业等所得到的利息收入，如银行存款的利息、企业债券的利息等，但政府的公债利息被当作转移支付而不计入。

3. 租金收入

租金收入包括出租土地、房屋或物品使用权所得到的租金以及转让专利权和版权的收入。

4. 利润

利润由公司利润和非公司利润构成。公司利润指公司税前利润，包括企业所得税、股东红利、当年计提的盈余公积及未分配的利润构成。非公司利润主要指非公司企业主收入，如医生、农民、小店铺主等个体从业者的收入。

5. 折旧

折旧是资本的损耗，不是生产要素的收入，但为维持原有资本存量是必须支出的，故应计入 GDP 中。

6. 间接税

企业支付的税金包括直接税和间接税。直接税（如企业所得税）不能转嫁，已包含在工资、利润等中，故不重复计入 GDP 中。间接税是指税收负担不由纳税者本人承担的税种。这种税收名义上是对企业征收，但企业可以把它计入生产成本中，最终转嫁到消费者身上，故也应视为成本。如对进出口商品征收的关税应由进出口商支付，但可以把税收加入成本中，通过提高价格把税收转嫁给消费者。尽管这些税收不是生产要素获得的收入，但却是消费该商品所必须支付的，因此应作为成本。

7. 误差调整

误差调整包括减去政府对企业的补贴、加上政府企业的盈余、加上企业的转移支付（如企业对非营利组织的慈善捐赠）以及加上（或减去）企业存货价值的调整，最后再对统计误差进行调整。

综上所述，按收入法核算的国民生产总值公式为：

GDP＝工资+利息+租金+利润+折旧+间接税+误差调整

从理论上讲，用收入法计算出的 GDP 与用支出法计算出的 GDP 在量上是相等的。

（三）部门法

部门法是按生产产品和提供服务的所有部门的产值来计算国内生产总值的方法。这种计算方法反映了国内生产总值的来源，所以又称生产法。

使用部门法计算 GDP 时要避免重复计算。各生产部门要把所使用的中间产品的产值扣除，只计算新增加的价值。一个企业产品的增值是该企业销售收入与中间产品价值之间的差额。以服装生产为例，一件最终产品在整个生产过程中的价值增值等于该最终产品的价值。

商业和服务等部门也按增值法计算。对于卫生、教育、行政、司法等无法计算增值的部门，按该部门员工的工资来计算其服务的价值。

采用生产法进行核算，国内生产总值是由第一、第二和第三产业提供的增值构成的，一二三产业都是生产部门。

三、国民收入核算中的其他总量

（一）国民收入核算中的基本总量

1. 国内生产净值

国内生产净值（NDP）指在某一既定时期一个国家（或地区）内所生产的最终产品和服务的市场价值扣除在生产过程中的资本耗费（折旧）的价值，即新增加的价值。折旧为总投资与净投资的差额。GDP 与 NDP 之间的关系可以表示为：

国内生产净值 NDP＝国内生产总值 GDP－固定资产折旧

国内生产总值 GDP 与国内生产净值 NDP 之间最显著的差别是：前者包括总投资，后者包括净投资。

2. 国民收入

国民收入（NI）是指一个国家（地区）在一定时期内生产产品和服务的各种生产要素（劳动、企业家才能、资本与土地）得到的全部收入，即工资、利润、利息和地租的总和。企业转移支付和间接税虽然列入产品价格，但不代表生产要素创造的价值或要素收入，不能计入 NI。政府给予企业的补贴，虽然不计入产品价格，但成为企业收入，即成为要素收入。

国民收入 NI＝国内生产净值 NDP－企业间接税－企业转移支付＋政府补贴

或国民收入 NI＝工资＋利润＋利息＋租金

3. 个人收入

个人收入（PI）是指一个国家（或地区）在一定时期内，所有个人得到的收入的总和。它包括工资和薪金收入、租金收入、利息和股息收入、政府转移支付和企业转移支付等，用来表现个人实际得到的收入。一个国家或地区之内所有个人的收入的总和与该国家或地区之内所有居民的收入总和，也就是国民收入应当是一致的。但实际经济运行中存在的一些因素导致了个人收入与国民收入数量上的不同。为获得个人收入指标，需要对国民收入做如下调整。

（1）从国民收入中减去企业未分配利润、企业所得税和缴纳的社会保险费。未分配利润是企业为了未来发展的需要而保留在企业手中的本应分配给生产要素所有者的利润。所得税是因为存在利润而向政府缴纳的税收，而缴纳给政府就意味着无法分配给个人。可见，公司未分配利润和企业所得税包括在国民收入之内，但并没有分配给个人，因此需要减去。缴纳的社会保险费会使企业和个人的收入都减少，因此也需要减去。

（2）需要加上未被列入国民收入而个人实际获得的收入，如政府转移支付，即退伍军人津贴、失业救济金、养老金等。个人收入的公式为：

个人收入 PI＝国民收入 NI－企业未分配利润－企业所得税－社会保险费+政府转移支付

4. 个人可支配收入

个人可支配收入（PDI）是指一个国家（或地区）在一定时期内，所有个人实际可以支配的用于消费和储蓄的那部分收入。因为要交纳个人所得税，所以收入不能全部归个人支配使用，税后的个人收入才是个人可支配收入。

个人可支配收入 PDI＝个人收入－个人所得税＝消费+储蓄

这些经济总量之间的等式关系如下：

$$NDP＝GDP－固定资产折旧$$

$$NI＝NDP－间接税－企业转移支付+政府补贴$$

$$PI＝NI－企业未分配利润－企业所得税－社会保险费+政府转移支付$$

$$PDI＝PI－个人所得税$$

（二）国民生产总值与国内生产总值

1. 国民生产总值

国民生产总值（GNP）是指一个国家（或地区）所有国民在一定时期内所生产的最终产品和服务的价值。

GNP 是按国民原则核算的，只要是本国（或地区）居民，无论是否在本国境内（或地区内）居住，其生产和经营活动新创造的增加值都应该计算在内。如当一位中国居民暂时在美国工作时，他的收入就应该包括在中国的 GNP 中。

国民生产总值＝国内生产总值+本国公民在国外生产的最终产品和服务的市场价值总和－外国公民在本国生产的最终产品和服务的市场价值总和

2. 国内生产总值与国民生产总值的比较

（1）国内生产总值与国民生产总值的相同点

第一，二者作用相同。两者均用以反映一国或地区当期创造的国民财富的价值总量，是衡量一国或地区经济规模的最重要的总量指标。通过计算 GDP 增长率或 GNP 增长率，可以衡量一国或地区经济增长速度的快慢；通过计算人均 GDP 或人均 GNP，可以衡量一国或地区经济发达的程度，或反映国民收入水平及生活水平的高低。第二，GDP 与 GNP 价值构成相同。两者在价值构成上均表现为"增加值"。

（2）国内生产总值与国民生产总值的不同点

第一，二者计算口径不同。GDP 计算采用的是"国土原则"，即只要是在本国或该地区范围内生产或创造的价值，无论是外国人或是本国人创造的价值，均计入本国或该地区的 GDP。而 GNP 计算采用的是"国民原则"，即只要是本国或该地区居民，无论你在本国或该地区内，还是在外国或外地区所生产或创造的价值，均计入本国或该地区的 GNP。第二，GDP 与 GNP 侧重点不同。GDP 强调的是创造的增加值，是"生产"的概念。GNP 则强调的是获得的原始收入。

（三）国内生产总值与人均国内生产总值

人均国内生产总值是国内生产总值除以当期的人口数量。国内生产总值反映了一国的总体经济实力和市场规模，人均国内生产总值反映了一国的富裕程度与生活水平。

1. 国内生产总值 GDP——20 世纪最伟大的发明之一

GDP 是 20 世纪最伟大的发明之一。GDP 被比作描述天气的卫星云图，能够提供经济状况的完整图像，能够帮助领导者判断经济是在萎缩还是在膨胀，是需要刺激还是需要控制，是处于严重衰退还是处于通胀威胁中。

一个国家的宏观经济状况可以用一些经济指标来说明。判断宏观经济运行状况的三个主要指标（经济增长率、通货膨胀率和失业率）都与 GDP 有十分密切的联系。经济增长率就是 GDP 增长率，通货膨胀率一般是用 GDP 平减指数来衡量，而著名的奥肯定律则告诉我们，通过经济增长率可以对失业率进行大致的判断。在国际社会中，一个国家的 GDP 与该国承担的国际义务、享受的优惠待遇等密切相关。例如，联合国会费是根据各国的 GDP 与人均 GDP 等数据计算确定的。

GDP 也存在诸多缺陷。如一辆汽车在马路上正常行驶，这时的汽车对 GDP 的增长没有什么贡献。突然，汽车撞上了路边的大树，司机受伤，汽车损坏。救护车来了，把汽车拖到修理厂，修理厂修好了汽车。这一系列的服务统统被计入 GDP。

又如，只要采伐树木，GDP 就会增加，采伐后会造成森林资源的减少，其代价却不被 GDP 所考虑。再如，某些产品的生产会向空气中或水中排放有害物质，GDP 却无法表现这些破坏。

总之，GDP 不能反映经济增长所付出的环境污染、资源消耗等代价，不能准确反映社会成员的个人福利状况，人均 GDP 会掩盖收入差距的扩大。

针对以上缺陷，一些经济学家提出了一些新的指标，如绿色 GDP 指标，但是这些指标目前还缺乏可操作性。

2. 中国 GDP 的官方数据是否可信

国民经济核算是一个非常复杂、系统的工程。我国自开始采用国民账户体系（SNA）以来，国民经济核算已经基本和国际接轨，但不可否认，我国 GDP 核算和数据收集中还存在一些问题，主要包括：一是由于服务业的统计基础比较薄弱，在核算中可能低估甚至遗漏了某些服务业产出；二是 GDP 的生产和使用数据不太匹配。从理论上讲，GDP 的生产额和使用额应该相等，在实践中，由于所采用的基础数据来源不同，两者可能会有所差异，但差异不应很大，在发达国家，两者的相对差率一般不超过 1%。

我国目前没有编制服务业生产者价格指数，大部分服务业不变价增加值计算采用的是居民消费价格指数中对应的服务项目价格指数。但是，有些服务，如计算机服务、会计师服务、广告服务，其服务对象往往不是居民住户，因此，这些服务业不变价增加值计算实际上没有对应的消费价格指数。在这种情况下，只能用有关价格指数替代，这一定会影响到不变价增加值计算的准确性。我国目前还没有编制服务贸易价格指数，服务进出口的不变价计算只能参考货物贸易价格指数和国内外相关的服务价格指数，这也会影响到服务进出口不变价数据的准确性；未被观测经济在核算中反映得不够全面。根据经济合作与发展组织（OECD）的定义，未被观测经济包括非法生产、地下生产、非正规部门生产等活动，这些生产活动容易被统计所遗漏。我国 GDP 核算虽然包括了部分未被观测经济（如农民自产自用的生产活动），但尚未就相应的经济活动进行全面、系统、深入的研究，缺乏有效的统计手段和措施，因此，发生遗漏就在所难免了；GDP 核算所依据的部分统计数据容易受到某些地方政府官员的干扰。目前，我国统计系统的独立性不强，某些地方领导出于政绩考虑，对一些重要统计数据进行直接或间接干扰的现象时有发生。虽然国家统计局采取了多种措施对地方统计数据进行联审、评估和调整，但由于各种主客观原因，完全消除这种影响在现阶段是不现实的。

针对中国 GDP 核算的现状，反映中国经济发展的官方统计数据，尤其是 GDP 数据，引起了国内外经济学家和国际组织的广泛关注。

3. GDP 不是万能的，但没有 GDP 是万万不能的

越来越多的人包括非常著名的学者，对 GDP 衡量经济增长的重要性发生了怀疑。如果一对夫妇留在家中打扫卫生和做饭，这将不会被列入 GDP 的统计内，假如这对夫妇外出工作，另外雇人做清洁和烹调工作，那么这对夫妇和佣人的经济活动都会被计入 GDP。说得更明白一些，如果一名男士雇用一名保姆，保姆的工资也将计入 GDP。如果这位男士

与保姆结婚，不给保姆发工资了，GDP 就会减少。

在西方经济学家们合著的《四倍跃进》中对 GDP 在衡量经济增长中的作用更是提出了诘难，他们生动地写道：乡间小路上，两辆汽车静静驶过，一切平安无事，它们对 GDP 的贡献几乎为零。但是，其中一个司机由于疏忽，突然将车开向路的另一侧，连同到达的第三辆汽车，造成了一起恶性交通事故。"好极了。"GDP 说。因为，随之而来的是：救护车、医生、护士、意外事故服务中心、汽车修理或买新车、法律诉讼、亲属探视伤者、损失赔偿、保险代理、新闻报道等，所有这些都被看作正式的职业行为，都是有偿服务。即使任何参与方都没有因此而提高生活水平，甚至有些还蒙受了巨大损失，但我们的"财富"——所谓的 GDP 依然在增加。

需要进一步指出的是，国内生产总值其中所包括的外资企业虽然在我们境内从统计学的意义上给我们创造了 GDP，但利润是汇回他们自己的国家的。一句话，他们把 GDP 留给了我们，把利润转回了自己的国家，这就如同在天津打工的安徽民工把 GDP 留给了天津，把挣的钱汇回了安徽一样。看来 GDP 只是一个"营业额"，不能反映环境污染的程度，不能反映资源的浪费程度，看不出支撑 GDP 的"物质"内容。在当今中国，资源浪费的亮点工程、半截子工程都可以算在 GDP 中，都可以增加 GDP。

尽管 GDP 存在着种种缺陷，但这个世界上本来就不存在一种包罗万象、反映一切的经济指标，在我们现在使用的所有描述和衡量一国经济发展状况的指标体系中，GDP 无疑是最重要的一个指标。正因为有这些作用，所以我们说，GDP 不是万能的，但没有 GDP 是万万不能的。

第二节　通货膨胀与失业

一、失业理论

（一）失业

失业是宏观经济运行中产生的、通常与通货膨胀并列考查的一种"病态"经济现象。在失业问题上，宏观经济政策的目标是实现充分就业，但由于测量各种经济资源的就业程度非常困难，因此经济学家通常以失业情况作为衡量就业量的尺度。

1. 失业的测量与分类

（1）失业的概念

在经济学范畴中，一个人愿意并有能力为获取报酬而工作，但尚未找到工作的情况，即认为是失业。

我们可以理解为：达到就业年龄、具备工作能力谋求工作、但未得到就业机会的状态。

失业有广义和狭义之分。广义的失业指的是生产资料和劳动者分离的一种状态。在这种状态下，劳动者的生产潜能和主观能动性无法发挥，不仅浪费社会资源，还对社会经济发展造成负面影响。狭义的失业指的是有劳动能力的、处于法定劳动年龄阶段的、并有就业愿望的劳动者失去或没有得到有报酬的工作岗位的社会现象。

（2）失业人口划分

没有劳动能力的人不存在失业问题。有劳动能力的人虽然没有职业，但自身也不想就业的人，不称为失业者。对失业的规定，在不同的国家往往有所不同。在美国，年满 16 周岁而没有正式工作或正在寻找工作的人都称为失业者。以下几种情况也算作失业：

①被暂时解雇而等待重返原工作岗位的人；

②于 30 天之内等待到新的工作单位报到的人；

③由于暂时患病或认为本行业一时没有工作可找而又不寻找工作的无业者。

（3）失业的测量

一个经济社会的失业状况通常是通过失业率来衡量的。为了定义失业率，首先得定义劳动力。在宏观经济学中，劳动力指在法定工作年限内（如年龄在 16 到 65 岁之间）具有工作能力的人，它是正在工作和已经失业的人的全体，若用 N 表示正在工作的人的数量，即就业量，U 表示失业者总数，即失业量，L 表示劳动力总量，则有：

$$L = N + U$$

于是，失业率是指在劳动力中失业人数所占的百分比，或者说失业人数与劳动力总数之比。用 M 表示失业率，则有：

$$M = U \div L \times 100\%$$

由失业率的定义可知，若失业率已知，则就业率为 1 减去失业率。

大多数国家通过两种途径获得失业率的相关数据。第一是集中失业者在劳动管理部门申报登记的数据。由于申报失业可以领取失业救济金、得到就业信息等好处，因此，绝大多数失业者会愿意到劳动管理部门申报登记。第二是通过定期的抽样调查来估算失业人口。这两种方法获得的数据存在一定差异，但可以互相参照。

（4）失业的分类

宏观经济学通常按照失业的原因将失业一般分为摩擦性失业、结构性失业及周期性失业三类。

①摩擦性失业

摩擦性失业是指因季节性或技术性原因而引起的失业，即由于经济在调整过程中，或者由于资源配置比例失调等原因，使一些人需要在不同的工作中转移，使一些人等待转业而产生的失业现象。这在本质上是过渡性或短期性的，通常起源于劳动力供给方，人们换工作或找工作就是这种失业的例子。

摩擦性失业是由于人们在不同的地区，不同的职业或一生中的不同阶段的工作变动所引起的。即使经济处于充分就业状态，由于人们从学校毕业或搬到新城市而要寻找工作，或者与老板闹矛盾等，总是会有一些人的工作发生变动。在变动期间，受劳动力市场供求信息交流不完善、流动成本、职业技能、个人特长和居住地区等因素影响，找到一份合适的工作需要时间，在这段时间内，这些劳动力就处于失业状态，尽管同时存在着职位空缺。因此，摩擦性失业又被称为由于人们寻找一份工作需要时间而引起的失业。摩擦性失业被看作求职性失业，即一方面存在职位空缺，另一方面存在着与此数量对应的寻找工作的失业者。因为摩擦性失业的人员经常在职业之间流动或寻找更好的工作，所以他们往往又被认为是自愿失业者。

②结构性失业

结构性失业是指劳动力的供给和需求不匹配造成的失业。特点是既有失业，又有职位空缺，失业者或者没有合适的技能，或者居住地点不当，因此无法填补现有的职位空缺。它是在对工人的供求不一致时产生的。供求之所以会出现不一致是因为对某种劳动的需求增加，而对另一种劳动需求减少，与此同时供给没有迅速做出调整。当某些部门相对于其他部门出现增长时，我们经常看到各种职业或地区之间供求的不平衡，这种不平衡折射的是经济结构变化、产业兴衰转移。技术进步、国际竞争、非熟练工人缺乏培训、消费习惯改变、政府的财政、税收和金融政策等影响产业结构的因素都可能导致结构性失业。

结构性失业与摩擦性失业既有联系又有区别。两者的共同特点是职位空缺与失业并存，但结构性失业更强调的是职位空缺所需要的劳动技能与失业工人所具备的劳动技能不相符合，或职位空缺不在失业工人居住的地区，或失业工人无力支付昂贵的培训费用和迁转费用。因此，尽管失业工人能够获得劳动市场有关职位空缺的信息，但他无法填补空缺的职位。

因此，结构性失业在本质上是长期的，通常起源于劳动力需求方，由经济变化导致。这些经济变化引起特定市场和区域中的特定类型的劳动力的需求相对低于其供给。

从导致劳动力供求结构不一致的原因的角度出发，可以把结构性失业分为以下几种类型：结构调整型失业、体制转轨型失业、经济增长方式转变型失业、技术进步型失业、知识经济发展型失业及教育发展滞后型失业。

从劳动力供求结构不一致的诸多表现形式的角度出发来划分结构性失业，又可分为以下几种类型：就业观念滞后性失业、地区供求不对称性失业、年龄供求不对称性失业及性别供求不对称性失业。

根据结构性失业的特征，职业指导工作的核心应放在培训方面，通过参加培训，使技能更新与技术发展同步。另外，应加强劳动力市场的信息传递，指导求职人员及时了解劳动力市场各类人员的供求状况，并做好供求状况的预测工作。

③周期性失业

周期性失业又称为总需求不足的失业，是由于整体经济的支出和产出水平下降，即总需求不足而引起的短期失业，它一般出现在经济周期的萧条阶段。这种失业与经济中的周期性波动是一致的。在复苏和繁荣阶段，各厂商争先扩充生产，就业人数普遍增加。在衰退和谷底阶段，由于社会需求不足，前景暗淡，各厂商又纷纷压缩生产，大量裁减雇员，形成令人头疼的失业大潮。

如果一个经济社会的有效需求水平过低，不足以为每一个愿意按现行工资率就业的人提供就业，即失业人数超过了以现行工资率为基础的职位空缺，由此产生的失业就是需求不足型失业。需求不足型失业包括增长不足型失业和周期性失业两种类型。增长不足型失业是指需求的增长速度慢于劳动力的增长速度和劳动生产率的提高速度而产生的失业，与短期需求下降造成的周期性失业不同。增长不足型失业是由需求长期滞后于劳动力增加和劳动生产率提高导致的。由于凯恩斯总需求分析偏重于短期，周期性失业更受重视。

周期性失业的原因主要是整体经济水平的衰退；由于它是可以避免的，因而周期性失业也是人们最不想看见的。20 世纪 30 年代经济大萧条时期的失业就完全属于周期性失业。与结构性失业、摩擦性失业等失业状况不同，周期性失业的失业人口众多且分布广泛，是经济发展最严峻的局面，通常需要较长时间才能有所恢复。

2. 失业的原因

在宏观经济学中，关于失业的原因可分为自愿性失业和非自愿性失业。前者指工人不愿接受现行工资水平而形成的失业。后者指愿意接受现行的工资但仍然找不到工作的失业。

（1）自愿性失业

自愿性失业是指劳动者不愿意接受现行工资或不满意工作现状和条件或其他原因而自愿失去职业。例如，在自愿失业的情况下，工人可能因市场工资待遇低于他们的要求而失业；某些生产效率高的人可能宁愿赋闲，也不干低工资的工作而失业等。

自愿性失业的存在是失业的一种特例。一个经济体即使存在某种数量的自愿性失业者也能高效率地运行。自愿性失业的工人在现行工资率下可能宁愿休闲或上学或进行其他活动——或许他（她）愿意留在家中照顾幼儿，或许他们实际上有一个职位，但为了找到工资更高或福利更好的工作而到处奔波，或许他们愿意提前退休等。有无数原因说明人们为什么自愿在现行工资率下不工作，而这些人中的某些人可能是官方统计中的失业者。

（2）非自愿性失业

非自愿性失业指工人愿意接受现行工资水平与工作条件，但仍找不到工作而形成的失业。

传统理论认为，劳动力市场中的工资具有完全的灵活性，能够自由地调整市场的供给和需求，从而使市场自行达到均衡状态。例如，当市场工资率高于均衡工资率时，愿意供给的劳动量将超过厂商愿意雇用的劳动量，劳动力市场供过于求，出现失业现象；为了尽快找到工作，大量竞争同一岗位的工人将会推低市场工资水平，而较低的工资水平将促使厂商愿意增加劳动雇用量，从而使市场不断趋向均衡水平。因此，当工资能够自由浮动且具有完全的灵活性时，劳动力市场不可能有生产不足或非自愿性失业。

现实中的工资往往具有非灵活性，工资倾向于缓慢地调整以适应经济的冲击。同时，还有一个更为根本的原因在于经济社会中存在有效需求不足。只要存在着有效需求不足，工人即使愿意接受降低了的工资率，仍然不会有雇主雇用他们。换言之，假定产品没有销路，哪怕工资率再低，并且工人愿意按低工资被雇用，厂商也不会增雇工人。

3. 失业的影响

失业不仅是经济问题，也是社会问题。从经济角度看，失业造成劳动力和其他经济资源的闲置，社会未能充分利用稀缺的经济资源创造出最大的财富。从社会的角度看，失业使失业人员生活水平下降、承受痛苦，影响着他们的身心健康，不利于社会的安定。

失业率过高，影响经济正常发展，严重的甚至引发社会动荡，因此，无论是哪国政府，都非常重视失业问题，都把增加就业作为最主要的政策目标之一。

（1）失业对经济的影响

失业对经济的影响典型地表现在社会对资源利用的减少，造成生产收缩、资源闲置，国民收入减少。劳动力是经济社会最重要的生产要素，失业使劳动力资源无法得到充分利用，使劳动力创造的价值发生无法弥补的损失。同时，由于生产要素的联合性，劳动力资源的闲置也使社会的其他资源（土地、机器设备等资本）无法投入使用，造成难以弥补的经济损失。

20世纪60年代，美国经济学家阿瑟·奥肯根据美国的数据，提出了经济周期中失业变动与产出变动的经验关系，被称为"奥肯定律"，即失业率每高于自然失业率一个百分点，实际GDP将低于潜在GDP两个百分点。换一种方式说，相对于潜在GDP，实际GDP每下降两个百分点，实际失业率就会比自然失业率上升一个百分点。

奥肯定律描述的失业率与 GDP 的数量关系是失业率变动与潜在 GDP 增长率减实际 GDP 增长率这个差额的数量关系，可列出公式如下：

$$失业率的变动 = -0.5 \times （实际 GDP 增长率 - 潜在 GDP 增长率）$$

西方学者认为，奥肯定律揭示了产品市场与劳动市场之间极为重要的关系，它描述了实际 GDP 的短期变动与失业率变动的联系。根据这个定律，可以通过失业率的变动推测或估计 GDP 的变动，也可以通过 GDP 的变动预测失业率的变动。例如，实际失业率为 8%，高于 6% 的自然失业率两个百分点，则实际 GDP 就将比潜在 GDP 低 4% 左右。

（2）失业对社会的影响

失业的社会影响虽然难以估计和衡量，但它容易为人们所感受到。失业不仅使失业者及其家庭经济收入和消费水平下降，也会给失业者的心理造成伤害，带来一系列社会问题，影响家庭和社会的安定。

失业者没有收入或收入减少，家庭的要求和需要得不到满足，家庭关系将因此受到损害。西方有关的心理学研究表明，解雇造成的创伤不亚于亲友的去世或学业上的失败。此外，失业者家庭之外的人际关系也受到失业的严重影响。一个失业者在就业的人员当中失去了自尊和影响力，面临着被同事拒绝的可能性，并且可能要失去自尊和自信。最终，失业者在情感上受到严重打击。

失业率高的社会，往往伴随着高犯罪率、离婚率和其他各种社会骚乱。失业率的上升往往会引起犯罪率的增加。当人们没有从正当工作中得到收入时，有时就会去犯罪。高犯罪率也是高失业率的代价。此外，失业有损失业者的自尊心，这也会引发许多社会与政治问题。因此，从社会学角度来看，失业不利于社会的稳定。尽管很难从数字上确定失业与这些现象之间的关系，但它们之间的正相关关系的确是普遍的事实。

（二）失业的治理

充分就业是任何经济社会政府宏观经济管理的终极目标之一，宏观就业政策是经济社会政府管理的一个重要组成部分。在长期的探索和实践中，西方各国从增加劳动力需求、改善劳动力供给以及完善劳动力市场机制等方面做出了大量的促进就业的努力，积累了宝贵的失业治理经验。

1. 增加社会的劳动力需求

经济社会的就业状况在很大程度上取决于其国民经济增长水平，在长期的实践中，西方国家普遍形成了在经济增长中拓展就业空间的思路。在劳动力总量既定的情况下，经济社会的经济增长速度越快，国民收入产出水平越高，对劳动的需求就越大，劳动的失业率就会越低。各国采取的增加社会劳动力总需求的主要措施包括以下三点：

（1）实施积极的财政政策

扩张政府的财政支出，尤其是公共项目上的支出。政府购买的增加直接增加了对社会产品的需求，刺激产业生产的发展，促进社会雇用劳动量的增加；增加公共项目上的支出还能直接创造就业岗位。

（2）实施积极的货币政策

如降低利率、扩大信贷规模等，降低企业的融资成本，引导企业扩大投资，扩张生产，增加就业。

（3）实施积极的产业政策

引导和扶持国民经济主导产业和就业吸纳能力强的产业的发展，促进国民经济水平的提升和经济结构的转变，增加就业。

可以说，保持经济稳定增长，是扩大就业减少失业的根本途径。

2. 改善社会动劳力的供给

现代科技的发展对劳动者的素质要求越来越高。缺乏一定文化、科技素质的劳动者越来越难找到工作。为了减缓企业裁员对劳动力市场的冲击并使失业者重新进入劳动力市场，很多国家建立了国家控制失业的服务制度。政府通过组织各类培训和再培训，使劳动者不断掌握新知识、新技能，提高劳动者素质，提高劳动者的适应性和流动性，以减少结构性失业，同时也为新的产业、新的工种提供源源不断的人才。同时，通过加强立法来保障职业培训，也是许多国家面对严峻的失业形势所采取的一种带有强制性的举措。

3. 完善劳动力市场的供求机制

完善劳动力市场的供求机制的目的是弥补劳动力市场的失灵。西方国家的主要措施包括以下两项：

（1）完善市场为导向的劳动力配置机制，充分发挥价格在配置劳动力资源方面的基础作用

在调节劳动力市场供求方面，灵活调整的市场价格发挥着至关重要的作用，确保市场实现均衡。一旦由于制度、法律、工会组织等外在因素的限制，使得劳动力价格高于市场均衡价格，并呈现向下的刚性，必将出现持续的非自愿失业现象。20世纪80年代以来，各国都开展了以市场化为导向的改革，西欧等国放松了对劳动力市场的管制，包括取消最低工资限制、削弱工会组织的垄断势力；转型国家和发展中国家进行了市场经济体制改革，逐渐缩减国家干预的范围和强度，逐步消除分割各种市场的制度性障碍（放松对垄断行业的管制，打破城乡、地区之间的户籍等制度性障碍），完善以价格机制为核心的市场体系，促进劳动力在城乡及地区之间的自由流动，以消除市场失灵造成的非自愿失业。

（2）建立和完善就业服务及指导体系，修正市场的信息失灵

西方各国都在积极建立并完善职业介绍所和就业指导体系，并对就业服务部门实施专业化的管理，促使其为失业者提供市场信息，帮助失业者增强求职技能及基本工作技巧，促进就业。

4. 完善失业保险制度

20 世纪 90 年代以来，许多国家都加大资金投入，全面推进社会保障。西方国家尤其是欧盟国家已形成了一套完整的失业保险制度，在当前西方市场经济国家中为保持社会稳定和公平起到了重要作用。然而，失业保险制度的建立并不等于失业问题的最终解决，相反，失业保险体系的存在降低了失业者重新就业的积极性。

西方国家对失业保险制度进行了改革和完善，力图变消极保障为积极保障。在保留失业保险保护失业者的功能的同时，政府不再单纯地发放失业保险金，而是从简单的保护失业者转为促进他们再就业。不少国家规定非自愿失业者有义务接受职业培训，不接受者不能享受失业救济。凡已进行个体经营或个人在社会上参加各种经营性活动取得了收入，就不再被认为是失业。在领取失业救济金的条件、数量及期限上，"门槛"已被大大抬高了，条件较以前严格了许多。一些国家还将职业介绍、职业培训、失业保险等部门的工作有机地衔接起来，为各个环节互相促进、互相制约，以尽量避免"养懒汉"现象的发生。

二、通货膨胀理论

(一) 通货膨胀的测量与分类

1. 通货膨胀

通货膨胀是指因纸币的发行量超过商品流通中的实际需要量而引起的货币贬值和物价水平普遍持续上涨的现象。

在理解上述定义时需注意以下两点：第一，通货膨胀是指物价总水平的上升。物价的上升不是指一种或几种商品价格的上升，而是指包括所有商品或服务在内，总的物价水平普遍上升；第二，通货膨胀是一段时期内的物价持续上升，不是指物价水平一时的上升，因此，季节性、偶然性和暂时性的价格上升都不能称为通货膨胀。例如，第一季度物价上升了 3%，全年物价上升了 10%，这就是通货膨胀；但是第一季度物价上升了 3%，第二季度又下降了 3%，这就不能算是通货膨胀。

总之，通货膨胀一般表现为通货贬值、物价水平的持续上升，这种形式有时是公开的，有时是隐蔽的。例如，通过降低质量、采用凭证供应等管制措施，物价在这段时期里保持表面上的稳定；但如果放松管制，物价就会普遍上升。因此，这是一种隐蔽形式的通货膨胀。

2. 通货膨胀的测量

通货膨胀一般用物价指数来测量。西方经济学家主要采用以下三种物价指数为工具衡量通货膨胀。

（1）批发物价指数

批发物价指数（PPI），又称生产者价格指数，在我国称为工业品出厂价格指数，它是反映不同时期商品批发价格水平变动情况的指数，它通过对比基期计算出价格变动的百分比。这种指数与产品出厂价格紧密相关，对商业循环也较为敏感，所以被一些经济学家称为未来通货膨胀的最敏感的早期信号之一。但它仅仅用于测量有形的物质生产，在范围上不包括各种服务。

PPI 指数的计算公式为：

$$PPI =（当年的价格 / 基年的价格）×100\%$$

（2）零售物价指数

零售物价指数（CPI），又称消费品物价指数，是衡量各个时期与居民生活有关的产品及服务价格统计出来的物价变动指标。中国的 CPI 包括食品、衣着、医疗保健和个人用品、交通及通信、娱乐教育文化用品及服务、居住、杂项商品与服务等八类。这一指标主要的优点是资料较易获取，公布次数较多，能够较快地反映出物价变动的趋势，缺点是范围较窄，有一定的误差。

CPI 指数的计算公式为：

$$CPI =（当期的价格 / 基期的价格）×100\%$$

一般说来，CPI 增幅小于 3% 时，表示有轻微的通货膨胀，这是经济发展所允许的，因为轻微的通货膨胀对经济繁荣是有好处的；CPI 增幅大于 3%，就是通货膨胀；而当 CPI 增幅大于 5% 时，则是严重的通货膨胀，经济发展不稳定，国家将相应出台货币紧缩的政策，如加息、提高银行存款准备金率等。

（3）国民生产总值的折算价格指数

国民生产总值（GNP）的折算价格指数，是按当年价格计算的国民生产总值（报告期 GNP）与按固定价格或不变价格计算的国民生产总值（基期 GNP）的比例，其公式为：

$$GNP 的折算指数 = 报告期 GNP / 基期 GNP$$

这种指数是通过衡量全国所有商品和服务的价格变动情况计算出来的指标，其优点是范围较大，能全面、准确地反映一般物价水平的变化趋势；缺点是资料较难获取，且每年公布一次，从而反映物价变动趋势带有滞后性。

应当说明的是，这三种物价指数都能反映出基本相同的通货膨胀的变动趋势，但由于各种指数包括的范围不同，所以数值并不相同。但无论采用哪种指数，都存在这样一个问题，即该种指数的数值为多大时，才算出现了通货膨胀。对此，西方经济学中也没有一致的答案，有的人认为物价水平每年上升2.5%以上，并持续一段时间才算是通货膨胀，也有人认为物价水平的任何上升都是通货膨胀等。这涉及通货膨胀的分类问题。

3. 通货膨胀的分类

根据物价水平上升的速度不同，我们可以把通货膨胀分为爬行的通货膨胀、温和的通货膨胀、飞奔的通货膨胀和恶性的通货膨胀。

（1）爬行的通货膨胀

一般指物价上涨不超过3%，同时不存在通货膨胀预期的状态，爬行的通货膨胀被看作实现充分就业的一个必要条件，国外所谓通货膨胀有益无害的观点指的就是这种状态。有的经济学家还认为，3%左右的通货膨胀对经济的发展和国民收入的增加都有积极的刺激作用。

（2）温和的通货膨胀

一般把3%~10%之间的通货膨胀称为温和的通货膨胀。在温和而稳定的通货膨胀条件下，相对价格不会过分不协调，效率的损失也是有限的。

（3）飞奔的通货膨胀

飞奔的通货膨胀，又称奔驰的通货膨胀。它是指一般物价水平按照相当大的幅度持续上涨，年通货膨胀率一般在10%~100%。其特点是通货膨胀率较高，而且不断加剧。20世纪70年代的意大利和巴西出现的通货膨胀就属于这种类型。对于这种通货膨胀若不采取有力措施加以控制，就有可能发展成为恶性通货膨胀。

（4）恶性的通货膨胀

恶性通货膨胀是指一般物价水平以当局根本无法控制的速度上升。年通货膨胀率一般在100%以上，甚至达到天文数字的水平。其特点是通货膨胀率非常高，而且完全失去了控制。这种通货膨胀有两个特征：一是物价水平的飞速上升使人们对本国货币完全失去了信任，本国货币完全失去作为价值储藏的功能，同时也基本丧失了交易功能；二是不仅严重破坏货币体制与正常经济生活，而且这种通货膨胀会引起金融体系和经济的崩溃，以致造成政权的更迭。

恶性通货膨胀一般发生在战争时期或政权更替时期，由货币供给大量增加引发。战争时期，政府需要支付巨额的费用，正常的税收收入难以保证政府的开支，为解燃眉之急，政府很可能选择增加货币发行的方式，从而引发恶性通货膨胀。与此相关有一个故事，发生在第二次世界大战后的奥地利，当时奥地利的通货膨胀特别严重，以致人们去餐馆时会一次要两杯啤酒，因为一杯啤酒还没喝完，啤酒的价格就可能又涨了很多。

4. 通货膨胀的原因

（1）需求拉动引起的通货膨胀

又称超额需求通货膨胀，是指总需求超过总供给所引起的一般价格水平的持续显著的上涨，表现为"过多的货币追求过少的商品"。

按照凯恩斯的解释，如果总需求上升到大于总供给的地步，此时，由于劳动和设备已经充分利用，因而要使产量再增加已经不可能，过度的需求会引起物价水平的普遍上升。

西方经济学家认为，不论总需求的过度增长是来自消费需求、投资需求，或来自政府需求、国外需求，都会导致需求拉动通货膨胀。需求方面的原因或冲击主要包括财政政策、货币政策、消费习惯的突然改变及国际市场的需求变动等。

（2）成本推动引起的通货膨胀

成本推动的通货膨胀，又称供给通货膨胀，是指在没有超额需求的情况下，由于供给方面成本的提高所引起的一般价格水平持续和显著的上涨，可以分以下三类。

①工资推进的通货膨胀

工资推进通货膨胀是工资过度上涨所造成的成本增加而推动价格总水平上涨，工资是生产成本的主要部分。工资上涨使得生产成本增长，在既定的价格水平下，厂商愿意并且能够供给的数量减少，从而使得总供给曲线向左上方移动。

②利润推进的通货膨胀

利润推进的通货膨胀是指厂商为谋求更大的利润导致的一般价格总水平的上涨。与工资推进的通货膨胀一样，具有市场支配力的垄断和寡头厂商也可以通过提高产品的价格而获得更高的利润，与完全竞争市场相比，不完全竞争市场中的厂商可以减少生产数量而提高价格，以便获得更多的利润。为此，厂商都试图成为垄断者，结果导致价格总水平上涨。

③进口成本推进的通货膨胀

造成成本推进的通货膨胀的另一个重要原因是进口商品价格的上升，如果一个国家生产所需要的原材料主要依赖于进口，那么，进口商品的价格上升就会造成成本推进的通货膨胀，其形成的过程与工资推进的通货膨胀是一样的，如 20 世纪 70 年代的石油危机期间，石油价格急剧上涨，而以进口石油为原料的西方国家的生产成本也大幅度上升，从而引起通货膨胀。

（3）混合通货膨胀

西方经济学家认为，单纯的需求拉动或成本推动不足以说明一般价格水平的持续上涨，而应当从供给和需求两个方面以及二者的相互影响说明通货膨胀。于是，有人提出了从供给和需求两个方面及其相互影响说明通货膨胀理论及混合通货膨胀。

（4）结构性的通货膨胀

西方经济学家认为，在没有需求拉动和成本推动的情况下，只是由于经济结构因素的变动，也会出现一般价格水平的持续上涨。他们把这种价格水平的上涨叫作结构性通货膨胀。

（二）通货膨胀的影响及治理措施

经济学家莫瑞·罗斯巴德指出：通货膨胀惩罚节俭并鼓励举债，因为无论借多少钱，还款时的货币一定比当初借来时的购买力更低，因此，诱导大家先借钱后还款，而不是省下来钱借给别人。通货膨胀在创造"繁荣"的闪亮氛围中，降低了人民的生活水平。

在通货膨胀条件下，人们的心理状态是"存钱不如存物，投资不如投机"。这样很容易导致生产投入下降，流通秩序混乱，不利于社会再生产的顺利进行，因此世界各国政府都把制止通货膨胀放在重要的位置上。

1. 通货膨胀的影响

（1）通货膨胀对社会生产的影响

①破坏社会再生产的正常进行，导致生产过程混乱

一般而言，通货膨胀表现为商品价格和服务价格的上涨。但各种商品价格和服务价格的上涨是不平衡的，有的上涨得多，有的上涨得少，这就势必要打破原来商品和服务的供需平衡，引起生产资料和消费资料的不正常分配，破坏原有的秩序。同时，由于通货膨胀导致物价上涨，这就给国民经济的核算、计量和统计等工作带来了困难，使得核算、计量和统计工作不能反映真实情况，所得到的数据无法进行正常的比较分析，扰乱了国民经济的正常管理。

②通货膨胀使生产性投资减少，不利于生产长期稳定发展

从长期看，通货膨胀不但不会使投资增加，反而会使投资下降。道理很简单，商品的上涨使企业的生产成本迅速上升，资金利润率下降，同样的资本投资于生产领域比投资于流通领域特别是投资于金融市场获利要小得多，后者获利的机会和数量要大得多。因此，在通货膨胀条件下，不但不能把资本吸收到生产领域，而且原来已经在生产领域的资本也会出逃而流向流通领域特别是金融市场，其结果是生产投资规模缩小，导致生产萎缩。

（2）通货膨胀对流通的影响

一般的通货膨胀都直接表现在流通领域，首先是物价上涨，因此它对流通领域的影响最明显。由于通货膨胀引起的物价上涨是不平衡的，所以使得商品冲破原有的流通渠道，改变原有的流向，向价格上涨更快的地方流动，这就打乱了企业之间原有的购销渠道，破坏了商品的正常流向，使得流通领域原来的平衡被打破，使正常的流通受阻。

（3）通货膨胀对再分配的影响

通货膨胀改变名义资产的价值，在经济的不同主体中引发收入和财富的再分配。

最主要的再分配发生在政府部门和居民之间。纸币是由政府发行的，对政府来说，只需要付出印刷纸币的小小成本，就可以拿着纸币去购买居民手里的商品和服务，把他们的财富转为政府的收入，这实际上是对居民的一种隐性征税，被称为通货膨胀税，即政府为了增加收入而增发纸币，导致货币供给增加、货币价值降低，对人们的财富形成了一种类似税收的攫取。比如，某个人的实际财富是两张办公桌，被政府以 1000 元纸币收购过去了；不久以后，价格水平上涨了一倍，这个人手里的 1000 元只能买一张办公桌，他的实际财富只剩下从前的一半，另一半财富就是以通货膨胀税的形式被政府征收过去了。

其次，再分配有利于债务人，不利于债权人。比如张三向李四借了 1000 元，约定好第二年归还，期间发生了通货膨胀，物价水平上涨了一倍；第二年，等到李四拿到 1000 元还款的时候，他的实际财富减少了一半，而张三却从中获利，他只需偿还当初借别人的实际财富的一半。

另外，再分配有利于浮动收入者，而不利于固定收入者。浮动收入者的收入可以根据价格水平的变化进行调整，从而使实际收入保持不变。而对于固定收入者来说，通货膨胀使得他们的实际收入不断减少，尤其是那些靠领取固定退休金生活的老人，他们的生活水平会因为通货膨胀而降低。

（4）通货膨胀对经济效率的影响

通货膨胀不仅表现为商品和服务的价格频繁波动，也会导致实际利率的不断变化，这会降低经济运行的效率。因面临的不确定性大大增加，导致更多的人宁愿选择等待，也不愿去签订经济合同。通货膨胀导致经济活动萎缩，不利于经济的发展。

比如在餐馆里，通货膨胀使饭菜的价格不断变化，必须要经常印刷新的菜单，有时还需要向顾客解释涨价的原因，这些都是通货膨胀给餐馆带来的成本。同样，厂商改变价格需要重新印刷它的产品价格表，向客户通报改变价格的信息和理由，所有这一切都会产生一笔开支和费用，这样的开支和费用统称为菜单成本。通货膨胀带来了价格水平的频繁变动，使价格不能发挥优化资源配置的作用，亦降低了经济的运行效率。

（5）通货膨胀对消费的影响

通货膨胀对消费的影响，主要表现在使消费者消费水平下降，加剧社会成员之间的矛盾等方面。

在通货膨胀条件下，一方面物价上涨使货币币值下降，人们通过分配而得到的货币收入不能购买到与通货膨胀发生前相同的生活资料，实际上就减少了人们的收入，意味着人们的消费水平的下降，而消费水平的下降，又制约着下一阶段生产的发展。另一方面，由于物价上涨的不平衡性，高收入阶层和低收入阶层所遭受的损失不一样，也会加剧社会成员之间的矛盾。此外，通货膨胀造成的市场混乱、投机分子的囤积居奇，又加剧了市场供需之间的矛盾，使一般消费者的损失更大。

总之，通货膨胀对社会生产的各个环节都有很大的影响和破坏作用，它妨碍社会再生产的顺利进行，不利于经济的稳定协调发展，世界各国的经验都证明了这一点。

2. 通货膨胀的治理

由于通货膨胀对经济的发展产生不利影响，阻碍了社会再生产的顺利进行，因此在通货膨胀发生时，各国政府都会积极寻找对策。

（1）紧缩性财政政策和货币政策

通货膨胀总是与总需求膨胀、货币供给增长过快有关，因此出现通货膨胀的国家都会实行紧缩性财政政策和货币政策。在财政政策方面采取的紧缩措施主要体现在三个方面：削减财政支出，包括减少军费开支和政府在市场的采购等；限制公共事业投资；增加税赋，以抑制企业投资和个人消费支出。这一方面压缩政府支出所形成的需求，另一方面又抑制企业和个人的需求。在货币政策方面采取的紧缩措施主要是通过中央银行运用法定存款准备金率、再贴现率和公开市场业务等三项传统的政策手段，收缩信贷规模和货币供应量，以影响投资，压缩总需求。

（2）管制工资和物价

当紧缩性财政政策和货币政策对抑制通货膨胀的作用都不明显时，在短期内较为有效的措施就是管制工资和物价。因此，一般来说，管制工资和物价是为抑制物价上涨较猛的势头而采取的权宜之计。

由于管制工资和物价人为地限制了服务和商品的价格，使市场经济丧失了价格信号的功能，会造成经济中资源配置效率的损失；管制工资和物价的目标主要是通过使短期内的总供给曲线向下移动来降低通货膨胀。但是，若在总供给曲线下移的同时，没有总需求曲线的向下移动相伴随，那么工资和物价控制只能增加通货膨胀的压力，这种压力最终会爆发出来。

（3）实行币制改革

实行币制改革通常是在经历了严重的通货膨胀以后采取的措施，即通过废除旧货币发行新货币，并采取相应的措施来稳定新货币，以此消除原来货币流通混乱的局面，并调节个人之间的收入分配。不过在这里必须指出，币制改革本身不能消除通货膨胀，根本出路在于实施币制改革中规定的各项稳定措施。

（4）指数化政策

指数化政策是指使货币支付与某一指数相联系，从而使实际购买力不受损失。例如，通过指数化政策，可以使货币工资、社会保障计划、储蓄、贷款及所得税等能够随着通货膨胀水平而自动调整。人们大都认为实行指数化政策，不是防止发生通货膨胀的措施，而是应对通货膨胀的对策。

指数化政策可以间接地促进物价稳定。指数化政策本身并不会加剧通货膨胀，反而有利于政府对通货膨胀进行治理。但是，指数化政策的实施和监控不需要花费成本。另外，也有人认为指数化政策不利于经济的稳定，尤其是在供给冲击导致通货膨胀发生的情况下。

三、失业与通货膨胀的关系

（一）菲利普斯曲线

在对 1861—1957 年的失业率与货币工资变动率之间的关系进行研究之后，菲利普斯发现，名义工资的变动率是失业率的递减函数。这意味着即使当名义工资的增长率处在最低的正常水平，失业率仍然为正。

由此，威廉·菲利普斯提出了一条用来表示失业率和货币工资变动率之间交替关系的曲线，这个曲线表明：工作与失业率之间存在着负数非线性相关的变化关系。这就是说，当失业率较低的时候，货币工资的增长率较高；当失业率较高的时候，货币工资的增长率较低，甚至是负数。如果用图形来表示菲利普斯的结论，就是一条曲线，这就是"菲利普斯曲线"。

这种关系可表示为：

$$\Delta W_t = f(U_t)$$

公式中，ΔW_t 表示 t 时期的货币工资增长率，U_t 表示 t 时期的失业率，两者具有负相关的函数关系。把这种关系刻画在图形上就得到一条向右下方倾斜的曲线。

如图 6-1 所示，图中横轴表示失业率（U），纵轴表示货币工资增长率（$\Delta W/W$）。后来，这条曲线被经济学家称为菲利普斯曲线（Philips' Curve，PC）。

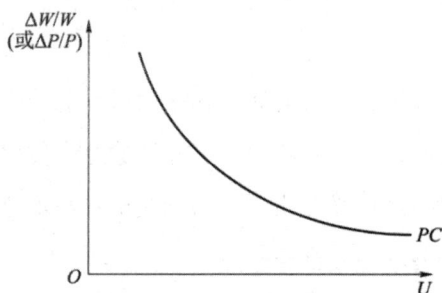

图 6-1　菲利普斯曲线

虽然菲利普斯的发现依据的是英国数据，但其他研究者很快把这个发现用于其他国家，并得到了普遍的验证。英国经济学家利普赛试图从理论上对失业率与货币工资增长率之间的负相关关系给出解释：失业率越低，意味着劳动力市场上的劳动需求越是旺盛，在劳动供给相对稳定的情况下，势必越易引起劳动力价格——货币工资上升；反之，失业率越高，意味着劳动需求减少，货币工资下降。

西方经济学家认为，工资是产品成本的主要部分，因而也是产品价格的重要基础，所以，反映货币工资增长率与失业率关系的菲利普斯曲线也反映了通货膨胀率与失业率之间的关系，一般我们今天所说的菲利普斯曲线都是反映后两者关系的，而把反映前两者关系的曲线称为原始的菲利普斯曲线。

菲利普斯曲线在当时之所以受到普遍的重视，一个非常重要的原因在于它对传统的凯恩斯理论提出了挑战。传统的凯恩斯理论认为，失业和通货膨胀两者是不会并存的，在未达到充分就业时增加总需求并不会引起通货膨胀，只有在充分就业后再增加总需求才会引起通货膨胀。而菲利普斯曲线却表明失业和通货膨胀可以并存，两者为负相关关系，可以此消彼长。

此外，菲利普斯曲线也为政府部门干预宏观经济提供了依据。失业率与通货膨胀率之间存在的负相关关系意味着可以以较高的通货膨胀率为代价来降低失业率或实现充分就业；而要降低通货膨胀率和稳定物价，就要以较高的失业率为代价。如图 6-2 所示，假设经济体能承受的最高失业率和最高通货膨胀率分别为 U_2 和 I_2，那么位于 $I_2 A U_2 O$ 区域内的菲利普斯曲线就代表了政府可以选择的策略组合。政府可以选择较高的失业率与较低的通货膨胀率的组合（U_1，I_1），也可以选择较低的失业率与较高的通货膨胀率组合（U_0，I_0）。如果经济中的失业率过高，则政府可以采取扩张性的财政政策和货币政策，提高总需求水平，增加产出，降低失业率，相应的代价是通货膨胀率上升；如果经济中的通货膨胀率过高，政府可以采取紧缩性的政策，抑制总需求过度增长，降低通货膨胀率，相应的代价是失业率上升。这就是所谓相机抉择的做法。在 20 世纪 70 年代以前，西方国家奉行的就是这套政策。

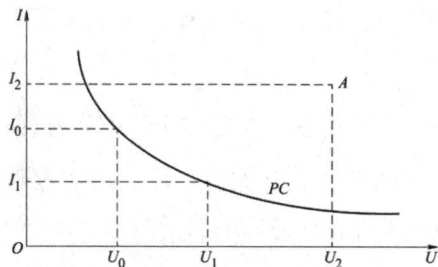

图 6-2　失业与通货膨胀

（二）菲利普斯曲线的恶化

如果对菲利普斯曲线的分析研究停止于此，显然经济学中必然会留存更多的难题。菲利普斯曲线究竟表示了怎样的含义呢？通过对菲利普斯曲线的分析，人们得出的结论之一就是，通货膨胀是由于工资成本的推动引起的。这正是"成本推进通货膨胀"理论。根据这一理论，货币工资增长率自然与通货膨胀率产生了联系，失业率与通货膨胀率之间也有了关系。

凯恩斯在这之前提出的"失业不会与通货膨胀同时存在"的观点自然被否定。此外，根据菲利普斯曲线，人们还可以发现，当失业率为自然失业率（即失业率为5%）的时候，通货膨胀率为零，也可以将自然失业率定义为"通货膨胀率为零的失业率"。

现在，我们不妨跳出对菲利普斯曲线的固有分析，换一个角度重新审视这个神奇的菲利普斯曲线，聪慧的人们就从成本推进和需求拉升两个方面重新认识菲利普斯曲线。

从成本推进的角度看，无论经济中什么因素使货币总需求量扩大，都会使人们对劳动力的需求增加，此时，工会就会加大对工资议价的力量，出现这样的推进场景：物价上涨、工资提高，而就业却相应减少，物价-工资-物价相互作用，自然出现了通货膨胀的现象。

货币主义和理性预期学派的观点告诉人们，如果适当地引入适应性预期的概念，同时考虑到现实生活中，人们不可能在短期内调整自己的需求，只能根据实际情况，在长期生活中逐渐调整。如此，菲利普期曲线就会发生三种情况：

其一，必须用更高的通货膨胀率才能够换取一定的失业率水平，或者必须用更高的失业率才能够换取一定的通货膨胀率水平；其二，原本体现菲利普斯结论的"递减函数"成了一条垂线，这意味着通货膨胀率与失业率不再存在此消彼长的关系，不管通货膨胀率怎样上升，失业率都不会下降，既定的失业率成了经济发展中无法消除的诟病；其三，通货膨胀率与失业率不再是递减函数的关系，而是向相同方向变化，即通货膨胀率与失业率之间成正比。通货膨胀率越高，失业率也越高，这一情况较为真实地反映了滞胀情况，并非对菲利普斯曲线的否定。所以，经济学界对这种状况又起了一个新名字菲利普斯曲线的恶化。

这三种变化也只是经济学界的预测，在现实中能够发挥作用的仍然是体现通货膨胀、失业率和工资增长率之间关系的菲利普斯曲线。原始的菲利普斯曲线关注的只是名义工资，通货膨胀预期并不在原始菲利普斯曲线的表示范围之内。在不断的发展中，菲利普斯曲线逐渐成了经济学家用以表示失业率和通货膨胀率之间此消彼长、相互交替关系的曲线。如果某一时期的失业率高，则表明这一阶段的经济正处于萧条阶段，此时，工资与物价水平都处在较低的阶段，通货膨胀率也较低。反之，如果失业率低，则意味着这一阶段的经济正处于繁荣阶段，此时，工资水平与物价水平都处在较高的阶段，通货膨胀率自然也处在较高的阶段。长期以来，菲利普斯曲线体现的这种"失业率与通货膨胀之间的反方向变动关系"一直如实地反映社会实质，尤其是在 20 世纪五六十年代，这一关系与社会实际高度吻合。

思考题

1. 失业与就业的含义。
2. 经济增长与失业率之间有何联系，如何表述？
3. 在就业难的大趋势下，作为在校生的同学们应该怎么做？
4. GDP 有哪些局限性？
5. 为什么说 GDP 不是万能的，但没有 GDP 是万万不能的？
6. 怎样克服 GDP 的局限性？

第七章　经济增长与宏观政策

导　　读

  经济增长是指人均国民收入的增长，经济增长程度可以用增长率来描述。美国统计学家和经济学家西蒙·史密斯·库兹涅茨在 1971 年接受诺贝尔经济学奖时所做的演说《现代经济增长：发现和反映》中，曾给经济增长下了这样一个定义：一个国家的经济增长，可以定义为给居民提供种类日益繁多的经济产品的能力长期上升，这种不断增长的能力是建立在先进技术以及所需要的制度和思想意识之相应的调整基础上的。

  宏观经济政策是指国家或政府为了增进整个社会经济福利而制定的解决经济问题的指导原则和措施。它是国家或政府为了达到一定的经济目的而对经济活动有意识、有计划的干预。按照西方经济学理论的界定，宏观经济政策目标就是宏观经济政府最终要达到的目的，主要包括充分就业、物价稳定、经济增长和国际收支平衡等四大目标。为达到这些目标，国家或政府出台的各种政策手段必须相互配合，协调一致。

学习目标

1. 掌握经济周期与经济增长。
2. 学习宏观经济政策。

第一节　经济周期与经济增长

一、经济周期

（一）经济周期的含义与阶段

1. 经济周期的含义

经济周期，也称为商业周期、景气循环，它是指经济运行中周期性出现的经济扩张与经济紧缩交替更迭、循环往复的一种现象。经济周期是国民总产出、总收入和总就业的波动，是国民收入或总体经济活动扩张与紧缩的交替或周期性波动变化。

在市场经济条件下，企业家们越来越多地关心经济形势，也就是"经济大气候"的变化。一个企业生产经营状况的好坏，既受其内部条件的影响，又受其外部宏观经济环境和市场环境的影响。一个企业，无力决定它的外部环境，但可以通过内部条件的改善来积极适应外部环境的变化，充分利用外部环境，并在一定范围内改变自己的小环境，以增强自身活力，扩大市场占有率，因此作为企业家对经济周期波动必须了解、把握，并能制定相应的对策来适应周期的波动，否则将在波动中丧失生机。

2. 经济周期的阶段

经济周期可以分为四个阶段：繁荣阶段、衰退阶段、萧条阶段、复苏阶段。两个大阶段：上升（扩张）阶段与下降（收缩）阶段。两个转折点：顶峰和谷底。经济波动以经济中的许多成分普遍而同期地扩张（扩张阶段由复苏、繁荣组成）和收缩（收缩阶段则由衰退、萧条组成）为特征，持续时间通常为 2~10 年。现代宏观经济学中，经济周期发生在实际 GDP 相对于潜在 GDP 上升（扩张）或下降（收缩或衰退）的时候。每一个经济周期都可以分为上升和下降两个阶段。上升阶段也称为繁荣，最高点称为顶峰。然而，顶峰也是经济由盛转衰的转折点，此后经济就进入下降阶段，即衰退。衰退严重则经济进入萧条，衰退的最低点称为谷底。当然，谷底也是经济由衰转盛的一个转折点，此后经济进入上升阶段。经济从一个顶峰到另一个顶峰，或者从一个谷底到另一个谷底，就是一次完整的经济周期。现代经济学关于经济周期的定义建立在经济增长率变化的基础上，指的是增长率上升和下降的交替过程。

经济周期波动的扩张阶段是宏观经济环境和市场环境日益活跃的季节。这时，市场需求旺盛，订货饱满，商品畅销，生产趋升，资金周转灵便。企业的供、产、销和人、财、物都比较好安排。企业处于较为宽松有利的外部环境中。

经济周期波动的收缩阶段，是宏观经济环境和市场环境日趋紧缩的季节。这时，市场需求疲软，订货不足，商品滞销，生产下降，资金周转不畅。企业在供、产、销以及人、财、物方面都会遇到很多困难，企业处于较恶劣的外部环境中。经济的衰退既有破坏作用，又有自动调节作用。在经济衰退中，一些企业破产，退出商海；一些企业亏损，陷入困境，寻求新的出路；一些企业顶住恶劣的气候，在逆境中站稳了脚跟，并求得新的生存和发展，这就是市场经济下优胜劣汰的企业生存法则。

（二）经济周期的类型

1. 按照周期波动对经济发展的影响程度及发生时间的长短

将经济周期划分为以下四种类型。

（1）短周期（小周期或次要周期）

短周期长度为 3~4 年，由英国统计学家约瑟夫·基钦提出，称为"基钦周期"。一般认为，它主要是由企业库存投资的变动而产生的。

（2）中周期（大周期或主要周期）

中周期长度为 8~10 年，是由法国经济学家克莱门特·朱格拉提出，称为"朱格拉周期"。他认为危机是经济社会不断面临的三个连续阶段中的一个，这三个阶段是繁荣、危机和清算，危机是由繁荣造成的不平衡状态的结果，这三个阶段反复出现就形成了周期现象。一般认为，这一周期是由固定投资波动而产生的。

（3）中长周期

中长周期长度为 15~25 年，由美国统计学家和经济学家西蒙·史密斯库兹涅茨提出，一般认为，这种周期是由建筑投资的循环变动引起的，故也称其为"建筑周期"。

（4）长周期

长周期长度为 45~60 年，由经济学家尼古拉·康德拉季耶夫提出，称为"康德拉季耶夫周期"。对这种长周期形成原因的解释有很多种，如人口的增加、地理上的新发现、新资源的开发、战争等，但技术进步和革新可能是产生长周期的主要原因。

2. 根据经济收缩的不同含义

经济周期又可分为以下两种类型：

（1）古典周期或传统周期

它是指国民经济活动的绝对水平有规律地出现上升或下降的交替和循环。在古典周期的经济扩张阶段，国内生产总值表现为正增长，在经济收缩阶段，国内生产总值表现为负增长。

（2）增长周期或现代周期

它是指国民经济活动的相对水平有规律地出现上升或下降的交替和循环。在经济扩张阶段，国内生产总值仍然表现为正增长，但在经济收缩阶段，国内生产总值不再表现为绝对量下降，而是表现为增长速度滞缓，或者说经济增长速度小于充分就业的增长速度。

（三）真实经济周期理论

20 世纪 80 年代，挪威经济学家芬恩·基德兰德和美国经济学家爱德华·普雷斯科特提出了真实商业周期理论,二人因在有关宏观经济政策的时间一致性难题和商业周期的影响因素等问题的研究中所做出的杰出贡献而获得 2004 年的诺贝尔经济学奖。

真实经济周期理论认为,经济周期是均衡现象,主要是由一些对经济持续的实际冲击引起的。实际冲击包括大规模的随机技术进步或生产率的波动,这种波动引起相对价格波动,理性的经济当事人通过改变他们的劳动供给和消费来对相对价格波动做出反应,从而引起产出和就业的周期性波动。按照他们的分析,经济周期波动的根源是实际因素,其中特别值得注意的是技术冲击。经济在随机性的技术冲击的作用下,通过劳动供给的跨时替代机制,引起就业与产出的波动。当出现技术进步时,经济就跳跃到更高的起点增长;若技术恶化或下降,经济将出现衰退,因而经济波动是在完全竞争环境下生产者和消费者对技术冲击进行调整的最优反应。经济周期在很大程度上表现为经济基本趋势本身的波动,而不是经济围绕基本趋势的波动,不存在市场失灵,具有帕累托效率,因此旨在熨平经济波动的政府干预只能改善一部分人而不是所有人的福利水平。

真实经济周期理论属于自由放任的新古典宏观经济学派,多年来在经济学中一直风头正健。以基德兰德和普雷斯科特为代表的真实经济周期理论向凯恩斯主义各派发起全面挑战,并取得了开创性成果。

1. 经济周期的性质

凯恩斯主义各派把宏观经济分为长期与短期。他们认为,在长期中决定一个国家经济状况的是长期总供给,即长期中的生产能力,长期总供给取决于一个国家的制度、资源和技术,长期中的经济增长是一个稳定的趋势,称为潜在的国内生产总值或充分就业的国内生产总值。短期中的经济状况取决于总需求。经济周期是短期经济围绕这种长期趋势的变动,或者说短期经济与长期趋势的背离。如果把各年的经济状况用实际国内生产总值来表示,长期的趋势用潜在的或充分就业的国内生产总值来表示,经济周期就是这两种国内生产总值的背离。

真实经济周期理论否定了把经济分为长期与短期的说法,他们认为,在长期和短期中决定经济的因素是相同的,既有总供给又有总需求,因此人为地把经济分为长期与短期是无意义的。由此出发,经济周期并不是短期经济与长期趋势的背离,即不是实际国内生产总值与潜在的或充分就业的国内生产总值的背离,经济周期本身就是经济趋势或者说是潜在的或者充分就业的国内生产总值的变动,并不存在与长期趋势不同的短期经济背离。

在凯恩斯主义经济学中,有经济增长理论与经济周期理论之分,前者研究长期问题,后者研究短期问题。但在真实经济周期理论中,经济增长与经济周期是一个问题,所以真实经济周期理论实际上并不仅仅是经济周期理论,它本身就是完整的宏观经济理论。

2. 经济周期的原因

经济周期的原因一直是经济学家研究的中心，到现在为止已有几十种理论。这些理论大体可分为内生论和外生论两种。内生论阐述了经济周期产生于经济体系内的原因。外生论则阐述了经济周期产生于经济体系外的原因。凯恩斯主义经济周期理论属于内生论，真实经济周期理论属于外生论。

凯恩斯主义各派尽管对经济周期原因的解释并不完全相同，但都认为经济周期表明市场调节的不完善性。这就是说，在短期中如果仅仅依靠市场调节，出现周期性波动就是必然的，因此经济周期是市场经济固有的，依靠市场机制不可能消除或减缓。或者说，经济周期源于市场机制的不完善性。

真实经济周期理论认为，市场机制本身是完善的，在长期或短期中都可以自发地使经济实现充分就业的均衡。经济周期源于经济体系之外的一些真实因素的冲击，这种冲击称为外部冲击，引起这种冲击的是一些真实因素，因此这种理论称为真实经济周期理论。市场经济无法预测这些因素的变动与出现，也无法自发地迅速做出反应，故而经济中发生周期性波动。这些冲击经济的因素不产生于经济体系之内，与市场机制无关，所以真实经济周期理论是典型的外因论。

真实经济周期理论把引起经济周期的外部冲击分为引起总供给变动的供给冲击和引起总需求变动的需求冲击。这两种冲击又有引起有利作用、刺激经济繁荣的正冲击（或称为有利冲击）以及引起不利作用、导致经济衰退的负冲击（或称为不利冲击）之分。有利的冲击如技术进步，这种冲击刺激了投资需求；不利的冲击如 20 世纪 70 年代的石油危机，对供给产生不利影响。国内外发生的各种事件都可以成为对经济大大小小的外部冲击，但其中最重要的是技术进步。在引起经济波动的外部冲击中，技术进步占三分之二以上。值得注意的是，真实经济周期理论把政府宏观经济政策也作为引起经济波动的外部冲击之一。

外部冲击如何引起经济周期呢？以技术进步来说明。假定一个经济处于正常的运行之中，这时出现了重大的技术突破（如互联网的出现）。这种技术突破引起对新技术的投资迅速增加，这就带动了整个经济迅速发展，引起经济繁荣，技术是决定经济的重要因素之一，所以这种繁荣并不是对经济长期趋势的背离，而是经济能力本身的提高。但新技术突破不会一个接一个，当新技术突破引起的投资过热过去之后，经济又趋于平静。这种平静也不是低于长期趋势，而是一种新的长期趋势。20 世纪 90 年代美国经济繁荣与以后的衰退证明了这种理论。经济中这种大大小小作用不同的外部冲击无时不有，所以经济的波动也是正常的，并非由市场机制的不完善性所引起。

3. 稳定经济的政策

对经济周期原因的不同理论分析得出了不同的稳定经济政策。凯恩斯主义各派在政策上也不无分歧，但都坚持短期宏观经济需要稳定，也可以通过宏观经济政策来实现稳定，所以他们都主张国家用财政政策和货币政策来干预经济。国家干预是他们的基本特点。

真实经济周期理论认为，既然经济周期并不是由市场机制的不完善性所引起的，就无须用国家的政策去干预市场机制，只要依靠市场机制经济就可以自发地实现充分就业的均衡。它们说明了由外部冲击引起的周期性波动不可能由政府政策来稳定，而要依靠市场机制的自发调节作用来稳定。只有市场机制才会对经济波动做出自发而迅速的反应，使经济恢复均衡。例如，技术突破引起的投资热带动了整个经济繁荣，这时资源紧张会引起价格上升，价格上升就可以抑制过热的经济，使之恢复正常状态。市场机制的这种调节是反时的，经济不会大起大落。

相反，政府的宏观经济政策往往是滞后的，由于政府不可能做出正确的经济预测，政策本身的作用有滞后性，加之政府政策难免受利益集团的影响。决定者信息不充分，对经济运行的了解有限，因此政策不可能像决策者所预期的那样起到稳定作用。宏观政策的失误往往作为一种不利的外部冲击而加剧了经济的不稳定性，并且政策限制了市场机制正常发挥作用。用政府干预代替市场机制破坏了经济稳定和经济本身自发调节的功能。

（四）经济周期波动的原因

关于经济周期原因的解释，有外生经济周期理论与内生经济周期理论两种。前者用非经济因素来解释经济周期，而后者则用经济因素来解释经济周期。

1. 外生经济周期理论

外生经济周期理论认为，经济周期的根源在于经济体系之外的某些因素的变动，如太阳黑子、战争、革命、选举、金矿或新资源的发现、科学突破或技术创新等。

（1）太阳黑子理论

太阳黑子理论把经济的周期性波动归因于太阳黑子的周期性变化。因为据说太阳黑子的周期性变化会影响气候的周期变化，而这又会影响农业收成，而农业收成的丰歉又会影响整个经济。太阳黑子的出现是有规律的，大约每十年左右出现一次，因而经济周期大约也是每十年一次，该理论由英国经济学家杰文斯于1875年提出。

（2）创新理论

创新是奥地利经济学家约瑟夫·熊彼特提出用以解释经济波动与发展的一个理论。创新是指一种新的生产函数，或者说是生产要素的一种新组合。生产要素新组合的出现会刺激经济的发展与繁荣。当新组合出现时，老的生产要素组合仍然在市场上存在。新老组合的共存必然给新组合的创新者提供获利条件。而一旦用新组合的技术扩散，被大多数企业获得，最后的阶段——停滞阶段也就临近了。在停滞阶段，因为没有新的技术创新出现，因而很难刺激大规模投资，从而难以摆脱萧条。这种情况直到新的创新出现才被打破，才会有新的繁荣出现。

总之，该理论把周期性的原因归之为科学技术的创新，而科学技术的创新不可能持续出现，从而必然有经济的周期性波动。

熊彼特（1883年2月8日至1950年1月8日），美籍奥国经济学家，当代资产阶级经济学代表人物之一。其终生与约翰·凯恩斯之间的瑜亮情结是经济学研究者中的一个热门讨论题目，虽然他的经济学说并不如凯恩斯在生前就获得很大的回响，但研究者都认为他对于经济学科的思想史有很大的贡献。

熊彼特认为，创新就是建立一种新的生产函数，把一种从来没有过的关于生产要素和生产条件的新组合引入生产体系。在熊彼特看来，作为资本主义"灵魂"的企业家的职能就是实现创新，引进新组合。所谓经济发展，是指整个资本主义社会不断地实现新组合。资本主义就是这种经济变动的一种形式或方法，创新是不断地从内部革新经济结构的一种创造性的破坏过程。他凭借创造性毁灭的理论阐释了经济增长的真正根源——创新。

（3）政治性周期理论

外因经济周期的一个主要例证就是政治性周期。政治性周期理论把经济周期性循环的原因归之为政府的周期性的决策（主要是为了循环解决通货膨胀和失业问题）。政治性周期的产生有三个基本条件：

①凯恩斯的国民收入决定理论为政策制定者提供了刺激经济的工具。

②选民喜欢高经济增长、低失业以及低通货膨胀时期。

③政治家喜欢连选连任。

2. 内生经济周期理论

内生经济周期理论强调经济波动是由经济体系内部的因素引起的，但并不否认外生因素对经济的冲击作用。它认为经济周期源于经济体系内部——收入、成本、投资在市场机制作用下的必然现象。

（1）纯货币理论

纯货币理论主要是由英国经济学家霍特里的一系列著作中提出来的。纯货币理论认为货币供应量和货币流通度直接决定了名义国民收入的波动，而且极端地认为经济波动完全是由银行体系交替地扩张和紧缩信用造成的，尤其是短期利率起着重要的作用。现代货币主义者在分析经济的周期性波动时，几乎一脉相承地接受了霍特里的观点。但应该明确肯定的是，把经济周期循环唯一地归结为货币信用扩张与收缩是欠妥的。

（2）投资过度理论

投资过度理论把经济的周期性循环归因于投资过度。由于投资过多，与消费品生产相对比，资本品生产发展过快。资本品生产的过度发展促使经济进入繁荣阶段，但资本品过度生产从而导致的过剩又会导致经济进入萧条阶段。

（3）心理理论

心理理论和投资过度理论是紧密相连的。该理论认为经济的循环周期取决于投资，而投资大小主要取决于企业主对未来的预期，但预期是一种心理现象，而心理现象又具有不确定性，因此经济波动的最终原因取决于人们对未来的预期。当预期乐观时，增加投资，经济步入复苏与繁荣；当预期悲观时，减少投资，经济则陷入衰退与萧条。随着人们情绪的变化，经济也就周期性地发生波动。

（4）消费不足理论

消费不足理论的出现较为久远。早期有西斯蒙第和马尔萨斯，近代则以霍布森为代表。该理论把经济的衰退归因于消费品的需求赶不上社会对消费品生产的增长。这种不足又根据源于国民收入分配不公所造成的过度储蓄。该理论一个很大的缺陷是，它只解释了经济周期危机产生的原因，而未说明其他阶段，因而在周期理论中，它并不占有重要位置。

二、经济增长

（一）经济增长与经济发展

1. 经济增长

经济增长这一定义有以下三层含义：

（1）经济增长就是实际国内生产总值的增加。如果考虑到人口的增加，经济增长就是人均实际国内生产总值的增加。

（2）技术进步是实现经济增长的必要条件。在影响经济增长的诸因素中，技术进步是第一位的。一部经济增长的历史，就是一部技术进步的历史。

（3）制度与意识观念的调整或变革是经济增长的充分条件。一方面社会制度与意识观念的变革是经济快速增长的前提。例如，私有产权的确立是经济增长的起点和基础。只有在制度与意识观念的调整基础上，技术才能极大地进步。另一方面，新的经济制度的出现使交易费用降低时，分工将进一步细化，促进经济增长。

2. 经济增长的基本特征

（1）实际 GDP 的增长率超过各种投入的增长率，表明技术进步在经济增长中起着十分重要的作用。

（2）资本存量的增长超过就业量的增加，导致人均资本占有量的增加。

（3）实际工资明显上升。工资在 GDP 中的比重虽有所上升，但非常微小。

（4）实际利率与利润率没有明显的上升或下降趋势，尽管在经济周期中它们会急剧变动。

（5）资本–产出比例下降，这显然是技术进步的作用。因为若技术既定，根据边际报酬递减规律，资本–产出比例应该上升。

（6）储蓄在国民收入中的比重比较稳定，发达国家为 10%～20%，美国在 1980 年以后大幅度下降，为 6%。

（7）社会结构与意识观念迅速改变。例如，教育的分离、城市化、民主化、法制化、政治生活的公开化、居民生活的科学化等不仅是经济增长的结果，也是经济进一步增长的条件。

3. 经济发展

经济发展是一个国家摆脱贫困落后状态走向经济和社会生活现代化的过程。经济发展不仅意味着国民经济规模的扩大，更意味着经济和社会生活素质的提高，所以经济发展涉及的内容超过了单纯的经济增长，比经济增长更为广泛。

就现代经济而言，发展的含义相当丰富复杂。发展总是与发达、与工业化、与现代化、与增长交替使用。一般来说，经济发展也包括三层含义：

（1）经济总量的增长，即一个国家或地区产品和劳务的增加构成了经济发展的物质基础。

（2）经济结构的改进和优化，即一个国家或地区的技术结构、产业结构、收入分配结构、消费结构以及人口结构等经济结构的变化。

（3）经济质量的改善和提高，即一个国家和地区经济效益的提高、经济稳定程度、卫生健康状况的改善、自然环境和生态平衡以及政治、文化和人的现代化进程。

如果说经济增长是一个"量"的概念，那么经济发展就是一个比较复杂的"质"的概念。从广泛意义上说，经济发展不仅包括经济增长，还包括国民的生活质量以及整个社会各个不同方面的总体进步。总之，经济发展是反映一个经济社会总体发展水平的综合性概念。

（二）经济增长的源泉

一般来说，经济增长的源泉主要有四个：人力资本、自然资源、资本和技术进步。可以根据总量生产函数来研究增长的源泉：$Y = AF（L，K，R）$。其中，Y 代表总产量；K 代表资本；L 代表劳动；A 代表技术；R 代表自然资源。由总量生产函数可以看出，经济增长的源泉是资本积累、自然条件的改良、劳动素质的提高或人力资本的积累与技术进步。

1. 人力资源

劳动力的数量与质量是决定一国经济增长的重要因素，尤其是劳动力的质量或素质，如劳动者的生产技术水平、知识水平与结构、纪律性以及健康程度是决定一国经济增长最重要的因素。一个国家可以购买最先进的生产设备，但是这些先进的生产设备只有拥有一定技术受过良好训练的劳动者才能使用，并使它们充分发挥效用。提高劳动者的知识水平与生产技能，增强他们的身体素质与纪律意识，将极大地提高劳动生产率。一般来说，在经济增长的开始阶段，人口增长率较高，这时经济增长主要依靠劳动力数量的增加。而经济增长到了一定阶段，人口增长率下降，劳动时间缩短，这时就要通过提高劳动力的质量或人力资本的积累来促进经济增长。

2. 自然资源

自然资源也是影响一国经济增长的重要因素。一些国家，如加拿大和挪威，就是凭借其丰富的自然资源，在农业、渔业和林业等方面获得高产而发展起来的。但在当今世界上，自然资源的拥有量并不是取得成功的必要条件。许多几乎没有自然资源可言的国家，如日本，通过大力发展劳动密集型与资本密集型的产业而获得经济发展。

3. 资本

资本分为物质资本和人力资本。物质资本又称为有形资本，是指设备、厂房、基础设施等存量。人力资本又称为无形资本，是指体现在劳动者身上的投资，如劳动者的文化技术水平、纪律性与健康状况等，因此这里的资本是指物质资本，包括厂房、机器设备、道路以及其他基础设施等。

资本积累是经济增长的基础。英国古典经济学家亚当·斯密曾把资本的增加作为国民财富增加的源泉。现代经济学家认为，只有人均资本量的增加，才有人均产量的提高。许多经济学家都把资本积累占国民收入的 10%～15% 作为经济起飞的先决条件，把增加资本积累作为实现经济增长的首要任务。西方各国经济增长的事实表明，储蓄多从而资本积累多的国家，经济增长率往往是比较高的，如德国、日本等。

4. 技术进步

技术进步在经济增长中的作用，主要体现在生产率的提高上，使得同样的生产要素投入量能提供更多的产品。随着 K、L、R 投入的增加，产出虽然也增加，但由于其 MP 递减，经济增长的速度会日益减慢，而技术水平的提高可以使一国的经济快速增长。

一个社会只有在具备了经济增长所要求的基本制度条件，有了一套能促进经济增长的制度之后，上述影响经济增长的因素才能发挥其作用。战后，许多发展中国家经济发展缓慢的原因并不是缺乏资本、劳动或技术，而是没有改变他们落后的制度。

三、经济增长模型

经济增长模型指的是经济增长的理论结构，它所要说明的是经济增长与有关经济变量之间的因果关系和数量关系。对经济增长的不同理论分析构成了不同的经济增长模型。

（一）哈罗德–多马经济增长模型

1. 哈罗德–多马经济增长模型的假定

英国经济学家罗伊·哈罗德与美国学者埃弗塞·多马几乎同时提出自己的经济增长模型。由于两者在形式上极为相似，因此称为哈罗德–多马模型。两者的区别在于哈罗德是以凯恩斯的储蓄–投资分析方法为基础，提出资本主义经济实现长期稳定增长模型；而多马模型则以凯恩斯的有效需求原理为基础，得出与哈罗德相同的结论。哈罗德–多马模型考察的是一国在长期内实现经济稳定的均衡增长所具备的条件。

本文所讨论的基本形式的哈罗德–多马模型的假定条件包括：

（1）不存在货币部门，并且价格水平不变。

（2）劳动力按不变的、由外部因素决定的速度 n 增长，即 p$\dfrac{\mathrm{d}N/\mathrm{d}T}{N} = n$ ＝常数。

（3）社会的储蓄率，即储蓄与收入的比例不变，若 S 为储蓄，s 为储蓄率，则 $S/Y = s$ ＝常数（Y 为收入）。

（4）社会生产过程只使用劳动 N 和资本 K 两种生产要素，且两种要素不能互相替代。

（5）不存在技术进步。

根据假定条件（4），生产函数可以写为

$$Y = Y(N, K) = \min(VK, ZN)$$

式中 $V = Y/K$——为产出–资本比；

$\quad Z = Y/N$——为产出–劳动比；

$\quad V$ 和 Z——为固定的常数。

2. 产出和资本

根据上面的说明，由 $V = Y/K$，得

$$Y = VK$$

对公式 $Y = VK$ 关于时间 t 求微分，得

$$\frac{\mathrm{d}Y}{\mathrm{d}t} = V\frac{\mathrm{d}K}{\mathrm{d}t}$$

公式 $Y = VK$ 说明，经济中供给的总产出等于产出–资本比乘以资本投入。

公式 $\dfrac{dY}{dt} = V\dfrac{dK}{dt}$ 则说明，总产出随时间的变化率由产出–资本比和资本存量变化率（投资水平）决定。

另外，在只包括居民户和厂商的两部门经济中，经济活动达到均衡状态时，要求投资等于储蓄，即

$$I = S$$

根据假定条件 $S = sY$，而 $I = \dfrac{dK}{dt}$，故公式 $I = S$ 可转化为

$$\frac{dK}{dt} = sY$$

将公式 $\dfrac{dK}{dt} = sY$ 代入公式 $\dfrac{dY}{dt} = V\dfrac{dK}{dt}$ 中，则

$$\frac{dY/dt}{Y} = Vs$$

上式就是在资本得到充分利用条件下总产出的增长率所必须满足的关系。在 V 和 S 都为常数的条件下，公式 $\dfrac{dY/dt}{Y} = Vs$ 的解为

$$Y = Ae^{Vst}$$

式中 A——为常数；

t——为时间；

e——为数学中自然对数的底数（$e \sim 2.718$）。

3. 产出与劳动

根据假定条件，劳动力增长率 $\dfrac{dN/dt}{N} = n =$ 常数。另外，根据生产函数式 $Y = Y(N, K) = \min(VK, ZN)$，在充分就业情况下，总产出和劳动力的关系为

$$Y = zN$$

在参数 z 为常数的情况下，公式 $Y = zN$ 意味着总产出必须与劳动力同步增长。事实上，对公式 $Y = zN$ 关于时间 t 进行微分，则

$$\frac{dY}{dt} = z\frac{dN}{dt}$$

用公式 $Y = zN$ 除以公式 $\dfrac{dY}{dt} = z\dfrac{dN}{dt}$，得

$$\frac{dY/dt}{Y} = \frac{dN/dt}{N} = n$$

上式就是劳动力充分就业时经济增长的条件。这一条件的含义是，如果要使经济实现充分就业的均衡增长，总产出的增长率必须等于劳动力的增长率。哈罗德将这一增长率称为自然增长率，记为 G_N，即 $G_N = n$。

（二）新古典增长理论

资本存量变化对资本存量的影响是明显的和直观的，无须进一步说明。产出对储蓄的影响可以由储蓄函数来解释，因此在上述体系中，需着重说明储蓄对资本存量变化的影响。

1. 新古典增长模型的基本方程

在一个只包括居民户和厂商的两部门的经济中，经济的均衡条件可以表示为

$$Y = C + I$$

将上式表示为人均形式，则

$$Y/N = C/N + I/N$$

将上式动态化，则

$$f[k(t)] = \frac{C(t)}{N(t)} + \frac{I(t)}{N(t)}$$

由于 $k(t) = \frac{K(t)}{N(t)}$，对这一关系求关于时间的微分，得

$$\frac{dk(t)}{dt} = \frac{1}{N^2}\left[N \cdot \frac{dK}{dt} - K \cdot \frac{dN}{dt}\right]$$

利用 $\frac{dN/dt}{N} = n$ 和 $\frac{dK}{dt} = I$，上式可表示为

$$\frac{1}{N} = \frac{dk}{dt} + nk$$

由公式 $Y/N = C/N + I/N$ 得

$$\frac{Y - C}{N} = \frac{I}{N}$$

由于 $Y - C = S$，而 $S = sY$，上式可写为

$$sY/N = I/N$$

一个社会的人均储蓄可以分为两个部分：①人均资本的增加，即为每一个人配备更多的资本设备，这被称为资本的深化。②每一增加的人口配备每人平均应得的资本设备，这被称为资本的广化。总而言之，在一个社会全部产品中减去被消费的部分之后，剩下的便是储蓄；在投资等于储蓄的均衡条件下，整个社会的储蓄可以被用于两个方面：一方面给每个人增添更多的资本设备，即资本深化；另一方面为新出生的每一个人提供平均数量的

资本设备，即资本广化。

2. 稳态分析

在新古典增长理论中，稳态是指人均产量和人均资本都不再发生变化的状态。按照稳态的含义，如果人均资本不变，给定技术，则人均产量也不变。尽管人口在增长，但为使人均资本保持不变，资本必须和人口以相同的速度增长。在假定技术不变时，按新古典增长理论的假定，则有

$$\frac{\mathrm{d}Y/\mathrm{d}t}{Y} = \frac{\mathrm{d}N/\mathrm{d}t}{N} = \frac{\mathrm{d}K/\mathrm{d}t}{K} = n$$

换言之，当经济中的总产量、资本存量和劳动力都以速度 n 增长，并且人均产量固定时，就达到了稳态。

3. 储蓄率的增加

图 7-1 显示了储蓄率的增加是如何影响产量增长的。在图 7-1 中，经济最初位于 C 点的稳态均衡。现在使储蓄更大比例的增加，这会使储蓄曲线上移至更高的位置。这时新的稳态为 C'，比较 C 和 C' 点，可知储蓄率的增加提高了稳态的人均资本和人均产量。

对于从 C 点到 C' 点的转变，需要指出两点：①从短期看，更高的储蓄率导致了总产量和人均产量的增加，这可以从人均资本由初始稳态的 k. 上升到新的稳态中的 k' 这一事实中看出。因为增加人均资本的唯一途径是资本存量比劳动力更快地增长，进而又引起产量的更快增长。②由于 C 点和 C' 点都是稳态，按照前面关于稳态的分析，稳态中的产量增长率是独立于储蓄的，从长期看，随着资本积累，增长率逐渐降低，最终又回到人口增长的水平。

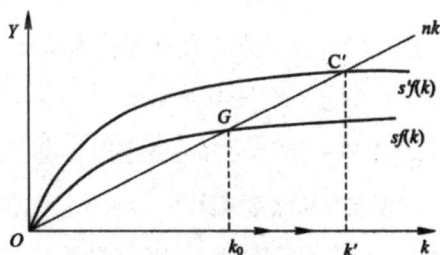

图 7-1 储蓄率增加的影响

4. 考虑技术进步时的稳态

到目前为止，对新古典增长理论的论述都没有涉及技术进步。事实上，考虑技术进步正是新古典增长理论不同于哈罗德-多马模型的重要之处。下面就来论述考虑到技术进步时的稳态分析。

在宏观经济中，考虑到技术进步时的总产量，生产函数可以写为

$$Y = f(K, N, A)$$

式中，A——为技术状况。

一般地，Y 与 A 具有正向关系，即给定资本和劳动，A 的增加（技术状况的改进）将带来产量的增加。

在增长理论中，为了便于分析技术进步，常将生产函数写为

$$Y = f(K, NA)$$

式中 NA——为劳动与技术状况的乘积。这种考虑技术状况的方法据说更容易考查技术进步对产出、资本和劳动之间关系的影响。

如果将 NA 称为有效劳动力，则技术进步意味着增加了经济的有效劳动力。在这种考虑之下，公式 $Y = f(K, NA)$ 所示的生产函数表示产出是由资本 K 和有效劳动力 NA 两个要素决定的。

对于生产函数式 $Y = f(K, NA)$，若 Y 为 K 和 NA 的一次齐次函数时，可将其表示为

$$y = f(k)$$

式中 $y = \dfrac{Y}{NA}$ ——被称为有效人均产出；

$k = \dfrac{K}{NA}$ ——被称为有效人均资本。

前面的第一部分和第二部分的分析在相当程度上适用于这里的静态分析。为了避免重复，下面着重说明特殊之点：

（1）考虑到技术进步时的稳态是指使有效人均资本和有效人均产量均为常数的状态。在稳态时，总产出将按有效劳动力 NA 的增长率增长。

（2）由于有效劳动力被定义为 NA，即劳动力 N 与技术状况 A 的乘积，因此有效劳动力 NA 的增长率为劳动增长率与技术进步增长率之和。

（3）将上述（1）和（2）综合在一起，可知在稳态时，总产出的增长率由劳动力增长率和技术进步率之和决定，这一增长率与储蓄率无关。利用这一重要结论，并注意到人均产量被定义为总产量与劳动力之比，得出在稳态时，人均产量增长率取决于技术进步率。

由于在稳态时，产出、资本和有效劳动力都按相同的比例增长，故这种稳态也被称为平衡增长状态。根据以上讨论，若 g_N 为人口增长率，g_A 为技术进步增长率，则平衡增长的特征如表 7-1 所示。

表 7-1　平衡增长状态表

项目	增长率	项目	增长率
有效人力资本	0	劳动	g_N

项目	增长率	项目	增长率
有效人均产量	0	资本	g_N
人力资本	g_A	产量	$g_N + g_A$
人均产量	g_A	有效劳动	$g_N + g_A$

由于在稳态时产出增长率仅依赖于劳动力增长率和技术进步率，因此储蓄率的变化并不影响产出的稳态增长率。然而，储蓄率的增加却能增加稳态的有效人均产出水平。

此外，新古典增长理论还暗含这样一点，即如果国与国之间有着不同的储蓄率，则它们会在稳态中达到不同的产出水平。但如果它们的技术进步率和人口增长率都相同，那么它们的稳态增长率也将相同，这就是趋同论点。

5. 考虑到人力资本的分析

新古典增长理论还可以扩展到对人力资本的分析，这里仅做简要说明。在一定的假定之下，考虑人力资本时的生产函数可以表示为

$$\frac{Y}{N} = f\left(\frac{K}{N},\ \frac{H}{N}\right)$$

公式表明，人均产量水平既取决于人均实物资本 K/N，又取决于人均人力资本 H/N。在其他条件不变时，随着人均人力资本的提高，经济中平均劳动技能水平在提高，这意味着更多的工人能够操作复杂的机器设备，更多的工人能够更快地适应新的生产任务，所有这些都带来了更高的人均产出水平。

考虑人均资本后，可得出：①关于实物资本积累的结论仍然成立，即增加储蓄率可以增加稳态的人均实物资本，进而也会增加稳态的人均产出水平。②通过教育和在职培训等方式进行的人力资本投资的增加也增加稳态的人均人力资本，进而增加人均产量。上述两点描述了人均产出决定更为真实的景象。在长期，人均产量依赖于社会储蓄多少和教育支出多少。

既然人力资本和实物资本都是人均产出的决定因素，那么两者中哪一个更重要呢？对于这一问题，西方一项有影响的研究表明，在实物资本方面的投资和在教育方面的投资对产出的决定所起的作用大致相同。

第二节 宏观经济政策

一、宏观经济政策概述

（一）宏观经济政策的目标

1. 充分就业

充分就业是指包含劳动在内的一切生产要素都以愿意接受的价格参与生产活动的状态。充分就业包含两种含义：一是指除了摩擦失业和自愿失业之外，所有愿意接受各种工资的人都能找到工作的一种经济状态，即消除了非自愿失业就是充分就业；二是指包括劳动在内的各种生产要素都按其愿意接受的价格，全部用于生产的一种经济状态，即所有资源都能得到充分利用。

失业意味着稀缺资源的浪费或闲置，从而使经济总产出下降，社会总福利受损，因此失业的成本是巨大的，降低失业率，实现充分就业就成为宏观经济政策的首要目标。

2. 经济增长

经济增长是指在一个特定时期内经济社会所生产的人均产量和人均收入的持续增长，包括维持高经济增长率；培育经济持续增长的能力。

经济增长通常用一定时期内实际国内生产总值年均增长率来衡量。经济增长会增加社会福利，但并不是增长率越高越好。这是因为经济增长一方面要受到各种资源条件的限制，不可能无限地增长，尤其是对经济已经相当发达的国家来说更是如此；另一方面，经济增长也要付出代价，如造成环境污染，引起各种社会问题等。

3. 物价稳定

物价稳定是指物价总水平的稳定。一般用价格指数来衡量一般价格水平的变化。价格稳定不是指每种商品价格的固定不变，也不是指价格总水平的固定不变，而是指价格指数的相对稳定。价格指数又分为消费物价指数、批发物价指数和国民生产总值折算指数三种。

物价稳定是允许保持一个低而稳定的通货膨胀率。低，是指通货膨胀率在 1%~3% 之间；稳定，是指在相当时期内能使通货膨胀率维持在大致相等的水平上。这种通货膨胀率能为社会所接受，对经济也不会产生不利的影响。

4. 国际收支平衡

国际收支平衡具体分为静态平衡、动态平衡、自主平衡和被动平衡。静态平衡是指一个国家在一年的年末，国际收支不存在顺差也不存在逆差；动态平衡，不强调一年的国际收支平衡，而是以经济实际运行可能实现的计划期平衡周期，保持计划期内的国际收支均衡。自主平衡是指由自主性交易即基于商业动机，为追求利润或其他利益而独立发生的交易实现的收支平衡；被动平衡是指通过补偿性交易，即一国货币当局为弥补自主性交易的不平衡而采取调节性交易以达到的收支平衡。

（二）宏观经济政策目标之间的矛盾与协调

以上提到的宏观经济政策的四大目标并不是相互一致的，要实现上述目标，政府必须使各种政策手段相互配合，协调一致。另外，政府在制定政策时，不能追求单一目标，而应该综合考虑，否则会产生经济上和政治上的副作用。因为经济政策目标相互之间不仅存在互补性，也存在一定的冲突。宏观经济政策之间的矛盾表现为以下几个方面：

1. 物价稳定与充分就业的矛盾

两者之间通常存在着一种此高彼低的交替关系，体现在菲利普斯曲线上。中央银行需要根据当时的社会经济条件，寻求物价上涨率和失业率之间某一适当的组合点。

2. 物价稳定与经济增长的矛盾

如果刺激经济增长，就应促进信贷和货币发行的扩张，结果会带来物价上涨和通货膨胀；为了防止通货膨胀和物价上涨，需要采取信用收缩的措施，这会对经济增长产生不利的影响。

3. 物价稳定与国际收支平衡的矛盾

若本国发生通货膨胀，其他国家的物价稳定，在一定时期内购买外国商品便宜，会导致本国输出减少，输入增加，使国际收支恶化。

4. 经济增长与国际收支平衡的矛盾

随着经济增长、就业人数增加和收入水平提高，对进口商品的需求通常也会相应增加，从而使进口贸易增长得更快，其结果是出现贸易逆差，导致国际收支情况恶化。

因为宏观经济政策的四大目标之间既有统一性，又有矛盾性，所以宏观经济政策几乎不可能同时实现四个目标。于是就出现了政策目标的选择问题，重点是确定各目标在具体历史环境下的主次地位和先后顺序。当然，政府还必须考虑到政策本身的协调和时机把握问题。上述这些因素都会影响宏观经济政策的有效性，即关系到政府政策目标实现的可能性和实现的程度。政府在制定经济目标和经济政策时要突出重点，进行整体性的宏观战略安排。

（三）宏观经济政策工具

宏观经济政策工具是达到经济目标的手段和措施，不同的宏观经济政策工具可以达到不同的政策目标。常用的宏观经济政策工具有需求管理政策、供给管理政策、国际经济政策。

1. 需求管理政策

需求管理是要通过对总需求的调节，实现总需求等于总供给，达到既无失业又无通货膨胀的目标。在有效需求不足的情况下，也就是总需求小于总供给时，政府应采取扩张性的政策措施，刺激总需求增长，克服经济萧条，实现充分就业；在有效需求过度增长的情况下，也就是总需求大于总供给时，政府应采取紧缩性的政策措施，抑制总需求，以克服因需求过度扩张而造成的通货膨胀。

2. 供给管理政策

供给管理是通过对总供给的调节来达到一定的政策目标。供给学派理论的核心是把注意力从需求转向供给。在短期内影响供给的主要因素是生产成本，特别是生产成本中的工资成本。在长期内影响供给的主要要素是生产能力，即经济潜力的增长。

供给管理政策主要包括收入政策、指数化政策、人力政策和经济增长政策。具体分述如下：

（1）收入政策

收入政策是指通过限制工资收入增长率从而限制物价上涨率的政策，因此也称为工资和物价管理政策。之所以对收入进行管理，是因为通货膨胀有时是由成本（工资）推进造成的。收入政策的目的是制止通货膨胀。它有三种形式：①工资与物价指导线。根据劳动生产率和其他因素的变动，规定工资和物价上涨的限度，其中主要是规定工资增长率。企业和工会都要根据这一指导线来确定工资增长率，企业也必须据此确定产品的价格变动幅度，如果违反，则以税收形式惩戒。②工资与物价的冻结。政府采用法律和行政手段禁止在一定时期内提高工资与物价，这些措施一般是在特殊时期采用，在严重通货膨胀时也被采用。③税收刺激政策。税收刺激政策就是以税收来控制增长。

（2）指数化政策

指数化政策是指定期地根据通货膨胀率来调整各种收入的名义价值，使其实际价值保持不变，主要有：①工资指数化。②税收指数化，即根据物价指数自动调整个人收入调节税等。

（3）人力政策

人力政策又称为就业政策，是一种旨在改善劳动市场结构，以减少失业的政策，主要有：①人力资本投资。由政府或有关机构向劳动者投资，以提高劳动者的文化技术水平与身体素质，适应劳动力市场的需要。②完善劳动市场。政府应该不断完善和增加各类就业介绍机构，为劳动的供求双方提供迅速、准确而完全的信息，使劳动者找到满意的工作，企业也能得到其所需的员工。③协助工人进行流动。劳动者在地区、行业和部门之间的流动，有利于劳动的合理配置与劳动者人尽其才，也能减少由于劳动力的地区结构和劳动力的流动困难等原因而造成的失业。对工人流动的协助包括提供充分的信息、必要的物质帮助与鼓励。

（4）经济增长政策

经济增长政策主要有：①增加劳动力的数量和质量。增加劳动力数量的方法包括提高人口出生率、鼓励移民入境等；提高劳动力质量的方法有增加人力资本投资。②资本积累。资本的积累主要来源于储蓄，可以通过减少税收，提高利率等途径来鼓励人们储蓄。③技术进步。技术进步在现代经济增长中起着越来越重要的作用，因此促进技术进步成为各国经济政策的重点。④计划化和平衡增长。现代经济中各部门之间协调的增长是经济本身所要求的，国家的计划与协调要通过间接的方式来实现。

3. 国际经济政策

国际经济政策是对国际经济关系的调节。现实中每一个国家的经济都是开放的，各国经济之间存在着日益密切的往来与相互影响。一个国家宏观经济政策目标中国际经济关系的内容，即国际收支平衡。不仅如此，其他目标的实现不仅有赖于国内经济政策，也有赖于国际经济政策。

二、财政政策

财政政策是政府对经济进行宏观调控的主要手段之一。它是一个国家的政府为了达到预期的宏观经济目标而对财政收入和支出所做出的决策。显而易见，财政政策是通过改变财政收入与支出来影响宏观经济的，使宏观经济达到理想状态的一种宏观经济政策。

（一）财政政策工具

财政政策工具是指运用改变政府收入和政府支出来达到调节宏观经济的手段。政府收入主要包括税收和公债；政府支出主要包括政府购买和转移支付。

1. 税收

税收既是西方国家政府收入的主要来源之一，又是国家为了实行其职能按照法律预先规定的标准，强制地、无偿地取得财政收入的一种手段。税收依据不同的标准可以进行不同的分类：

（1）根据课税对象的不同，税收可分为财产税、所得税和流转税三类

①财产税是指对纳税人的动产和不动产课征的税收。许多国家对财产的赠予或继承征税，有些国家还对纳税人的净财产（资产减去负债）征税，称之为个人财产税。②所得税是指对个人和公司赚取的所得课征的税收。在西方政府税收中，所得税占有的比例较大，因此其税率的变动对社会经济生活会产生巨大的影响。③流转税是对流通中的商品和劳务的交易额课征的税收。增值税是其中主要的税种之一。

（2）根据收入中被扣除的比例，税收可分为累退税、累进税和比例税三类

①累退税是指税率随征税客体总量增加而递减的税收。②比例税是指税率不随征税客体总量变动而变动的税收，即按统一的税率比例从收入中征收，多适用于流转税和财产税。③累进税是指税率随征税客体总量增加而增加的税收。西方国家的所得税大部分属于累进税。这三种类型的税收通过税率的变动反映了赋税的负担轻重和税收总量的关系，因此税率的高低以及变动的方向对经济活动，如个人收入和消费、企业投资、社会总需求等都会产生极大的影响。

一般来说，通过增加政府税收，可以抑制总需求从而减少国民收入；反之，通过减少税收，则能够刺激总需求进而增加国民收入，因此在需求不足时，可以采取减税措施来抑制经济衰退；在需求过旺时可采取增税措施抑制通货膨胀。税收作为一种财政政策工具，它既可以通过降低税率又可以通过变动税收总量来实现宏观经济政策目标。

2. 公债

公债是政府向公众举债的债务，或者说是公众对政府的债权，是政府运用信用形式筹集财政资金的一种特殊形式。

当政府税收不足以弥补政府支出时，就会发行公债，使公债成为政府财政收入的又一组成部分。它不同于税收，是政府运用信用形式筹集财政资金的特殊形式，包括中央政府的债务和地方政府的债务。中央政府的债务称为国债。政府借债一般有短期债、中期债和长期债三种形式。短期债务一般通过出售国库券取得，主要进入短期资金市场（货币市场），利息率较低，期限一般为3个月、6个月和1年三种。中长期债一般通过发行中长期债券取得，期限1年以上5年以下的为中期债券，5年以上的为长期债券。美国长期债券最长的为40年。中长期债券利息率也因时间长、风险大而较高。中长期债券是西方国家资本市场（长期资金市场）上最主要的交易品种之一。

政府公债的发行，一方面能增加财政收入，影响财政收支，属于财政政策；另一方面又能对包括货币市场和资本市场在内的金融市场的扩张和紧缩起重要作用，影响货币的供求，从而调节社会的总需求水平，因此公债也是实施宏观调控的经济政策工具之一。

3. 政府购买

政府购买是指政府对商品和劳务的购买，如购买军需品、警察装备用品、政府机关办公用品、付给政府雇员报酬、各种公共工程项目支出等。

因为政府购买有商品和劳务的实际交易，是一种实质性支出，所以它会直接形成社会需求和购买力，是国民收入的一个组成部分，因此政府购买支出是决定国民收入大小的主要因素之一，其规模直接关系到社会总需求的变化。政府购买支出的变动对整个社会总需求水平起到举足轻重的调节作用。在总需求水平过低时，政府可以通过提高购买支出水平，如增加公共工程项目支出，增加社会整体需求水平，以促进经济稳定发展；反之，当总需求水平过高时，政府可以采取减少购买支出的政策，降低社会总需求，以此来抑制通货膨胀，因此变动政府购买支出水平是财政政策的有力手段之一。

4. 政府转移支付

政府转移支付是另一种政府支出。它与政府购买不同，政府转移支付是指政府的社会福利等支出，如卫生保健支出、收入保障支出、退伍军人福利、失业救济和各种补贴等方面的支出。政府转移支付是一种货币性支出，政府在付出这些货币时并无相应的商品和劳务的交换发生，是一种不以取得商品和劳务作为交换的支出，因此政府转移支付不能算作国民收入的组成部分，它所做的仅仅是通过政府将收入在不同社会成员之间进行转移和重新分配，全社会的总收入并没有变动。由此可见，政府对农业的各项补贴也被看作政府转移支付的构成内容。

既然政府转移支付是政府支出的重要组成部分，因此政府转移支付也是一项重要的财政政策工具。一般来讲，在总需求不足时，失业会增加，这时政府应增加社会福利费用，提高转移支付水平，从而增加人们的可支配收入和消费支出水平，社会有效需求因而增加；在总需求水平过高时，通货膨胀率上升，政府应减少社会福利支出，降低转移支付水平，从而降低人们的可支配收入和社会总需求水平。除了失业救济、养老金等福利费用外，其他转移支付项目，如农产品价格补贴也应随经济风向而改变。

（二）　财政政策的分类

综上所述，财政政策的工具是多种多样的，主要包括调整政府的税收和支出两个方面。根据调节的方式不同，财政政策可以分为自动的财政政策和相机抉择的财政政策。

1. 自动的财政政策

自动的财政政策是指利用财政政策工具（政府税收和支出政策）与经济运行的内在联系来自动调节国民经济运行的财政政策，即发挥财政政策工具自动稳定器的作用来缓和社会总需求带来的经济波动，维持经济稳定增长。财政政策的这种自动稳定器效应无须借助外力就可以直接产生调控效果，财政政策工具的这种内在的、自动产生的稳定效果，随着社会经济的发展自行发挥调节作用，不需要政府专门采取干预行动。财政政策的自动稳定器效应主要表现在以下几个方面。

（1）税收的自动变化

税收特别是个人所得税和公司所得税是重要的稳定器。在经济萧条时期，国民收入水平下降，个人收入减少，在税率不变的条件下，政府税收会自动减少，而人们的可支配收入也会因此自动地少减少一些，虽然萧条时期的消费和需求有一些下降，但会下降得少一些。在累进税制下，表现得尤为明显。例如，在累进税制的情况下，由于经济萧条会引起收入的降低，使某些原来属于纳税对象的人下降到纳税水平以下，另外一些人也被降到较低的纳税等级，因此个人缴纳的税收因为国民收入水平的降低而减少了，政府税收下降的幅度会超过收入下降的幅度，从而起到抑制经济萧条的作用。反之，在通货膨胀时期，失业率较低，人们收入会自动增加，税收会因个人收入的增加而自动增加，使得个人可支配收入由于税收的增加少增加一些，从而使消费和总需求自动增加得少一些。在实行累进税制情况下，经济的繁荣使人们收入增加，更多的人由于收入的上升自动地进入较高的纳税等级。政府税收上升的幅度会超过收入上升的幅度，从而使通货膨胀有所收敛。另外，公司所得税也具有同样的作用。

（2）政府转移支付

政府转移支付主要包括政府的失业救济金和其他的社会福利支出。在经济出现衰退和萧条时期，由于失业人数增加，符合领取失业救济金的人数增加，政府转移支付也会自动增加，这使得人们的可支配收入会增加一些，从而起到抑制经济萧条的作用；反之，当经济过热产生通货膨胀时，由于失业率降低，符合领取失业救济金和各种补贴的人数减少，政府的这笔支出也会因此减少，从而自动地抑制可支配收入的增加，使消费和总支出减少。这种内在的自动稳定器在一定程度上可以起到降温和遏制通货膨胀的作用。

（3）农产品价格维持制度

在经济萧条时期，国民收入水平下降会导致价格水平降低，农产品价格也将下降，政府为了抑制经济的衰退，依照农产品价格维持制度，按支持价格收购农产品，使农民收入和消费维持在一定水平上，不会因国民收入水平的降低而减少太多，也起到刺激消费和总需求的作用。当经济繁荣时，由于国民收入水平提高使整体价格水平上升，农产品价格也因此上升，这时政府减少对农产品的收购并售出库存的农产品，平抑农产品价格，无形中抑制了农民收入的增加，从而降低了消费和总需求水平，起到抑制通货膨胀的作用。

总之，在经济扩张时期，税收自动增加，失业保险、贫困救济等转移支付自动减收，有助于抑制经济过热；反之，在经济衰退期，税收自动减少，各项转移支付自动增加，有助于缓和经济的衰退。因此税收、政府转移支付的自动变动和农产品的价格维持制度在一定程度上对宏观经济运行起到了稳定的作用，成为财政政策的自动稳定器和防止经济大幅度波动的第一道防线。同时，各种自动稳定器也不能充分调节社会总需求，其对经济的自动稳定作用有限，政府在经济出现波动时还需采取相机抉择的财政政策调节经济。

2. 相机抉择的财政政策

相机抉择的财政政策是指政府根据对经济状况的判断而做出财政收支调整的财政政策。相机抉择的财政政策不再始终维持政府预算的基本平衡，只要所实施的财政政策能为实现充分就业、物价稳定、经济增长和国际收支平衡等宏观经济目标服务，政府预算的暂时性失衡是允许发生的。相机抉择的政策可以分为扩张性财政政策和紧缩性财政政策：①扩张性财政政策是指政府通过减税或增加政府支出来刺激投资和消费，增加社会总需求，促进经济增长，扩大社会就业的财政政策。由于减税和增加政府支出通常会造成财政赤字，因此扩张性财政政策也称为赤字财政政策。②紧缩性财政政策是指政府通过增税或减少政府支出来抑制投资和消费，减少社会总需求，抑制经济过快增长，消除通货膨胀的财政政策。由于增税、减少政府支出通常会造成财政盈余，因此紧缩性财政政策也称为盈余财政政策。

但究竟什么时候采取扩张性财政政策、什么时候采取紧缩性财政政策，应由政府对经济发展的形势加以分析权衡，斟酌使用。这样一套经济政策就是凯恩斯主义的相机抉择的"需求管理"。由于凯恩斯分析的是需求不足型的萧条经济，因此他认为调节经济的重点要放在总需求的管理方面。凯恩斯主义认为，当总需求水平过低，产生衰退和失业时，政府应采取刺激需求的扩张性财政政策措施；当总需求水平过高，产生通货膨胀时，政府应采取抑制总需求的紧缩性财政措施。简而言之，要"逆经济风向行事"。

（三）财政政策效应

财政政策效应是指财政政策变化对其余经济变量的冲击，主要是指对利率和产出的冲击。财政政策主要包括政府购买支出、税率和转移支付等政策手段，其中转移支付的改变可以看作是自发税收的反方向调整，因此增加转移支付就意味着减少自发税收。

（四）财政政策的局限性

从理论上讲，通过积极的相机抉择的财政政策的实施，国民经济能够实现无通货膨胀的充分就业，减少经济的剧烈波动，但这种政策在具体实施时也存在一定的困难。具体影响如下：

1. 滞后效应对政策的影响

财政政策的制定和实施需要提出方案、讨论和实施，有很多中间环节，在经历这些过程后，经济形势可能已经发生变化，从而影响宏观经济政策的发挥，甚至带来相反的效果。

2. 挤出效应的影响

在社会资源既定的情况下，政府支出扩大，争夺了私人投资的资源，也会抑制私人投资，使政府财政支出的扩张作用被部分或全部抵消。

3. 社会阻力的影响

由于经济政策的实施会给不同经济利益体带来影响，所以在执行过程中会遇到不同阶层和集团的抵制，从而使政策目标难以实现。

三、货币政策

货币政策是指中央银行通过控制货币供应量来调节利率进而影响投资和整个经济以达到一定经济目标的经济政策。凯恩斯主义认为，货币政策和财政政策一样，也是通过调节国民收入以达到稳定物价、充分就业的目标，实现经济稳定增长。两者不同之处在于，财政政策直接影响总需求的规模，这种直接作用没有任何中间变量；而货币政策还要通过利率的变动来对总需求发生影响，因而是间接地发挥作用。

货币政策可分为扩张性的货币政策和紧缩性的货币政策。扩张性的货币政策是通过增加货币供给来带动总需求的增长。货币供给增加时，利息率会降低，取得信贷更为容易，因此经济萧条时多采用扩张性货币政策。反之，紧缩性货币政策是通过削减货币供给的增长来降低总需求水平，在这种情况下，取得信贷比较困难，利率也随之提高，因此在通货膨胀严重时，多采用紧缩性货币政策。

（一）货币与银行制度

1. 货币

货币是从商品中分离出来固定地充当一般等价物的商品；货币是商品交换发展到一定阶段的产物。货币的本质就是一般等价物，具有价值尺度、流通手段、支付手段、贮藏手段、世界货币的职能。

通常货币供应量划分为三个层次：流通中的现金（M_0），即在银行体系以外流通的现金，居民手中的现钞和企事业单位的备用金；狭义货币（M_1），即现钞加上商业银行活期存款；广义货币（M_2），即狭义货币加银行存款中的定期存款、储蓄存款、外币存款等。流通中的现金、狭义货币和广义货币之间的关系可用下式表示

$$M_0 = 现金$$

$$M_1 = M_0 +企事业单位活期存款$$

$$M_2 = M_1 +企事业单位定期存款+居民储蓄存款$$

在这三个层次中，M_0 与消费变动密切相关，是最活跃的货币；M_1 反映居民和企业资金松紧变化，是经济周期波动的先行指标，流动性仅次于 M_0；M_2 流动性偏弱，但反映的是社会总需求的变化和未来通货膨胀的压力状况，通常所说的货币供应量主要是指 M_2。

2. 银行制度

银行制度是指在这一制度中各类不同银行的职能、性质、地位、相互关系、运营机制以及对银行的监管措施所组成的体系，是一个国家金融制度的重要组成部分。我国实行的是单一的中央银行制度，即以中央银行为核心，以中央银行、商业银行和金融机构共同构成银行体系。但是影响货币供应量的主要是中央银行和商业银行。

（1）中央银行的主要职能

①发行的银行

中央银行代表国家发行纸币，根据市场情况调节货币供应量。

②银行的银行

中央银行执行票据清算的职能，接受商业银行的存款，为商业银行发放贷款，监督和管理商业银行，调节货币流通。

③国家的银行

中央银行代理国库收存款，代理国家发行公债，并对国家提供贷款。

（2）商业银行的职能

①信用中介

信用中介是商业银行的基本职能。商业银行通过吸收存款将社会闲置资金聚集起来，通过贷款将其投向需要货币资金的企业和部门。

②支付中介

商业银行为客户办理与货币收付有关的技术性业务。

③变货币收入和储蓄为货币资本

商业银行能把社会各主体的货币收入、居民储蓄集中起来再运用出去，扩大社会资本总额，加速社会生产和流通的发展。

④创造信用流通工具

商业银行在信用中介的基础上，通过存贷款业务的开展创造派生存款。同时，商业银行通过发行支票、本票、大额定期存款单等信用工具，满足了流通中对流通手段和支付手段的需要，节约了与现金流通相关的流通费用。该职能是现代商业银行所特有的，成为国家干预经济生活的杠杆。

（二）货币政策工具

货币政策工具，又称为货币政策手段，是指中央银行为实现货币政策目标所采用的政策手段，包括常规性货币政策、选择性货币政策工具和补充性货币政策工具。

1. 常规性货币政策

西方国家中央银行多年来采用的三大政策工具，即法定存款准备金率政策、再贴现政策和公开市场业务政策，这三大传统的政策工具有时也称为三大法宝，主要用于调节货币总量。

（1）法定存款准备金率政策

法定存款准备金率是以法律形式规定商业银行等金融机构将其吸收存款的一部分上缴中央银行作为准备金的比例。20 世纪 30 年代大危机后，各国普遍实行了法定存款准备金制度，法定存款准备金率便成为中央货币供给量的政策工具。对于法定存款准备金率的确定，目前各国中央银行都根据存款不同而有所区别。一般地说，存款期限越短，需要规定较高的存款准备金率，所以活期存款的法定存款准备金率高于定期存款的法定存款准备金率。

①法定存款准备金率政策的效果。

A. 法定存款准备金率是通过决定或改变货币乘数来影响货币供给的，即使准备金率调整的幅度很小，也会引起货币供应量的巨大波动。

B. 即使商业银行等金融机构由于种种原因持有超额准备金，法定存款准备金的调整也会产生效果，如果提高准备金比例，实际上是冻结了相应的超额准备金，这在很大程度上限制了商业银行体系创造派生存款的能力。

②法定存款准备金政策的局限性。

A. 法定存款准备金率调整的效果比较强烈，调整对象对整个经济和社会心理预期都会产生显著的影响，所以不宜作为中央银行调控货币供给的日常性工具。

B. 法定存款准备金对各种类别的金融机构和不同种类的存款的影响不一致，因而货币政策效果可能因这些复杂情况的存在而不易把握。

（2）再贴现政策

再贴现政策是指中央银行对商业银行持有未到期票据向中央银行申请再贴现时所做的政策性规定。再贴现政策一般包括两方面的内容：一是再贴现率的确定与调整；二是规定向中央银行申请再贴现的资格。

前者主要着眼于短期，中央银行根据市场资金供求状况，调整再贴现率。能够影响商业银行借入资金的成本，进而影响商业银行对社会的信用量，从而调节货币供给的总量。

同时，再贴现率的调整在一定程度上反映了中央银行的政策意向，起到一种告示作用，提高再贴现率意味着有紧缩意向；反之，则意味着有意扩张。在传导机制上，若中央银行调高再贴现率，商业银行需要以比较高的代价才能从中央银行获得贷款，商业银行就会提高对客户的贴现率或提高放款利率，其结果就会使信用量收缩，市场货币供给量减少。若中央银行采取相反的措施，则会导致市场货币供给量的增加。

①再贴现政策的效果

A. 再贴现率的调整可以改变货币总供给量。

B. 对再贴现资格条件的规定可以起到抑制或扶持的作用，并能够改变资金流向。

②再贴现政策的局限性

A. 主动权并非只在中央银行，甚至市场的变化可能违背其政策意愿。因为商业银行是否再贴现或再贴现多少，取决于商业银行的行为，由商业银行自主判断、选择。如商业银行可通过其他途径筹措资金而不依赖于再贴现，则中央银行就不能有效控制货币供应量。

B. 再贴现率的调节作用是有限度的，在经济繁荣时期，提高再贴现率也不一定能够抑制商业银行的再贴现需求；在经济萧条时期，调低再贴现率，也不一定能够刺激商业银行的借款需求。

C. 再贴现率易于调整，但随时调整引起市场利率的经常波动，使商业银行无所适从。与法定存款准备金率比较，再贴现率易加大利率风险，并干扰市场机制的动作。

（3）公开市场业务政策

公开市场业务政策是指中央银行在金融市场上公开买卖有价证券，以此来调节市场货币量的政策行为。当中央银行认为应该增加市场货币供应量时，就在金融市场上买进有价证券，与一般金融机构所从事的证券买卖不同，中央银行买卖证券的目的不是为了盈利，而是为了调节货币供应量。

①公开市场业务政策的优越性。

A. 主动性强

中央银行的业务政策目标是调控货币量而不是盈利，所以它可以不计证券交易的价格，从容地实现操作目的，即可以高于市场价格买进，低于市场价格卖出，业务总能做成，不像再贴现政策那样被动。

B. 灵活性高

中央银行可根据金融市场的变化进行经常连续的操作，如果力度不够，可以随时加大。

C. 调控效果和缓，震动性小

由于这项业务以交易行为出现，不是强制性的，加之中央银行可以灵活操作，因此对经济社会和金融机构的影响比较平缓，不像调整法定存款准备金率那样震动大。

D. 影响范围广

中央银行在金融市场上买卖证券，如果交易对方是商业银行等金融机构，可以直接改变它们的准备金数额；如果交易对方是公众，则间接改变公众的货币持有量，这两种情况都会使市场货币供给量发生变化。同时，中央银行的操作还会影响证券市场的供求和价格，进而对整个社会投资和产业发展产生影响。

②公开市场业务政策的局限性

A. 中央银行必须具有强大的、足以干预和控制整个金融市场的金融实力。

B. 要有一个发达、完善的金融市场，并且市场必须是全国性的，市场上证券种类齐全并达到一定规模。

C. 必须有其他政策工具的配合。

2. 选择性货币政策工具

随着中央银行宏观调控作用重要性的增强，货币政策工具也趋向多样化。除上述调节货币总量的三大主要工具外，还增加了对某些特殊领域的信用活动加以调节和影响的一系列措施。这些措施一般都是有选择地使用，故称之为选择性货币政策工具，以便与传统的一般性政策工具相区别。选择性货币政策工具主要有以下几种：

（1）消费信用控制

消费信用控制是指中央银行对不动产以外的各种耐用消费品的销售融资予以控制。在消费信用膨胀和通货膨胀时期，中央银行采取消费信用控制能起到抑制消费需求和物价上涨的作用。例如，对分期付款方式购买耐用品时的首次付款规定最低比例，规定消费信贷的最长期限等。

（2）证券市场信用控制

证券市场信用控制是指中央银行对有关证券交易的各种贷款和信用交易的保证金比例进行限制，并随时根据证券市场的状况加以调整，目的在于控制金融市场的交易总量，抑制过度投机。例如，规定一定比例的证券保证金比例。

（3）不动产信用控制

不动产信用控制是指中央银行对金融机构在房地产方面放款的限制性措施，以抑制房地产投机和泡沫。例如，对房地产贷款规定最高限额、最长期限及首次付款和分摊还款的最低金额等。

（4）优惠利率

优惠利率是指中央银行对国家重点发展的经济部门或产业所采取的鼓励性措施。例如，出口工业、农业等重点发展的经济部门或产业，规定较低的贷款利率。

（5）预缴进口保证金

预缴进口保证金是指中央银行要求进口商预缴相当于进口商品总值一定比例的存款，以抑制进口过快增长。预缴进口保证金多为国际收支经常项目出现逆差的国家所采用。

3. 补充性货币政策工具

除以上常规性、选择性货币政策工具外，有时还运用一些补充性货币政策工具对信用进行直接控制和间接控制。具体定义如下：

（1）信用直接控制工具

信用直接控制工具指中央银行依法对商业银行创造信用的业务进行直接干预而采取的各种措施，主要有信用分配、直接干预、流动性比例、利率限制、特种贷款。

（2）信用间接控制工具

信用间接控制工具指中央银行凭借其在金融体制中的特殊地位，通过与金融机构之间的磋商、宣传等指导其信用活动，以控制信用，其方式主要有窗口指导、道义劝告。

（三）货币政策的局限性

西方国家实行货币政策，通常是为了稳定经济，减少经济波动，但在实践中也存在一些局限性。

1. 在通货膨胀时期实行紧缩性的货币政策效果可能比较显著，但在经济衰退时期，实行扩张性的货币政策效果就不明显

由于厂商对经济前景普遍悲观，即使中央银行松动银根，降低利率，投资者也不肯增加贷款而从事投资活动，银行为安全起见，也不肯轻易贷款。特别是由于存在着流动性陷阱，不论银根如何松动，利息率都不会降低，因此货币政策作为反衰退的政策，其效果就相当微弱。在西方有些学者把货币政策制止通货膨胀的效果比喻为马用缰绳拉车前进，意思是说效果很好，然而他们却把货币政策促进繁荣的效果比喻为马用缰绳使车后退，即政策很难发生作用。

即使从反通货膨胀的角度来看，货币政策的作用也主要表现为反对需求拉上的通货膨胀，而对成本推进的通货膨胀，货币政策的效果就很小。若物价的上升是由工资上涨幅度超过劳动生产率上升幅度引起的或是由垄断厂商为获取高额利润引起的，则中央银行欲通过控制货币供给来抑制通货膨胀就比较困难。

2. 从货币市场均衡的情况来看，通过增加或减少货币供给来影响利率，必须以货币流通速度不变为前提

如果这一前提不存在，货币供给变动对经济的影响就要打折扣。在经济繁荣时期，中央银行为抑制通货膨胀需要紧缩货币供给，或者说放慢货币供给的增长率，但此时公众一

般会增加支出，而且当物价上升快时，公众不愿把货币持在手中，而是希望尽快花出去，因此货币流通速度会加快，在一定时期内 1 美元也许可完成 2 美元交易的任务，这无异于在流通领域增加了一倍货币供给量。这时即使中央银行把货币供给减少一半，也无法把通货膨胀率降下来。反过来说，在经济衰退时期，货币流通速度下降，这时中央银行增加货币供给对经济的影响也可能被货币流通速度下降所抵消。由此可见，若货币流通速度加快或放慢，那么用变动货币供给量的办法来影响利率、投资和国民收入的货币政策效果就会受到影响或打折扣。

3. 货币政策的外部时滞也会影响政策效果

中央银行变动货币供给量，需通过影响利率来影响投资，然后再影响就业和国民收入，因而货币政策作用要经过相当长一段时间才会得到充分发挥。尤其是市场利率变动后，投资规模并不会很快发生相应变动。利率下降后，厂商扩大生产规模需要一个过程，利率上升后，厂商缩小生产规模更不是一件容易的事，已经在建的工程难以停建，已经雇用的职工要解雇也不是轻而易举的事。总之，货币政策即使在开始采用时不需要花很长时间，但执行后到产生效果要有一个相当长的过程，在此过程中，经济情况有可能发生与人们原先预料的相反的变化。例如，经济衰退时中央银行扩大货币供给，但未到这一政策效果完全发挥出来经济就已经转入繁荣，物价已开始较快地上升，则原来的扩张性货币政策就不是反衰退，而是更进一步加剧了通货膨胀。

4. 在开放经济中，货币政策的效果还要因为资金在国际上流动而受到影响

例如，一国实行紧缩性货币政策时，利率上升，国外资金会流入，若汇率浮动，则本币会升值，出口会受到抑制，进口也会受到刺激，从而使本国总需求比在封闭经济情况下有更大的下降；若实行固定汇率，则中央银行为使本币不升值，势必抛出本币，按固定汇率收购外币，于是货币市场上本国货币供给增加，使原先实行的紧缩性货币政策效果大打折扣。

货币政策在实践中存在的问题远不止这些，但仅从这些方面来看，货币政策作为平抑经济波动的手段，作用也是有限的。

四、财政政策与货币政策的混合使用

（一）财政政策和货币政策的异同

1. 财政政策和货币政策的相同点

（1）货币政策与财政政策是政府干预社会经济生活的主要工具，它们共同作用于本国的宏观经济方面。

（2）它们都着眼于调节总需求，使之与总供给相适应。

（3）它们追求的最终目标都是实现经济增长、充分就业、物价稳定和国际收支平衡。

2. 财政政策和货币政策的不同点

（1）政策的实施者不同。财政政策由财政部门实施；货币政策由中央银行实施。

（2）作用过程不同。财政政策的直接对象是国民收入再分配过程，以改变国民收入再分配的数量和结构为初步目标，进而影响整个社会经济生活；货币政策的直接对象是货币运动过程，以调控货币供给的结构和数量为初步目标，进而影响整个社会经济生活。

（3）政策工具不同。财政政策使用的工具一般与政府的收支活动相关，主要是税收、国债及政府的转移支付等；货币政策使用的工具通常与中央银行的货币管理业务活动相关，主要是存款准备金率、再贴现率、公开市场业务等。

（4）两种政策的影响范围不同。财政政策的实施要通过一段时间才能实现，其影响范围更大一些；货币政策由中央银行制定，其影响范围相对小一些。

（二）财政政策和货币政策的配合

为达到某个既定的政策目标，决策者既可以选择货币政策，又可以选择财政政策。由于财政政策和货币政策都各具自己的特点和局限性，因此决策者就面临着如何选择宏观政策工具，并使之相互协调和配合的问题。在具体实施过程中会有以下四种配合模式。

1. 双扩张政策

扩张性财政政策，减少税收，能够扩大总需求，增加国民收入，但会引起利率上升，抑制私人投资，产生挤出效应，减少财政政策对经济的扩张作用；扩张性货币政策，抑制利率上升，扩大信贷，扩大企业投资，减少扩张性货币政策的挤出效应，扩大总需求，增加国民收入。双扩张政策的综合作用：同时运用扩张性财政政策和扩张性货币政策，比单纯运用扩张性货币政策或扩张性财政政策有着更大的缓和衰退、刺激经济的作用。

例如，双扩张政策适用于当大部分企业开工不足，设备闲置，劳动力就业不足，大量资源有待开发以及市场疲软等情况。

2. 双紧缩政策

当经济过热，发生通货膨胀时，实施紧缩性财政政策，减少政府支出，提高利率，以压制总需求，抑制通货膨胀，减少国民收入；实施紧缩性货币政策，减少货币供给量，减缓物价上涨。紧缩性财政政策在抑制总需求时，利率下降；紧缩性货币政策使利率提高，抑制企业投资，减少国民收入。两者配合使用将对膨胀的经济起到紧缩作用，不过这种政策组合若长期使用，将会带来经济衰退，增加失业。

例如，双紧缩政策适用于需求膨胀，物价迅速上涨；瓶颈产业对经济起严重制约作用；经济秩序混乱等情况。

3. 扩张性财政政策和紧缩性货币政策

扩张性财政政策有助于通过减税和增加支出克服总需求不足和经济萧条；紧缩性货币政策可以控制货币供给量增长，从而减轻扩张性财政政策带来的通货膨胀的压力。综合使用可以在刺激总需求的同时，抑制通货膨胀。

例如，扩张性财政政策和紧缩性货币政策适用于财政收支良好，财政支出有充足的财源；私人储蓄率下降；物价呈上涨趋势等情况。

4. 紧缩性财政政策和扩张性货币政策

紧缩性财政政策可以减少赤字，而扩张性货币政策则使利率下降，在紧缩预算的同时，松弛银根，刺激投资带动经济发展。

例如，紧缩性财政政策和扩张性货币政策适用于财力不足，赤字严重，储蓄率高，市场疲软等情况。

四种模式下的政策效应如表7-2所示。

表7-2　四种模式下的政策效应

		财政政策	
		紧缩	扩张
货币政策	紧缩	社会总需求极度膨胀，社会总供给极度不足，物价上升幅度大。 主要目标是抑制通货膨胀。 政府减少支出、增加税收；提高利率，减少货币供给。	通货膨胀与经济停滞并存，产业结构失衡，生产力布局不合理，公共事业和基础设施落后。 主要目标是刺激经济增长，同时降低通货膨胀。 减少税收、增加财政支出；提高利率，减少货币供给。
	扩张	政府开支过大，但是企业投资并不多，生产能力和生产资源有增加的潜力。 主要目标是刺激经济增长。 政府支出减少、增加税收；降低利率，增加货币供给。	社会总需求不足，生产能力和生产资源闲置，失业严重。 主要目标是解决失业和刺激经济增长。 减少税收、增加财政支出；降低利率，增加货币供给。

西方经济学家认为，国家运用经济政策来干预经济生活，不是在任何情况下都需要的，而是当经济超出一定限度时才需要政府调控。运用宏观经济政策，不能过紧，也不能过松，而应该松紧配合，尽最大可能兼顾各个经济政策的目标。同时，由于财政政策和货币政策的特点，在选择财政政策和货币政策的搭配时，会使国内生产总值的组成比例发生变化，从而对不同阶层和不同利益集团的利益产生不同的影响。例如，实行扩张性货币政

策会使利率下降，投资增加，因而对投资部门尤其是住宅建筑部门特别有利。但是，实行减税的扩张性财政政策，则有利于增加个人的可支配收入，从而可以增加消费支出。而同样是采取扩张性财政政策，如果是增加政府支出，如兴办教育、防止污染、培训职工等，则人们的受益情况又各不相同。正因为不同政策措施会对 GDP 的组成比例产生不同的影响，进而影响不同人群的利益，因此政府在做出配合使用财政政策和货币政策时，必须统筹兼顾，充分考虑各行各业、各个阶层的人们的利益如何协调的问题。

思考题

1. 经济增长的源泉是什么？
2. 经济活动产生周期性波动的主要原因是什么？
3. 经济增长和经济发展具有什么样的关系？
4. 宏观经济政策的目标是什么？它们之间的联系和矛盾分别是什么？
5. 宏观财政政策的基本内容是什么？不同时期应该如何运用？
6. 何谓内在稳定器？说明它们对缓和经济波动的作用？

第八章　国际经济

⬤ 导　读 ◦

经济学上常把投资、消费、出口比喻为拉动国民经济增长的"三驾马车"。在经济全球化、一体化的背景下，如何发展对外经济贸易，正是国际经济理论所要研究的问题。

⬤ **学习目标** ◦

1. 学习国际贸易。

2. 学习国际金融。

3. 了解国际收支均衡。

第一节　国际贸易

一、国际贸易的基本概念

国际贸易是指国家与国家之间进行的商品、劳务和技术交换活动。国际贸易是一种世界范围的交易行为，是各国之间分工的表现形式，反映了世界各国在经济上的相互依靠，因此亦被称为世界贸易。

关于国家与国家之间进行的对外贸易还涉及许多相关概念。

（一）国际贸易中常见的基本概念

1. 出口与进口

出口是指将本国生产的商品或劳务卖给其他国家，即将本国生产或加工的商品或劳务输往其他国家的行为。进口是指本国从其他国家购入商品或服务，即从国外输入商品或劳务的行为。

2. 再出口与再进口

再出口是指外国商品进口以后未经加工制造又出口，也称复出口，是出口贸易的变形。再进口是指本国商品输往国外后未经加工又输入国内，也称复进口。

3. 净出口和净进口

就整个对外贸易或某一行业而言，当出口总值大于进口总值时，出现的贸易顺差即净出口。当进口总值大于出口总值时，出现的贸易赤字即是净进口。

4. 过境贸易

过境贸易，又称为通过贸易，指某种商品从甲国经由乙国向丙国输送销售，对乙国来说，就是过境贸易。

5. 贸易差额

贸易差额是指一定时期内一国出口总额和进口总额之间的差额。贸易差额用以表明一国或地区对外贸易收支情况：当出口额超过进口额时为贸易顺差或称作出超；当进口额超过出口额时称为贸易逆差或入超。

6. 有形贸易和服务贸易

有形贸易，又叫有形商品贸易，是指有具体的实物形态的可以看得见的货物贸易。

服务贸易，又称无形贸易或劳务贸易。据世界贸易组织的定义，服务贸易是指在一成员国境内向任何其他成员国境内提供服务，在一成员国境内向任何其他成员国的服务消费者提供服务，一成员国的服务提供者以自然人的身份在任何其他成员国境内提供服务，一成员国的服务提供者在任何其他成员国境内以商业形式提供服务。服务贸易具体包括：商业性服务，通信服务，建筑服务，销售服务，教育服务，环境服务，金融服务，健康和社会服务，旅游及相关服务，文化、娱乐及体育服务，交通运输服务和其他服务。

有形贸易要经过海关报关手续，其进出口额反映在海关统计上。服务贸易不经过海关报关手续，通常不表现在海关统计上，但显示在一国国际收支表上。两者的外汇收支都是一国国际收支的重要组成部分。

7. 直接贸易、间接贸易和转口贸易

直接贸易是指商品生产国与消费国不通过第三者进行货物买卖的贸易。间接贸易是指商品生产国和商品消费国通过第三国进行的贸易。转口贸易是指商品生产国和商品消费国通过第三国进行的贸易，对第三国来说就是转口贸易。即使商品直接从生产国运到消费国，但只要两者之间没有发生直接交易关系而是由第三国转口商分别同生产国与消费国发生交易关系，就称为转口贸易。转口贸易和间接贸易实际上是一笔商品的买卖从不同的角度描述的不同的概念。

8. 贸易值与贸易量

贸易值是指用货币金额表示的贸易规模，又可分为对外贸易值和国际贸易值。对外贸易值又叫对外贸易额，是指用货币表示的一国或地区在一定时期的进口额和出口额的总

和。国际贸易值又叫国际贸易额，是指用统一货币单位表示的世界各国和地区在一定时期的出口总额或进口总额。就国际贸易来看，一国的出口就是另一国的进口，所有国家和地区的进口总额的合计应等于所有国家和地区出口总额的合计。因此，国际贸易值是世界各国和地区的出口总额或进口总额。而对外贸易值则是各国或地区各自的进口和出口的总和。由于各国在统计贸易的规模时，出口值一般以离岸价（FOB）进行统计，而进口值按到岸价（CIF）统计，进口统计中包括了运输费用和保险费用，故一般世界出口值小于世界进口值。因此，在世界贸易统计中，世界贸易值为各国和地区的出口值之和。

由于用货币表示的贸易值易受价格变动的影响，不能准确反映各国贸易的实际规模，也不能用于不同时期的贸易规模的比较，所以为了剔除价格变动对贸易值的影响，往往用一定年份为基期计算的进口价格或出口价格指数去除当时的进口总值或出口总值，得到相当于按不变价格计算的进口值或出口值，通过这种方法计算出来的单纯反映对外贸易规模的指标，就叫作贸易量。

9. 贸易条件

贸易条件又称交换比价或贸易比价，即一个国家或地区在一定时期内的出口商品价格指数与进口商品价格指数之间的比例，也就是，一个单位的出口商品可以换回多少进口商品，它是用出口价格指数与进口价格指数来计算的。其计算的公式为：

$$贸易条件 = （出口价格指数 \div 进口价格指数）\times 100\%$$

10. 对外贸易系数

对外贸易系数，是指进出口总额与其国内生产总值或国民生产总值的比值，又叫对外贸易依存度。对外贸易系数可以分为出口系数和进口系数。它是开放经济的重要指标之一，可以衡量一国或地区对世界经济变动的敏感性，用公式表示为：

$$Z = \left[（X+M） \div GDP \right] \times 100\%$$

式中 Z——为对外贸易依存度，

X——为出口总值，

M——为进口总值。

一国的对外贸易依存度越高，表明该国经济对国际贸易的依赖程度越大，同时也表明对外贸易在该国国民经济中的地位越重要。一般来说，实行开放政策的国家相对于闭关锁国的国家，其对外贸易依存度会比较高；小国家的外贸依存度会比大国家高一些。为了准确地表示一国经济增长对外贸易的依赖程度，人们又将对外贸易依存度分为进口依存度和出口依存度。进口依存度反映一国市场对外的开放程度，出口依存度则反映一国经济对外贸的依赖程度。

（二）对外贸易与国际贸易

对外贸易是指一个国家与其他国家进行的商品、劳务和技术交换活动。这种贸易由进口和出口两个部分组成，它反映了一个国家在国际分工中的地位和在经济上对外联系的程度。

对外贸易与国际贸易在内容上并无本质不同，区别在于考察的角度不同。国际贸易与对外贸易是一般与个别的关系。国际贸易是站在整个世界的角度来看贸易活动，而对外贸易只是从一个国家的角度来考虑贸易问题，因此，国际贸易不仅包括本国与外国的贸易，也包括其他国家之间的贸易，而对外贸易仅指本国与其他国家的贸易。

二、国际贸易对经济的影响

国际贸易对国民收入的影响是通过净出口作为总需求的重要组成部分而发生作用的。在开放型经济中，国民收入是由消费、投资、政府购买和出口与进口的净额所决定的，即 $Y=C+I+G+（X-M）$。如果消费、投资和政府购买数量不变，国民收入的增减则由出口与进口的净额决定。出口大于进口表明国际贸易出现盈余，反之，进口大于出口表明国际贸易出现了赤字。两者对国民收入的影响相反，国际贸易盈余致使国民收入增加，国际贸易赤字导致国民收入减少。

对外贸易对经济增长的影响很大，对外贸易是"经济增长的发动机"。具体表现在以下两个方面。

（一）从国内关系上看

对外贸易主要有需求效应、结构效应、规模效应与收入乘数效应。需求效应是指外贸发展带来国内没有的新产品，从而产生新的需求，这种需求成为国内新产业建立和发展的刺激因素，从而推动经济增长。结构效应是指对外贸易导致国内生产转移，从而使旧产业衰退，新产业兴起，形成新的生产结构。规模效应是指通过对外贸易扩大市场范围，使生产摆脱国内市场的局限，在资源配置最佳的情况下，生产扩大的产业可以获得规模经济效应。收入乘数效应是指净出口贸易额的增长引起国民收入成倍增长的效应。

（二）从国际关系上看

主要是对外贸易在国际经济中的"传递"作用。"传递"是指一个国家经济的盛衰如何对另一国产生影响。世界各国在经济上互相依靠，各国经济的增长或衰退都会影响其他国家。对外贸易是各国经济活动相互传递的重要渠道，各国经济的发展通过对外贸易"传递"的过程是：世界市场价格变动→国内开放部门（经营对外贸易部门）价格变动→国内非开放部门价格变动；国内价格变动→产量与就业变动；产量与就业变动→整个经济的变动（上升或下降）。

三、国际贸易理论

（一）绝对优势理论

亚当·斯密是英国著名经济学家，也是古典经济学派奠基人之一，国际分工理论的创始者。他的代表著作是 1776 年出版的《国民财富的性质和原因的研究》（简称《国富论》）。在《国富论》一书中他以"看不见的手"的经济学观点，提出了国际贸易的绝对成本学说。斯密认为分工对提高劳动生产率、增加国民财富有着重要的意义，主张在国内实行经济上的自由放任政策，这些奠定了他的自由贸易政策主张的理论基础。斯密认为分工可以提高劳动生产率，原因是：①分工能提高劳动的熟练程度；②分工使每个人专门从事某项作业，节省与生产没有直接关系的时间；③分工有利于发明创造和改进工具。在此基础上，斯密将适用于一国内部不同职业之间、不同工种之间的分工原则推演到各国之间的分工，从而形成其国际分工理论。斯密认为：自由贸易会引起国际分工，国际分工的基础是有利的自然禀赋，或后天的有利生产条件，它们都可以使一国在生产上和对外贸易方面处于比其他国家绝对有利的地位，分工和交换，将会使各国的资源、劳动力和资本得到最有效的利用，将会大大提高劳动生产率和增加物质财富。由于这个学说是按各国绝对有利的生产条件进行国际分工，所以也叫作绝对成本学说。

（二）比较优势理论

大卫·李嘉图是英国另一位著名经济学家。在其 1817 年出版的主要著作《政治经济学及赋税原理》中，他提出了以比较成本理论为基础的国际贸易学说。这一学说也是在亚当·斯密绝对成本学说基础上发展来的。

李嘉图在研究斯密绝对成本学说之后，发现绝对成本学说存在一个重大缺陷，即通过对两个国家商品成本的比较，如果其中一国在所有各种商品的生产方面都占有绝对成本优势，而另一国则在所有各种商品的生产方面都处于绝对劣势，按绝对成本学说两国间不会发生贸易关系。实际上，不具有成本优势的国家也能参加国际贸易，解释和说明这种现象的理论就是比较优势理论。亚当·斯密认为，国际分工应按由于地域、自然条件不同而形成的商品成本绝对差异进行分工，即一个国家输出的商品生产成本绝对低于他国的商品。李嘉图发展了这个观点，他认为每个国家不一定要生产各种商品，而应集中力量生产那些利益较大或不利较小的商品，然后通过对外贸易交换，在资本和劳动力不变的情况下，生产总量将增加。如此形成的国际分工对贸易各国都有利。

（三）近代贸易理论的发展

1. 要素禀赋理论

要素禀赋理论又称要素比例说、赫克歇尔—俄林模型，由瑞典经济学家伊·菲·赫克歇尔和他的学生戈特哈德·贝蒂·俄林提出。1919 年赫克歇尔在名为《对外贸易对收入分配的影响》的论文中，认为在两个国家各个生产部门技术水平相同时，两个国家生产要素禀赋的差异也会形成不同的比较优势，只要生产不同产品所使用的要素比例不同，仍然存在分工和贸易的基础。这一观点经其学生，瑞典经济学家戈特哈德·贝蒂·俄林在 1933 年发表的经典著作《地区间贸易与国际贸易》一书中阐释和发展，创立了生产要素禀赋理论，理论学界称其为赫克歇尔—俄林（H—O）定理。

该理论的主要观点包括以下六个方面：第一，两国生产同样产品，价格的绝对差是导致国际贸易产生的直接原因，差价高于运输费才能有利可图。第二，价格的绝对差是由成本的绝对差决定的。第三，成本的绝对差是由于成本的比例不同，生产要素的配合比例不同表现出来的。第四，商品价格不同是由于生产要素价格不同而引起的。第五，生产要素的供给和需求，对价格比例产生影响。第六，要素禀赋是国际贸易中各国具有比较优势的决定因素。

以上六个方面相互联系，相互补充。每一个国家商品价格构成不同，因此各国会根据比较利益组织生产。国际分工和国际贸易的结果，使得各国都能更有效地利用各种生产要素。

因此，可得出赫克歇尔—俄林定理：每个国家在国际分工——国际贸易体系中应生产和出口较密集地使用其富裕的生产要素的产品，进口较密集地使用其稀缺的生产要素的产品。也就是说，资本丰裕的国家将出口资本密集型产品，进口劳动密集型产品；反之，劳动力丰裕的国家将出口劳动密集型产品，进口资本密集型产品。

2. 产业内贸易理论

传统的国际贸易理论，主要是针对国与国、劳动生产率差别较大的和不同产业之间的贸易，但自 20 世纪 60 年代以来，随着科学技术的不断发展，国际贸易实践中又出现了一种和传统贸易理论的结论相悖的新现象，即国际贸易大多发生在发达国家之间，而不是发达国家与发展中国家之间；而发达国家间的贸易，又出现了既进口又出口同类产品的现象。为了解释这种现象，国际经济学界产生了一种新的理论产业内贸易理论。

产业内贸易是相对于产业间贸易而言的，它是指国际贸易中，一国同一时期内既进口又出口同类产品的现象。该理论综合产品差异论、需求偏好相似论和规模经济三个理论来解释产业内贸易产生的原因。

从产品差异论来说，产品差异是指产品的质量、性能、规格、牌号、设计、包装等不同，甚至每种产品在其中每一方面都有细微的差别而形成无数样产品组成的系列产品，这些产品产自不同的国家，而每样产品在各国都有需求，所以各国对同种产品产生相互需求，从而产生贸易。

从需求偏好相似论来说，不同国家的需求偏好越相似，则它们之间产业内贸易的可能性也越大。

从规模经济来说，追求规模经济效益的动机使产业内贸易得以进行。同类产品因产品差别与消费者偏好的差异而相互出口，可以扩大生产规模进而扩大市场。这样，就使研制新产品的费用和设备投资分摊在更多的产品上，可以节约研发费用，进而降低单位产品成本。产业内贸易是以产业内的国际分工为前提的。产业内的国际专业化分工越精细、越多样化，不同国家的生产厂家就越有条件减少产品品种和产品规格型号，在生产上就越专业化。这种生产上的专业化不仅有助于企业采用更好的生产设备，提高生产效率，降低成本，而且有助于降低生产企业之间的市场竞争程度，有利于厂商扩大生产规模和市场规模，从而充分体现企业生产的内部规模经济效应。因为生产和市场的细分化虽然减少了国内消费者数量，但企业可以面对同类型的更大规模的国际消费者群体进行生产和销售，使从事国际生产和国际贸易的微观企业具有经济上的合理性和可行性。

当代产业内贸易的发展呈现出许多特点：首先，产业内贸易在发达国家的对外贸易中，特别是工业制成品贸易中，占据了主导地位；其次，产业内贸易在发展中国家的对外贸易中也占有很重要的地位；再次，产业内贸易与主导产业、高新技术产业的发展密切相关。

四、贸易保护主义与自由贸易

（一）贸易壁垒

在国际贸易中，影响和制约着商品自由流通的各种手段和措施，称之为贸易障碍或贸易壁垒。这种壁垒一般可分为关税壁垒和非关税壁垒两种。关税壁垒，是指进出口商品经过一国关境时，由政府设置海关向进出口商征收关税所形成的一种贸易障碍。按征收关税的目的来划分，关税有两种：一是财政关税，其主要目的是增加国家财政收入；二是保护关税，其主要目的是保护本国经济发展而对外国商品的进口征收高额关税。保护关税愈高，保护的作用就愈大，甚至实际上等于禁止进口。非关税壁垒，是指除关税以外的一切限制进口措施所形成的贸易障碍，又可分为直接限制和间接限制两类。直接限制是指进口国采取某些措施，直接限制进口商品的数量或金额，如进口配额制、进口许可证制、外汇管制、进口最低限价等。间接限制是通过对进口商品制定严格的条例、法规等间接地限制商品进口，如歧视性的政府采购政策苛刻的技术标准、卫生安全法规，检查和包装、标签规定以及其他各种强制性的技术法规。

（二）关税与配额

1. 关税的概念和特点

关税是进出口商品进出一国关境时由该国政府所设置的海关向进出口商征收的一种税收。关税很少对出口产品征收，因而关税在大多数情况下是指进口关税。关税与其他税收相比，既有同一性，又有区别性。

同一性表现在：具有强制性、无偿性和固定性的特征。

关税与其他国内税收相比其区别表现在：第一，关税的征收客体是进出口货物；第二，关税的课征主体是进出口商或进出口物品所有者；第三，关税具有涉外性质，是政府对外经济贸易政策的重要手段。

2. 关税分类

（1）按征税对象划分

关税可分为进口关税、出口关税和过境税。

（2）按征收目的划分

关税可分为财政关税、保护关税和收入再分配关税。

（3）按征税方法划分

关税可分为从量税、从价税、复合关税和选择关税。

（4）按关税的特定作用划分（特别关税）

关税可分为进口附加税、反倾销税、反补贴税、报复关税、滑动税、差价税、季节税和优惠关税。

3. 配额

配额是对进出口的商品按其价值量或实物量，在一定时期内限定的绝对数额。配额可以对进口或出口实施，这里只分析进口配额。配额可以分为绝对配额和关税配额两大类。

（1）绝对配额

绝对配额是指在一定时期内某种商品允许进口的绝对数额，超过此数额不得进口。

（2）关税配额

关税配额是与关税相结合的配额，并不限制某种商品在一定时期内的进口总量，但规定一数额，在此数额内予以低税或免税进口，超过此配额则征收较高关税以至惩罚性关税。

（三）贸易保护的原因

贸易保护的原因主要源于以下理论。

1. 重商主义

重商主义是社会出现分工和国家产生以后，经长期对外贸易的实践，于 15 世纪初形成的经济思想和政策体系。重商主义分为两个阶段，第一阶段为早期重商主义或货币差额论，即重金主义。第二阶段为晚期重商主义或贸易差额论。

早期的重商主义又称"重金主义"，盛行于 15 世纪至 16 世纪中叶，主要观点是：把货币与商品绝对地对立起来，要求在对外贸易中绝对地多卖少买，让金银流入国内，并千方百计把出口得到的货币保存在国内。晚期的重商主义产生于 16 世纪下半叶。当时工场手工业已开始产生，信贷事业开始发展，重商主义者开始用资本家眼光来看待货币。晚期重商主义的理论核心是贸易差额论，主要观点有三：一是认为货币与商品具有统一性，开始重视以货币形态出现的作为商业资本用的财富；二是用动态的眼光看待货币，认为只有货币作为资本投入流通，才能获取更多的货币；三是应当用贸易差额来确定一国的财富和国力，主张资本输出以获取大量贸易盈余，该观点还认为在对外贸易中，不必每笔贸易或对每一国的贸易都是顺差，只要对外贸易总额保持顺差，就足以使更多的货币流入，国家就会富强。

2. 保护幼稚工业理论

弗里德里希·李斯特在 1841 年出版了《政治经济学的国民体系》一书，系统地提出了他的保护幼稚工业的学说。他关于实行有节制的、多样化的、适度的保护税率的想法及强调对处于发展初期阶段的幼稚工业尤其是在国民经济中居于重要地位的部门实行保护的理论，成为当今发展经济学贸易理论中的关税结构理论和保护幼稚工业理论的重要思想来源。李斯特倡导实施保护政策的本意，是要建立起制造业部门和工商业优势，一旦这一目的达到了，就应当转而采取自由贸易政策。他认为，保护政策具有历史性，其实行和撤销都是合理的。他无疑是把促进制造业成长当作实行保护政策的最主要理由，而且把保护政策仅仅看作将来在国际范围内实现自由贸易的一种手段，而不是目的。正是这一点，使之既区别传统的重商主义，又不同于英法古典经济学，而是两者的一种结合。

3. 超保护贸易政策理论

凯恩斯的贸易保护主义理论又称超保护贸易理论、新保护主义。凯恩斯主义的核心是有效需求理论，认为危机和失业是由于有效需求不足引起的，除了研究决定有效需求的国内因素及提出相应的处方之外，凯恩斯主义对贸易与有效需求的关系进行的分析，主要是从投资和就业两个角度展开。

20 世纪 90 年代以来，随着国际贸易的扩大和经济全球化的发展，各国在贸易领域的竞争日趋激烈。在这种形势下，各种形式的保护主义纷纷出现。目前，较具代表性的新保护贸易理论包括：战略性贸易政策、地区经济主义新贸易保护论、国际劳动力价格均等化新贸易保护论以及环境优先新贸易保护论。

除上述理论之外，还有其他的一些贸易保护的理论，如关税可能改善国际收支的论点、"保护公平竞争"论、关税的反倾销论等。还有其他一些贸易保护的原因，如：通过增加关税增加财政收入、为维护民族自尊而保护民族工业、通过限制贸易来调节收入分配以便有利于社会公平、为了维护国家安全或国家的政治需要等。

（四）反倾销

反倾销是指对外国商品在本国市场上的倾销所采取的抵制措施。一般是对倾销的外国商品除征收一般进口税外，再增收附加税，使其不能廉价出售，此种附加税称为"反倾销税"。反倾销案发起国如果认定被调查商品的出口国为"市场经济"国家，那么在进行反倾销调查时，就必须根据该产品在生产国的实际成本和价格来计算其正常价格；如果认定被调查商品的出口国为"非市场经济"国家，将引用与出口国经济发展水平大致相当的市场经济国家（即替代国）的成本数据来计算所谓的正常价值，并进而确定倾销幅度，而不使用出口国的原始数据。

第二节　国际金融

一、汇率与国际金融体系

（一）汇率

1. 汇率及其标价法

汇率又称汇价或兑换率，是一个国家的货币折算成另一个国家货币的比例，即两种不同货币之间的折算比例。也就是在两国货币之间，用一国货币表示另一国货币的相对价格。外汇银行对外公布的汇率称为外汇牌价，外汇市场上不断变化的汇率走势，一般称为外汇行市或外汇行情。这些词语尽管说法不同，但均属于汇率的范畴。

汇率的标价方法，也称汇率的挂牌方式，两种货币相互兑换与折算要确定以哪种货币为标准，由于确定的标准不同，便产生了不同的汇率标价方法。

（1）直接标价法

直接标价法，又称应付标价法、价格标价法，是以一定单位（如1，100，10000）的外国货币为标准来折算应付若干单位的本国货币的汇率标价方法。即以外国货币为单位货币，本国货币为计价货币。

在直接标价法下，如果一定单位的外币折合本币数量增加，则称为外币汇率上升（上涨）或外币升值，本币汇率下降（下跌）或本币贬值。反之，如果一定单位的外币折合本币数量减少，则称为外币汇率下降（下跌）或外币贬值，本币汇率上升（上涨）或本币升值。世界上大多数国家采取直接标价法来公布汇率，我国一直采用直接标价法。

（2）间接标价法

间接标价法，又称应收标价法、数量标价法，是以一定单位（如1，100，10000）的本国货币为标准来折算应收若干单位的外国货币的汇率标价方法。即以本国货币为单位货币，外国货币为计价货币。目前只有极少数国家采用该标价法。

在间接标价法下，如果一定单位的本币折合外币的数额增加，则称为本币汇率上升（上涨）或本币升值，外币汇率下降（下跌）或外币贬值。反之，如果一定单位的本币折合外币数量减少，则称为本币汇率下降（下跌）或本币贬值，外币汇率上升（上涨）或外币升值。

（3）美元标价法

是以一定单位的美元为标准来表示各国货币价格的方法，美元是基准货币，其他货币是报价货币。此方法在20世纪60年代欧洲货币市场迅速发展的要求而产生的。在外汇市场上，交易量最大的货币是美元，特别是在欧洲货币市场上，不涉及本币，主要进行以美元为主的境外货币的兑换。在外汇交易中涉及的两种货币都是外币，很难用直接标价法或间接标价法来判断。因此，传统的直接和间接标价法已很难适应全球化的外汇市场的发展，逐渐形成了各种货币都对美元公布外汇汇率的市场习惯，即美元标价法。美元标价法的特点是，美元的单位始终不变，美元与其他货币的比值是通过其他货币量的变化体现出来的。

由于这种方法便于国际外汇交易的进行，因此，近年来世界各大金融中心的国际银行都采用美元标价法来表示其外汇牌价。而非美元货币之间的汇率则通过各自对美元的汇率套算得出。

2. 汇率影响因素

影响汇率波动的因素归根到底决定于供求关系。在国际外汇市场中，当某种货币的需求大于供给时，汇价必然上升；反之，当货币供给大于需求时，则汇价必然下跌。总之，汇率的影响因素不外乎以下七种。

（1）国际收支状况

当一国国际收支顺差，即出口额大于进口额，资金流入时，意味着国际市场对该国货币的需求增加，从而对外汇的需求相对减少，导致本币汇率上升，外汇汇率下跌。反之，当一国国际收支逆差，即出口额小于进口额，资金流出时，意味着国际市场对该国货币的需求下降，从而对外汇的需求相对增加，导致本币汇率下跌，外汇汇率上升。

（2）通货膨胀

通货膨胀使该国货币所代表的价值量减少、国内物价总水平上升、实际购买力降低，削弱了本国商品在国际市场上的竞争能力，引起出口的减少、进口的增加，从而对外汇市场上的供求关系产生影响，导致该国货币汇率下跌，外汇汇率上涨；若一国通货膨胀率高于他国，该国出口竞争力减弱，而外国商品在该国市场上的竞争力增强，这会引起该国贸易收支逆差，造成外汇供求缺口，从而导致本币汇率下降；通货膨胀会使一国实际利率下降，推动资本外逃，引起资本项目逆差和本币汇率下降；由于通货膨胀是一个持续的物价上涨过程，人们的通货膨胀预期会演变成本币汇率下降预期。在这种预期心理下，为了避免本币贬值可能带来的损失，人们会在外汇市场上抛售本币抢购外汇，而这种投机行为会引起本币汇率的进一步下降。

（3）利率政策

从短期来看，利率对汇率的影响作用非常明显。利率作为金融市场上的"价格"，其变动会直接影响一国的资金流入和流出。如果一国的利率水平相对于他国提高，就会刺激国外资金流入增加，本国资金流出减少，从而改善国际收支，提高本国货币的汇率；反之，如果一国的利率水平相对于他国下降，就会引起本国货币汇率的下跌。

（4）经济增长

首先，一国经济的增长会带来国民收入的增加，由此扩大了对进口产品的需求，继而扩大了对外汇的需求，导致本币贬值；其次，一国经济的增长会引起社会投资和消费支出的增加，有利于促进生产的发展，提高产品的国际竞争力，刺激出口，抑制进口，推动本币升值；再次，经济增长态势好，意味着投资利润高，由此吸引国外资金流入本国，进行直接投资，从而改善国际收支。由此可以看出，一国经济持续稳定增长将有利于本币汇率的稳定，甚至保持坚挺。

（5）货币当局对外汇市场的干预

各国货币当局为保持汇率稳定，都会采取一定的政策对外汇市场进行干预。在浮动汇率制下，各国央行都尽力协调各国间的货币政策和汇率政策，力图通过影响外汇市场中的供求关系来达到维持本国货币稳定的目的，中央银行影响外汇市场的主要手段是：调整本国的货币政策，通过利率变动影响汇率；直接干预外汇市场；对资本流动实行外汇管制。

中央银行通过在外汇市场上买卖外汇，改变外汇供求关系，从而影响外汇汇率或本币汇率。如果难以实现稳定本币汇率的目标，中央银行还会借助于外汇管制来干预汇率。

（6）心理预期和投机因素

人们对各种价格信号的心理预期都会影响汇率。在国际金融市场上，短期性资金（即游资）的数额十分庞大。这些巨额资金对世界各国的经济、政治、军事等都具有高度的敏感性，一旦出现风吹草动，就会因为保值或攫取高额利润而到处流窜，这就给外汇市场带来巨大的冲击，造成各国汇率的频繁动荡。当市场上预期某种货币汇率不久会下跌时，交易者就会立即大量抛售该货币，造成该货币汇率下跌的事实；反之，当人们预期某种货币趋于坚挺时，又会大量买进该种货币，使其汇率上涨。由于公众预期具有投机性和分散性的特点，因而加剧了汇率的短期波动。

外汇投机，指在汇率预期基础上，以赚取汇率变动差额为目的并承担外汇风险的外汇交易行为。在当代国际金融市场上，存在着规模庞大的国际游资。其中，一部分国际游资隶属于国际垄断资本集团。它们在外汇市场上，并非是单纯的市场价格信号接收者，而往往充当价格制定者的角色。投机者常常利用市场趋势对某一货币发动强势攻击，过度的投机活动加剧了外汇市场的动荡，阻碍了正常的外汇交易，歪曲了外汇供求关系。

（7）政治与突发因素

政治及突发性因素包括政治冲突、军事冲突、选举和政权更迭、经济制裁和自然灾害等。如果全球形势趋于紧张，则会导致外汇市场的不稳定，汇率可能大幅地波动。通常意义上，一国的政治形势越稳定，该国的货币就越稳定。

除了上述基本因素之外，许多其他因素也能直接或间接地影响汇率，如自然环境和自然灾害、经济结构、各种金融资产的价格、经济周期、信息传递、政治局势和意识观念，等等。

这些因素和上述基本因素相互交织、相互制约或相互抵消，形成了一个复杂的影响外汇市场供求关系的系统。在不同的时期，对汇率变动起主导作用的因素可能不同。各种因素影响汇率变动所需要的时间也有所不同。一般说来，根据各项基本因素预测汇率较适合于中长期预测，在短期预测上有较明显的局限性。

（二）国际金融体系

1. 布雷顿森林体系

布雷顿森林会议是联合国货币及金融会议的别称。1944 年 7 月在美国新罕布什尔州布雷顿森林的华盛顿山大旅社举行。45 个国家通过了在以后 28 年内控制世界贸易和货币体系的一项综合性协定。

　　1944 年 7 月 1 日至 20 日，布雷顿森林会议举行，会上通过了美国的提案，达成了《国际货币基金协定》。参加会议的国家同意建立一个国际货币制度，由新成立的国际货币基金组织及其辅助机构国际复兴开发银行来加以管理。根据协定，确定了一盎司黄金等于 35 美元的官价。成员国货币的平价按一定数量的黄金和美元表示，美国承担接受各国政府或中央银行向美国兑换黄金的义务，由此建立起美元与其他成员国货币间的固定比价，确立了以美元为中心的固定汇率制体系。

　　布雷顿森林会议第一次以世界性的协定形式明确规定了国际货币制度的规则以及执行和维护其原则的手段。在以后的几十年中，促进了国际贸易和收入的增长。但是，以美元为中心的货币体系也存在相应的危机。20 世纪 50 年代后各国经济发展不平衡，欧洲、日本等的经济实力增强，而美国经济地位相对下降。20 世纪 60 年代以后，多次发生美元危机，西方主要货币相继实行浮动，开始与美元脱钩。1973 年，布雷顿森林会议所建立的体系解体。

　　2. 牙买加体系（现行国际货币体系）

　　牙买加体系是指布雷顿森林体系崩溃后逐渐形成的新的国际货币体系，牙买加体系是以美元为主、国际储备货币多元化的浮动汇率体系，主要内容包括以下五个方面。

　　一是浮动汇率制合法性。取消了原来关于金平价的规定，国际货币基金组织的成员国可以自由选择汇率制度，国际货币基金组织承认固定汇率制和浮动汇率制并存，但会员国的汇率政策必须受基金组织的监督。

　　二是实行黄金非货币化。它取消了国际货币基金组织原有的关于黄金的各种规定，废除黄金官价，取消黄金份额。各会员国的中央银行可按市价从事黄金交易，允许黄金价格随市场供求关系自由波动。取消会员国之间，或会员国与国际货币基金组织之间必须用黄金清偿债权的义务，各成员国原来须以黄金缴纳的基金份额改用外汇缴纳，降低黄金的货币作用。同时，国际货币基金组织按市场拍卖部分黄金，所得利润主要用于援助低收入的国际收支逆差国家。

　　三是提高特别提款权在储备资产中的地位。修订特别提款权的有关条款，促使特别提款权逐步取代黄金和美元成为国际货币制度的主要储备资产。协议规定各会员国不必征得国际货币基金组织的同意，就可以自由的进行特别提款权交易。国际货币基金组织与会员国之间的交易以特别提款权代替黄金进行，国际货币基金组织一般账户中所有资产一律用特别提款权计值，同时进一步扩大特别提款权的使用范围。它设想在未来的货币体系中以特别提款权为主要的储备资产，即把美元本位改为特别提款权本位。

　　四是扩大对发展中国家的资金融通。国际货币基金组织用出售黄金所得为发展中国家建立了信托基金，以优惠的条件向发展中国家提供贷款，以此来解决国际收支平衡。各成员国从国际货币基金组织获得贷款的最大额度由 100%扩大到 145%，将出口波动补偿贷款的限额由占份额的 50%提高到 75%。

五是修订份额。各成员国应缴纳份额所占比重有所改变，西方国家除德国、日本略有增加外，主要资本主义国家不同程度的有所降低，石油输出国组织的分摊份额提高了一倍。其他发展中国家基本不变，某些发达国家如英国的份额有所减少。

牙买加体系是一种灵活性很强的国际货币制度。由于它在许多方面都缺乏硬性的统一规定，有人认为，目前的国际货币体系处于无制度状态。这种比较灵活的国际货币制度对环境有较强的适应性，它更多地依靠市场机制来调节汇率和国际收支，也给予各国自主选择经济政策的权力。

二、汇率制度

汇率制度，又称汇率安排，是指各国货币当局对本国汇率的确定及其变动的基本方式所作的一系列安排或规定。

汇率制度的内容包括以下四个方面：一是确定汇率的原则和依据。例如，以货币本身的价值为依据，还是以法定代表的价值为依据等。二是确定维持与调整汇率的办法。例如，采用公开法定升值或贬值的办法，还是采取任其浮动或官方有限度干预的办法。三是制定汇率的法令、体制和政策等。例如，各国外汇管制中有关汇率及其适用范围的规定。四是制定、维持与管理汇率的机构。例如，外汇管理局、外汇平准基金委员会等。

传统上，按照汇率变动的幅度，汇率制度被分为两大类型：固定汇率制和浮动汇率制。

（一）固定汇率制度

固定汇率制度是指以本位货币本身或法定含金量为确定汇率的基准，汇率比较稳定的一种汇率制度。在固定汇率制度下，两国货币的比价基本固定，现实汇率只能围绕平价在很小的范围内上下波动。如在外汇市场上两国汇率的波动超过规定的幅度时，有关国家的货币当局有义务进行干预。在不同的货币制度下具有不同的固定汇率制度。

1. 金本位制度下的固定汇率制度

其基本内容包括：黄金成为两国汇率决定的实在的物质基础。汇率仅在铸币平价（两种货币的含金量之比称为铸币平价）的上下各 6‰左右波动，幅度很小。汇率的稳定是自动而非依赖人为的措施来维持。其特点是以美元为中心的国际货币体系。该体系的汇率制度安排，是钉住型的汇率制度。

2. 布雷顿森林体系下的固定汇率制度

其基本内容包括：实行"双挂钩"，即美元与黄金挂钩，其他各国货币与美元挂钩。

在"双挂钩"的基础上，各国货币对美元的汇率一般只能在汇率平价±1%的范围内波动，各国必须同国际货币基金组织（IMF）合作，并采取适当的措施保证汇率的波动不超过该界限。由于这种汇率制度实行"双挂钩"，波动幅度很小，且可适当调整，因此该制度也称以美元为中心的固定汇率制度，或可调整的钉住汇率制度。

该汇率制度的特点表现在以下方面：一是汇率的决定基础是黄金平价（单位货币所代表的金量与黄金报价持平的现象），但货币的发行与黄金无关。二是波动幅度小，但仍超过了黄金输送点所规定的上下限。三是汇率不具备自动稳定机制，汇率的波动与波动幅度需要人为的政策来维持。四是央行通过间接手段而非直接管制方式来稳定汇率。五是只要有必要，汇率平价和汇率波动的界限可以改变，但变动幅度有限。

（二）浮动汇率制度

浮动汇率制度是指一国不规定本币对外币的黄金平价和汇率上下波动的幅度，货币当局也不再承担维持汇率波动界限的义务，汇率由外汇市场的供求状况决定并上下浮动的汇率制度。布雷顿森林体系崩溃后，西方主要工业国家普遍实行浮动汇率制度。根据汇率浮动形式不同，浮动汇率制度表现为不同的类型。

1. 自由浮动汇率制度

自由浮动汇率制度，又称不干预浮动汇率制度，是指货币当局对汇率上下浮动不采取任何干预措施，完全听任外汇市场的供求变化自由涨落的一种浮动汇率制度。与受官方管制的管理浮动汇率制度或钉住汇率制度不同。

2. 管理浮动汇率制度

管理浮动汇率制又称干预浮动汇率制度，是指一国货币当局按照本国经济利益的需要，对外汇市场进行直接或间接的干预，以使本国货币汇率向有利于本国方向浮动的汇率制度。

管理浮动汇率制是政府用以保持有序汇率变动的汇率体系，其目的是消除过度波动。货币当局确定汇率的波动区间，当汇率在区间内浮动时有助于消除短期因素的影响。当区间内的汇率波动仍无法消除短期因素对汇率的影响时，中央银行再进行外汇市场干预以消除短期因素的影响。

3. 钉住汇率制度

钉住汇率制度，是指一国货币当局将本国货币同其他某一外国货币或一篮子货币保持固定比价，即钉住所选择的货币，本币汇率随钉住货币的汇率波动而同向波动的汇率体系。目前，大部分发展中国家实行这种汇率制度。

实行钉住汇率制度的国家，其货币与被钉住货币之间仍有规定的平价，并且汇率对平价的波动幅度一般不能超过±1%。被钉住的一般是主要工业国家的货币或国际货币基金组织（IMF）的特别提款权。值得注意的是，这种钉住不同于布雷顿森林体系下钉住美元的做法，因为那时美元是与黄金挂钩的，而美元的金平价又是固定的。而布雷顿森林体系瓦解后，一些国家所钉住的货币本身的汇率却是浮动的。因此这种汇率制度本质上应该是浮动汇率制度。

三、汇率变动对经济的影响

汇率是联结国内外商品市场和金融市场的一条重要纽带。一方面，汇率的变动受制约于一系列经济因素；另一方面，汇率的变动又会对其他经济因素产生广泛的影响。了解汇率变动的经济影响，不论对于一国当局制定汇率政策，还是对于涉外经济主体进行汇率风险管理都是极其重要的。

（一）汇率变动对一国国际收支的影响

一是汇率变动对贸易收支的影响。这种影响有着微观和宏观的两个方面：从微观上讲，汇率变动会改变进出口企业成本、利润的核算；从宏观上讲，汇率变化因对商品进出口产生影响而使贸易收支差额以至国际收支差额发生变化。对贸易收支产生的影响一般表现为：一国货币对外贬值，有利于扩大出口，抑制进口，改善其贸易收支状况；一国货币对外升值，则刺激进口，抑制出口，使贸易收支状况恶化。

二是汇率变动对非贸易收支的影响。从非贸易收支来看，本币贬值可以增加非贸易收入，抑制非贸易支出。在国内物价水平和其他条件不变的情况下，本币贬值，单位外币折合更多的本币，外国货币的购买力相对增强，该国的商品、劳务、交通和旅游等费用就变得相对便宜。这就增加了本国对旅游者的吸引力，促进了本国旅游业及其有关部门的发展，增加了旅游和其他非贸易外汇收入。同时，贬值使国外的旅游和其他劳务开支对该国居民来说相对提高，从而抑制了该国的非贸易外汇支出。这里需要注意的是，贬值对非贸易收支的影响存在弹性和时滞问题。

三是汇率变动对资本流动的影响。资本在国家之间流动的原因是追逐利润和规避风险，因而汇率变动会影响资本流动，特别是短期资本流动。

四是汇率变动对外汇储备的影响。外汇储备是一国国际储备的主要内容，由本国对外贸易及结算中的主要货币组成。在以美元为主要储备货币时期，外汇储备的稳定性和价值高低完全在于美元汇率的变化。美元升值，一国外汇储备相应升值；美元贬值，一国外汇储备也相应贬值。20世纪70年代初期，美元在国际市场上的一再贬值曾给许多国家尤其是发展中国家的外汇储备造成了不同程度的损失。在多元化外汇储备时期，汇率变化的影响较为复杂，使外汇储备管理的难度加大，各国货币当局因而都随时注意外汇市场行情的变化，相应地进行储备货币的调整，以避免汇率波动给外汇储备造成损失。

（二）汇率变动对国内经济的影响

汇率变动不仅影响一国的对外经济，而且还影响其国内经济。汇率变动对一国国内经济的影响与该国的开放程度有关，其开放程度越高，影响越大。一般来说，它会影响到以下三个方面。

一是汇率变动对国内物价水平的影响。本币贬值对物价的影响是两方面的：一方面，通过贸易收支改善的乘数效应，引起需求拉动的物价上升。本币贬值，扩大了出口，抑制了进口，这意味着本国商品市场上的商品供应相对减少；本币贬值后，出口增加，进口减少，外汇供给增加而外汇需求减少，致使本国货币投放量增加，由此可能造成国内商品需求大于商品供应，拉动物价水平上升。另一方面，通过提高国内生产成本推动物价上升。本币贬值后，进口商品以本币表示的价格会立即上涨，其中进口消费品的价格上升会直接引起国内消费物价某种程度的上升，但进口原材料、中间品和机器设备等的价格上升，则会造成国内在生产使用这些进口投入品的商品时生产成本提高，推动这类商品的价格上升。另外，贬值后，进口品和进口替代品价格上升，也会造成使用这些产品作为投入品的非贸易品生产成本上升，也推动了非贸易品的价格上升。这样，贬值对物价的影响就会逐渐扩展到所有商品。以上两个方面，有可能导致国内物价全面上升。现实生活中，一国发生通货膨胀会导致本币对外贬值，本币贬值又会产生物价上涨的压力。如果政府当局不能有效地加以控制，则会陷入"贬值—通货膨胀—贬值"的恶性循环之中。

二是汇率变动对经济增长和就业的影响。本币贬值可以扩大本国出口商品和进口替代商品在国内外市场的份额，出口商品和进口替代商品生产的扩大，又通过产业递推作用直接或间接地推动整个国民经济的发展。本币贬值还可以增加本国的外汇积累，加大投资，还可能吸引外来的直接投资，使本国生产能力大大提高。总之，本币贬值后，贸易收支的改善通过乘数效应会扩大总需求，带动投资、增加消费，使社会总产量倍数扩张，从而推动经济增长，扩大就业。因此，各国都把汇率作为十分重要的经济杠杆，通过汇率调整达到奖出限入，实现充分就业、经济增长的宏观经济目标。但这种作用的前提条件是国内尚未达到充分就业，还有闲置资源可供利用，本币贬值才有利于经济增长；否则，对经济增长作用不大，而且还会造成通货膨胀的压力。

三是汇率变动对国内资源配置的影响。本币贬值后，出口商品本币价格由于出口数量的扩大而上涨，进口商品本币价格上升带动进口替代品价格上涨，从而使整个贸易品部门的价格相对于非贸易品部门的价格上升，引发生产资源从非贸易品部门转移到贸易品部门。这样，一国的产业结构就导向贸易品部门整个经济体系中贸易品部门所占的比重就会扩大，从而提高本国的对外开放程度，即有更多的本国产品与外国产品竞争。在发展中国家，贬值往往还有助于资源配置效率的提高：本币贬值后，一国就可以相应地取消原先因本币高估而设置的进口关税、配额等保护措施，有利于进口替代行业的生产效率提高；贬值后原先因本币高估而受到歧视性损害的农业部门（往往是发展中国家的出口部门）获得正常发展；与国外相竞争的贸易品部门扩大往往有助于效率的提高，因为贸易品部门一般是发展中国家效率较高的部门。

（三）汇率变动对国际经济关系的影响

浮动汇率制下，国际外汇市场各种货币频繁的、不规则的波动，不仅给各国对外经济、国内经济造成深刻的影响，而且也影响着各国之间的经济关系，乃至整个国际货币体系。某些国家以促进出口、改善贸易逆差为主要目的的货币贬值，会使顺差国的货币相对升值。这必然引起顺差国和其他利益相关国家的反对与报复。特别是主要发达国家的货币贬值，不利于其他国家的贸易收支，由此可能引起贸易战和汇率战，并影响世界经济的发展。货币竞相贬值以促进各自国家的商品出口是国际上普遍的现象，由此造成的不同利益国家之间的分歧和矛盾层出不穷，加深了国际经济关系的复杂化。主要货币的汇率不稳定还会给国际货币体系带来巨大的影响与变化，目前的国际货币多样化正是其结果之一。历史上英镑、美元的不断贬值致使其原有的国际货币地位严重削弱，继而出现了日元、德国马克等货币与其共同充当国际计价、支付和储备手段的局面。

第三节 国际收支均衡

一、国际收支

（一）国际收支的概念

国际收支是指一定时期内（通常是一年）一个经济体（通常指一个国家或者地区）与世界其他经济体之间发生的各项经济活动的货币价值之和。它有狭义与广义两个层面的含义。狭义的国际收支是指一个国家或者地区在一定时期内，由于经济、文化等各种对外经济交往而发生的，必须立即结清的外汇收入与支出。广义的国际收支是指一个国家或者地区在一定时期内（通常是一年）一国居民与非居民同另一国居民与非居民之间发生的所有经济活动的货币价值之和。要正确把握这个概念，可以从下面三点来理解：一是它强调的是对外经济交易，即一国居民和非居民同另一国居民与非居民之间的经济交易。二是经济交易的内容不仅包括商品、劳务、金融资产在国与国之间等价交换，还包括商品、劳务、金融资产在国与国之间的无偿转移。三是国际收支是一个流量概念，反映一定时期内的对外经济交易情况。

对外经济交易的类型包括四种：一是交换。即一国居民向另一国居民提供了经济价值并从对方得到价值相等的回报，这里的经济价值是实际资源和金融资产的统称。二是转移。即一国居民向另一国居民提供了经济价值，但并未得到任何补偿。三是移居。即一国居民将住所搬迁到另一国，成为另一国的居民。移居后，该个人的原有的资产负债关系发生转移，使得两国的资产、负债关系均发生变化，这一变化也体现在国际收支中。四是其他根据推论而存在的交易。在某些情况下，实际流动并未发生，但可以推定交易存在，这也需要反映在国际收支中。比如将国外直接投资收益进行再投资，这一行为并不涉及两国的资金与服务的流动，但必须反映在国际收支中。

随着国际经济交易的日益发展，国际收支状况成为观察一国对外支付能力，衡量一国经济发展状况的重要指标。

（二）国际收支平衡表

一国的国际收支状况，集中反映在该国的国际收支平衡表上。国际收支平衡表（Balance of International Payments）是一个国家在一定时期内（一年、半年、一个季度或一个月）所有对外进行经济技术交流过程中所发生的贸易、非贸易、资本往来以及储备资产的实际动态所做的系统记录，是国际收支核算的重要工具。它应用会计原则，按照会计核算的借贷平衡方式编制，经过调整最终达到账面上收付平衡的统计报表。通过国际收支平衡表，可综合反映一国的国际收支平衡状况、收支结构及储备资产的增减变动情况，为制定对外经济政策，分析影响国际收支平衡的基本经济因素，采取相应的调控措施提供依据，并为其他核算表中有关国外部分提供基础性资料。

观察一国国际收支状况，需要采用综合性的收支差额指标。最常用的差额指标是国际收支总差额，它是将经常项目、资本和金融项目及误差与遗漏合称线上项目而求得的借贷差额，正差额表示国际收支顺差，负差额表示国际收支逆差。这时，储备资产增减额作为线下项目，其借贷差额与国际收支总差额数额相等，但符号相反，表现了线下项目对线上项目借贷差额的弥补调节作用。除此之外，还可将经常项目作为线上项目计算经常项目收入差额。

二、国际收支均衡

（一）国际收支均衡的概念

国际收支均衡意味着国际收入等于国际支出，也就是国际收支均衡表中经常项目及资本项目的借方总值等于贷方总值。在实际中，国际收支平衡是偶然的、相对的，而国际收支不平衡的现象却是经常的、绝对的，因此，国际收支的调节是无时不在进行着。为了顺利而有效地调节国际收支，首先必须分析国际收支不平衡的原因，然后才能采取与之相适应的措施来进行调节。

（二）国际收支失衡的原因及其影响因素

国际收支失衡，是指国际收支出现顺差或赤字的情况。一般来讲，国际收支平衡表是根据复式记账原理编制的，全部项目的借方总额与贷方总额相等，其净差额为零，但这只是账面上的平衡，而且是被动意义上的。因此，在判断一国的国际收支是否平衡时，需要做更为深入地分析。造成国际收支不平衡的原因从其形成的主要方面来看，大致可以分为以下五种类型。

1. 结构性失衡

结构性失衡是指一国经济、产业结构不适应世界市场变化而出现的国际收支不平衡。在国际分工和贸易格局以及国际市场发生变化的情况下，若一国国内的进出口商品结构未能做及时地调整，则可能出现进口增加和出口减少或者进口减少和出口增加的情况，从而会直接导致国际贸易收支的失衡。

2. 收入性失衡

收入性失衡是指一国国民收入变化而引起的国际收支失衡。经济周期的更替或经济增长率的变化会引起国民收入的变化，从而影响国际收支。国民收入增加时会引起对外需求扩大，贸易、非贸易性支出增加；反之，国民收入时减少会引起贸易和非贸易性支出减少。

3. 货币性失衡

货币性失衡是指货币供应量的相应变动所引起的国际收支失衡。在一国的货币增长速度相对快于其他国家的时候，该国的商品成本与物价水平会高于其他国家，使出口商品的成本增加及其国际竞争力减弱，而进口商品的竞争力增强，从而容易导致国际贸易逆差，引起国际收支失衡。相反，当一国货币增长速度相对慢于其他国家时，该国商品成本与物价水平会低于其他国家，使其增加出口，而减少进口，从而容易导致国际贸易顺差，引起国际收支失衡。

4. 周期性失衡

周期性失衡是指一国经济周期波动所引起的国际收支不平衡。一国经济处于衰退时期，社会总需求下降，进口需求也随之下降，在长期内该国国际收支会出现收入大于支出，处于顺差状态。反之，当一国经济处于扩张和繁荣时期，国内投资和消费需求旺盛，对进口的需求也相应增加，在短期内国际收支出现逆差。当将整个生产周期作为一个整体进行考察时，国际收支状况总体应该是平衡的。

5. 外汇投机和资本外逃因素

国际巨额游资利用利率差额和预期汇率的变动来追逐高额利润，频繁移动，造成一国短期内资本大起大落，从而引起投机失衡。当一个国家面临货币贬值、外汇管制、政治动荡或战争威胁时，在这个国家拥有资产的居民和非居民就会把其资产转移到他们认为稳定的国家，造成该国资本大量外流，引起资本外逃。这种不稳定的外汇投机和资本外逃因素具有突发性、规模大的特点，在国际资本迅速移动的今天，这已成为一国国际收支失衡的一个重要原因。

除了上述因素之外，还有许多因素也会引起国际收支的失衡，比如生产消费的季节性变化，一国国内政局变动、国际政治关系、自然条件、心理预期等因素，经济政策和经济战略的推行，等等。在这些因素中，经济结构性因素和经济增长率的变化所引起的国际收支失衡，具有长期性和持久性，称为持久性失衡；其他因素引起的国际收支失衡，具有暂时性，称为暂时性失衡。

由于经济交易的连续性和扩张性，反映经济交易综合状况的国际收支也处于经常地变化和发展中。一般来说，国际收支失衡总是不可避免的。在某种意义上，一定限度内的国际收支失衡也许是有益的，通常，一定的顺差会使一国国际储备适度增加，增强对外支付能力，提升货币的国际地位；一定的逆差可使一国适度地利用外资，加快国内经济发展。但是，一国国际收支如果出现持续的大量的不平衡而又得不到改善，无论是顺差还是逆差，都会对经济产生十分不利的影响。

国际收支持续顺差对一国经济的影响主要体现在以下方面：①会导致一国货币升值，出口竞争能力削弱；②加重一国的通货膨胀；③会使一国丧失获取 IMF 优惠贷款的权力；④容易增加国际贸易摩擦，不利于国际经济关系的发展。

国际收支持续逆差对一国经济发展的影响主要体现在以下方面：①会导致一国外汇储备的大量流失，影响本国的国际清偿力；②会导致一国货币贬值；③会引发一国的通货紧缩，不利于该国经济的稳定发展；④可能使一国陷入债务危机。

无论是国际收支顺差还是逆差，都将对一个国家的经济产生影响。因此，当国际收支出现持续失衡时，就需要进行调节。

（三） 国际收支失衡的调节

国际收支失衡的调节主要有自动调节和政策调节两种机制。

1. 自动调节机制

所谓国际收支自动调节机制，是指由国际收支失衡所引起的国内经济变量的变动对国际收支的反作用机制。这种机制能使国际收支失衡得到自动恢复，或者至少使失衡在一定程度上得到缓和。当然，国际收支的自动调节机制有其自身严格的作用背景，即只有在纯粹的自由经济中才能产生自动调节的效果，才能使国际收支自发地由失衡走向平衡。

在纸币流通条件下，虽然黄金流动对于国际收支的平衡发挥的作用已经不复存在，但国际收支的自动调节机制仍然可以通过价格、汇率、利率、收入等经济变量发挥作用。

其一，价格机制。当一国的国际收支出现顺差时，导致国内货币市场货币供给增多，容易引起国内信用膨胀、利率下降、投资与消费相应上升、国内需求量增加，使本国物价与出口商品价格随之上升，从而减弱了本国出口商品的国际竞争能力，出口减少、进口增加，国际收支顺差逐步减少直至平衡。当出现国际收支逆差时，导致国内市场货币供给量的下降，从而会引起社会总需求萎缩，必会带来物价水平的回落，使本国出口产品具有相对价格优势，促使出口增加和进口减少，有利于国际收支逆差的消除。

其二，利率机制。当一国国际收支发生逆差时，为了稳定汇率，必然减少外汇储备量，使货币供给量下降，该国货币市场货币存量减少，银根趋紧，利率上升。利率的上升表明本国金融资产收益率的上升，从而对本国金融资产的需求相对上升，对外国金融资产的需求随之下降。这些均导致本国资本停止外流，同时外国资本流入本国以谋求较高利润。因此，国际收支逆差由于金融项目的日趋好转从而走向平衡，即改善了资本账户收支，使国际收支逆差得以调整。当一国国际收支发生顺差时，该国货币市场货币存量增加，银根松动，利率水平逐渐下降。利率水平的下降导致资本外流增加，从而使得顺差逐渐减少，国际收支趋于平衡。

其三，汇率机制。当一国国际收支出现顺差时，本国货币市场上外汇供给大于外汇需求，外汇供大于求导致外币贬值（即本币升值），本国出口商品的以外币表示的国际市场价格上涨，进口商品价格下降，因此出口减少、进口增加，贸易顺差改善，国际收支趋向平衡。当一国国际收支出现逆差时，本国货币市场上外汇供给小于外汇需求，外币升值本币贬值，出口商品的外币表示价格下降，进口商品价格上升，出口增加，进口减少，贸易逆差得到改善，国际收支状况趋向平衡。

其四，收入机制。收入机制是指国际收支逆差时，一方面，国民收入水平会下降，国民收入下降会引起社会总需求的下降，进口需求下降，贸易收支得到改善。国民收入下降也会使对外劳务和金融资产的需求都有不同程度的下降，改善经常项目收入和资本与金融账户收支，从而使国际收支状况得到改善。另一方面，当一国出现国际收支逆差时，政府必须动用外汇储备来予以弥补，从而使得本国货币供给量减少，引起社会总需求的萎缩，其中包括对进口产品的需求，从而进口的外汇支出就会下降，有利于国际收支逆差的消除。

自动调节机制在浮动汇率制下主要是汇率调节，即通过汇率的自动升降来调节进出口数量，从而减少一个国家的国际收支逆差。浮动汇率制度下的自动调节机制的调节过程是：一个国家国际收支出现逆差→外汇市场上本外币供求发生变化→本币汇率下浮→有利扩大出口、减少进口→国际收支状况趋于好转。

2. 政策调节机制

在纸币流通制度下，国际收支自动调节机制因为要受到许多因素的影响和制约，其正常运作具有很大的局限性，其效应往往难以正常体现，所以各国都在不同程度上运用政策调节。政策调节包括以下五项内容。

（1）外汇缓冲政策

外汇缓冲政策是指运用官方储备的变动或临时向外筹措资金，来消除国际收支的短期性失衡。外汇缓冲政策一般的做法是建立外汇平准基金，该基金保持一定数量的黄金、外汇储备和本国货币。具体操作如下：当一国国际收支逆差时，外汇供给不足，中央银行动用本国外汇储备，在外汇市场上用外币购买本币，使外汇供给加大，目的是消除国际收支不平衡所形成的外汇供求缺口；反之，当一国国际收支顺差时，外汇供给过大，中央银行在外汇市场上用本币购买外币，使外汇供给减少，目的是消除国际收支不平衡所形成的超额的外汇供求。通过这一政策来融通一次性或季节性的国际收支赤字，是一种既简便又有益的做法。它能使本币汇率免受暂时性失衡所造成的无谓波动，有利于本国经济的内部均衡和外部平衡。实施外汇缓冲政策仅能解决国际收支的短期性逆差，并不能解决那些巨额的、长期的国际收支逆差。这是因为一国的官方储备毕竟是有限的，如果完全依靠外汇缓冲政策，将可能使该国外汇储备枯竭。如果该国向国外借款来填补外汇储备的不足，又会大量增加外债，反而加剧国际收支的逆差。

（2）支出变更政策

这是指通过改变社会总需求或经济中支出的总水平，进而改变对外国商品、劳务和金融资产的需求，以此来调节国际收支失衡的一种政策，它主要包括财政政策和货币政策。

当一国出现国际收支逆差或顺差时，要有针对性地采取不同的财政政策。财政政策的调节手段主要有支出政策与税收政策两种，是指通过财政开支的增减和税率的高低来实现国际收支调节。

一国政府在平衡国际收支失衡时，不仅要考虑国际收支状况，同时还需考虑国内的经济情况，否则，国际收支得以改善，却造成国内经济的混乱而得不偿失。一国国际收支逆差时，应采取紧缩性的财政政策，即减少财政支出或提高税率，具体表现为政府抑制公共支出和私人支出及社会总需求，使进口减少，国际收支趋于平衡；一国国际收支顺差时，应采取扩张性的财政政策，即扩大政府支出或降低税率，具体表现为增加公共支出和私人支出及社会总需求，使进口增加，国际收支趋于平衡。但此时国内经济可能出现通货膨胀，这时扩张性的财政政策会因货币供给加大从而加剧通货膨胀。因此，务必对国内外经济加以综合考虑。

货币政策（金融政策）是西方国家最普遍、最频繁采用的间接调节国际收支的政策措施。调节国际收支的货币政策主要手段是调节再贴现率、调节存款准备金率以及公开市场业务的操作等。当国际收支产生逆差时，政府可以采取紧缩的货币政策，即中央银行可以用提高再贴现率、提高法定存款准备金率或在公开市场卖出政府债券等手段减少国内货币供应，提高利率，抑制国内总需求，从而增加出口、减少进口，以达到消除逆差、恢复国际收支平衡的目的。

（3）汇率政策

这是指一个国家通过调整汇率改变外汇的供求关系，由此影响进出口商品的价格和资本流出流入的实际收益，进而达到调节国际收支失衡的一种政策。汇率政策的运用受到一些条件的约束，比如进出口商品供给和需求的弹性。

在固定汇率制度下，当国际收支出现严重逆差时，实行货币法定贬值。本币贬值，以外币表示的本国出口商品价格降低，提高了本国出口商品的竞争力增加出口。同时，以本币表示的进口商品价格升高，进口减少，从而改善国际收支。当国际收支出现巨额顺差时，则在他国"压力"下实行货币法定升值，以减少和消除国际收支顺差。值得注意的是，这里的汇率调整政策，是指一国官方公开宣布的法定升值与法定贬值，不包括国际金融市场上一般性的汇率变动。

（4）直接管制政策

直接管制是指一国政府以行政命令的办法，直接干预外汇自由买卖和对外贸易的自由输入输出，包括外汇管制和贸易管制。外汇管制是指通过对外汇的买卖、国际结算、资本流动和外汇汇率等方面直接加以管制，以控制外汇供给和需求，维持本国货币对外汇率的稳定，从而调节一个国家的国际收支。贸易管制是指一个国家通过实行"奖出限入"政策，鼓励出口，限制进口，以此改善贸易收支。

（5）加强国际经济合作

对一个国家来说，虽然为解决国际收支失衡可以采取多种手段，但是一国的逆差常为其他国家的顺差；反之，亦然。每个国家都会基于自身利益，采取一定的对策，必然引起其他国家为保卫自身利益而采取相应的反对政策。这就可能扰乱国际经济合作的秩序，使各国都蒙受损失。因此，各国应该加强国际经济合作，从而在一定程度上消除自由贸易障碍，促使生产要素自由流动、协调各国的经济政策，更好地改善一国的国际收支。

总之，调节国际收支失衡的政策是多样化的，每一种政策都有其各自的特色与调节功效，一个国家可根据具体情况予以取舍。取舍的基本原则有：第一，应根据国际收支失衡的具体原因选择调节政策。第二，应多通过政策搭配方式来调节国际收支。第三，选择调节国际收支失衡的政策，应尽量不与国内经济发生冲突或尽量减少来自其他国家的压力，以免影响国际正常的经济关系。

思考题

1. 产业内贸易理论形成的原因和发展的特点有哪些？

2. 试述亚当·斯密绝对成本理论的主要内容。

3. 试述大卫·李嘉图的比较优势理论的主要内容。

4. 为什么说对外贸易是"经济增长的发动机"？

5. 国际收支平衡表有哪些特点？包括哪些内容？

6. 国际收支失衡的政策性调节方法有哪些？

参考文献

［1］ 牛蕊. 宏观经济学基础［M］. 北京：企业管理出版社，2022.

［2］ 郭献芳，申淑娟. 工程经济学［M］. 3版. 北京：机械工业出版社，2022.

［3］ 胡庆江，牛朝辉. 国际经济学［M］. 北京：北京航空航天大学出版社，2022.

［4］ 李悦，钟云华. 产业经济学［M］. 5版. 沈阳：东北财经大学出版社，2022.

［5］ 严新锋，陈李红. 经济学入门［M］. 上海：东华大学出版社，2022.

［6］ 刘俊英. 公共经济学［M］. 北京：中国经济出版社，2022.

［7］ 张红智，严方. 经济学基础［M］. 4版. 北京：对外经济贸易大学出版社，2022.

［8］ 刘仲芸，刘星原. 现代流通经济学［M］. 2版. 北京：北京首都经济贸易大学出版社，2022.

［9］ 谭萍，雷晶，王琦. 技术经济学方法与应用［M］. 哈尔滨：哈尔滨工业大学出版社，2022.

［10］ 张庆，陈昊平，杨媛媛. 经济学基础［M］. 北京：北京理工大学出版社，2021.

［11］ 吕守军，魏陆. 公共经济学［M］. 上海：上海交通大学出版社，2021.

［12］ 何元斌，杜永林，罗倩蓉. 工程经济学［M］. 2版. 成都：西南交通大学出版社，2021.

［13］ 安仰庆. 简单经济学［M］. 北京：中国商业出版社，2021.

［14］ 赵大平，蔡伟雄. 国际经济学［M］. 上海：立信会计出版社，2021.

［15］ 杨晓冬. 工程经济学［M］. 北京：机械工业出版社，2021.

［16］ 倪宣明. 工程经济学［M］. 北京：企业管理出版社，2021.

［17］ 刘瑛，吴光华. 微观经济学基础［M］. 2版. 武汉：华中科技大学出版社，2021.

［18］ 尹伯成. 现代西方经济学习题指南微观经济学［M］. 10版. 上海：复旦大学出版社，2021.

［19］ 姚宇. 自由主义经济学的解读与批判微观经济学讲义［M］. 北京：中国经济出版社，2021.

［20］ 杜鹃. 经济学入门理解真实世界的88个经济学常识［M］. 北京：中国纺织出版社，2021.

［21］ 梁静，马威，李迪. 经济学［M］. 成都：电子科技大学出版社，2020.

［22］吴光华. 宏观经济学基础 ［M］. 武汉：华中科技大学出版社，2020.

［23］王三兴. 世界经济学 ［M］. 合肥：中国科学技术大学出版社，2020.

［24］王力哲. 经济学思维课 ［M］. 北京：中国友谊出版公司，2020.

［25］冯兴元，朱海就，黄春兴. 经济学通识课 ［M］. 海口：海南出版社，2020.

［26］王则柯，左再思. 经济学拓扑方法 ［M］. 杭州：浙江大学出版社，2020.

［27］国彦兵. 经济学原理 ［M］. 北京：机械工业出版社，2020.

［28］李钒，孙林霞. 国际经济学 ［M］. 天津：天津大学出版社，2020.

［29］谢丹阳. 宏观经济学通识课 ［M］. 北京：中信出版社，2020.

［30］钱颖一. 理解现代经济学 ［M］. 上海：东方出版中心有限公司，2020.